根本理解！
やり直し
英文法
English Grammar

鈴木寛次・三木千絵

大修館書店

まえがき

　昨今は英語万能の時代である。英語が理解できない中高年やお年寄りには，さぞ生きにくい時代であろう。新聞，テレビ，週刊誌に，英語あるいは英語まがいの横文字が氾濫している。ある程度英語を身につけた人なら想像できる横文字表現も，彼らにはチンプンカンプンである。なかにはフランス語やドイツ語なども混じっているが，ほとんどは英語である。

　かつて，医者の世界ではドイツ語が幅を利かせていた。今日ではカルテも英語で書くのが一般的である。数学者がフランス語をあやつることもふつうであった。今では英語で事足りる。それだけ日本の社会で英語が重要性を増してきた。

　サラリーマンの世界でも昇格や昇進に英語力が必要である。係長や課長の昇格試験には TOEIC (Test of English for International Communication＝国際コミュニケーション英語能力テスト) の点数が参考にされるという。

　しかし，現実の英語力はどうかといえば，まことにお粗末である。特に大学生の英語力低下には眼を覆いたくなる。ふつうの大学生でも，発音記号による英語の発音ができない。自己努力をしない大学生も悪いが，高等学校で発音記号を教えないことになっているのだから当然の結果でもある。まして，文法能力は皆無といってよい。「指導要領」が変わり，かつてのように英文法を体系的に教えることがなくなったからである。ふつうの高等学校では教科書のまとめ事項に文法がお情け程度に掲載されているに過ぎない。したがって，現在の若者の英文法の力，ひいては英語力は低下の一途をたどっている。文部科学省の意向，つまり実践の英語力の向上，すなわち「コミュニケーション」がとれればよいという考え方が今後も続くなら，日本の若者の英語力は世界から取り残されることになるだろう。10年後，20年後を想像しただけで心が寒くなる。日本人の英語力は世界で最低のレベルになるであろう。

　TOEIC や TOEFL (Test of English as a Foreign Language＝米国留学のための英語学力検定テスト) は帰国子女には難しくない。彼らが毎日使用していた言語表現であるから。なかには満点をとる学生もいる。しかし，彼らでも望んでいるのは「本物の英語力」である。

　「本物の英語力」とは，英語の文章を正しく書いたり，正しく理解する力である。

そのためには正しい英文法力が必要になる。つまり，英文法が理解できないと英語力の向上は望めない。現実に大学生や社会人で英文法を学びたいと思っている人は驚くほど多い。しかし同時に，時間をとるのは難しいという人も多い。本書は朝夕の通勤・通学の電車のなかでも，あるいは昼休みの公園のベンチでも学習できるように配慮したつもりである。内容を項目ごとにまとめた。例文も可能な限り易しくし，少なくした。短時間でも英語に向かい合えるようにした。短時間でも真の英文法則が頭に入るようにした。本書はこのように時間のない英文法渇望者のための書である。

　本書の最大の特徴は英文法を通時的かつ共時的に考察していることである。このような文法書はいまだかつてなかった。「通時的」とは英語の時代的変化に焦点をあてながら英語を考察する方法であり，今日の英語がいかなる変化を経て形成されたかを理解できるようにしてある。「共時的」とは現代のヨーロッパ言語における英語の位置を確認しながら英語を考察する方法であり，今日の英語がヨーロッパ言語のなかでいかなる位置を占めるかを理解できるようにしてある。両者のアプローチを通して英語を考えない限り，真の英語の理解は不可能である。ぜひ，一読の上，本物の英文法を体得してほしい。

本書の利用法

　本書は全 20 章から成り，各章は初級文法，中級文法，発展文法の 3 つのパートに分かれている。それぞれのレベル・内容は次の通りである。

初級文法
　高等学校で学習した文法事項を今一度復習するパートである。一見無味乾燥な規則も含まれるが，これらもある程度の文法知識を身につけるためには必要である。
　例えば「名詞」であれば，普通名詞，集合名詞，物質名詞，抽象名詞，固有名詞の 5 種類があること，普通名詞と集合名詞は数えることができ（可算名詞），物質名詞，抽象名詞，固有名詞は数えることができない（不可算名詞）こと。この程度の知識は初級文法である。

中級文法
　大学レベルの英文法，具体的には英字新聞や『タイム』『ニューズウィーク』などの英文雑誌を自在に読める程度の英文法の力を養うパートである。
　例えば，dialog（会談）は抽象名詞でふつう不可算名詞ではあるが，
　　Pyongyang and Washington have agreed to reopen a dialog.（平壌とワシントンは会談を再開することに同意した）（Reuters 電）
のように具体的な「会談」を表す場合には可算名詞扱いされる。このように「初級文法」の原則が簡単に崩れ去るのが英語の実態であり，初級者を悩ませるが，同時にこれが英語の興味津々たる所以でもある。この程度は中級文法として扱われる。

発展文法
　英文法の主要な問題点を抜き出し，一般に例外とされている事項の由来・原点を把握する。全ての現象に必ずや理由がある。従来の説明では理解できなかった点を専門知識を用いて解決する。必要に応じて他のヨーロッパ言語との比較もするが，その際は易しい表現を使用するのでご安心いただきたい。
　例えば，in case of ...（…の場合には）に含まれる名詞 case に冠詞がつかないのはなぜだろうか。英語の原則からすれば in the case of ... が正しい表現であり，実際

に使われもするが，in case of ... の方がはるかに多用される。しかし，この表現は慣用表現とされるのみで，in the case of ... との違いは，いかなる辞書を参照してもわからない。実はこの表現は，他のヨーロッパ言語の影響を受けて18世紀に使用され始めたものだ。詳しくは本文に譲るが，これが発展文法のレベルである。

　本書は各読者の英語力に合わせていかようにも読んでいただけるようになっている。初級文法が易しいと考える向きの読者は，いきなり中級文法から読み始めてもいい。英語の専門家なら発展文法だけを読んでもいい。発展文法では，従来考えることもできなかった理論が次々と展開され，上級者にも大いに役立つはずである。この読書法は「水平読書法」(horizontal reading) といってよい。
　また，各文法事項を初級文法→中級文法→発展文法の順に極めることもできる。初歩から熟達レベルまでシステマティックに会得することができる。この読書法は「垂直読書法」(vertical reading) といってよい。
　どのような読み方であれ，本書を読破された暁には，読者はまったく別人の英語専門家になっているはずである。

　なお，本書で使用している記号の意味は次の通りである。
　　▶：例文などの注意点
　　＊：非文法文（文法的に誤った文）
　　(　)：省略可能
　　[　]：言い換え可能
　　/：「あるいは」「別の表現を使えば」

目　次

まえがき……………………………………………………………………… 1
本書の使い方………………………………………………………………… 3

1　名　　詞

初級文法
- (1) 名詞の種類 …………………15
- (2) 名詞の数 ……………………16
- (3) 名詞の格 ……………………17

中級文法
- (1) 名詞への転換 ………………19
- (2) 名詞の種類の変化 …………20
- (3) 名詞の注意すべき用法 ……22
- (4) 名詞の注意すべき数 ………24
- (5) 名詞の所有格の注意すべき用法 ……………………………………25
- (6) 他の品詞への転換 …………27
- (7) 無生物主語構文 ……………29

発展文法
- (1) 英語の歴史 …………………29
- (2) 発想転換の名詞複数 ………30
- (3) 可算名詞と不可算名詞は区別できるか ……………………………32
- (4) 単数・複数の表現方法 ………33
- (5) 主語になる品詞 ……………34
- (6) 「a kind of book 型」の表現では普通名詞は数えられない …35

2　動　　詞

初級文法
- (1) 自動詞と他動詞 ……………36
- (2) 5文型 ………………………37
- (3) 基本動詞の用法 ……………38
- (4) 動詞の活用 …………………42
- (5) 主語と動詞の一致 …………43

中級文法
- (1) 動詞への転換 ………………44
- (2) 自動詞と他動詞で意味が異なる動詞 ……………………………45
- (3) 自動詞と他動詞の変換 ………46
- (4) 英語の特別な動詞 …………49

発展文法
- (1) 動詞と助動詞の活用の基本原則とその例外 ……………………55
- (2) 授与動詞の特徴 ……………58
- (3) 使役動詞 help の特徴 ………61
- (4) 知覚動詞扱いされる know と find ……………………………62
- (5) 動詞の省略 …………………63
- (6) 動詞の名詞化 ………………64
- (7) 新しい動詞句表現 …………65
- (8) 自動詞に続く前置詞の由来 …67
- (9) run out と outrun の相違 ……68
- (10) 自動詞の他動詞化への過程 …68

3　時　　制

初級文法
- (1) 基本時制 …………………71
- (2) 完了時制 …………………73
- (3) 進行形 ……………………77
- (4) 時制の一致 ………………79

中級文法
- (1) 時制の注意すべき用法 ……81
- (2) 過去完了時制の代用としての過去時制 ……………………86

発展文法
- (1) 進行形の由来と使用理由 ……86

4　助　動　詞

初級文法
- (1) be の用法 …………………89
- (2) have の用法 ………………90
- (3) do の用法 …………………90
- (4) can の用法 …………………91
- (5) could の用法 ………………91
- (6) may の用法 …………………92
- (7) might の用法 ………………92
- (8) must の用法 ………………93
- (9) will の用法 …………………94
- (10) would の用法 ……………94
- (11) shall の用法 ………………95
- (12) should の用法 ……………95
- (13) ought to の用法 …………97
- (14) used to の用法 …………97
- (15) dare の用法 ………………98
- (16) need の用法 ………………98

中級文法
- (1) can [could] を含む慣用表現…99
- (2) may [might] を含む慣用表現 ……………………………99
- (3) would を含む慣用表現 ……100
- (4) should を含む慣用表現 ……101
- (5) 「可能性」を表す can と may の相違 ……………………101
- (6) 「過去の習慣」を表す used to と would の相違 …………101
- (7) 代動詞 do の特別用法 ……102

発展文法
- (1) 否定文や疑問文に do を使用しない場合 …………………102
- (2) do の発生 …………………103

5　代　名　詞

初級文法
- (1) 人称代名詞 ………………105
- (2) 所有代名詞 ………………108
- (3) 再帰代名詞 ………………109
- (4) 指示代名詞 ………………110
- (5) 疑問代名詞 ………………113
- (6) 不定代名詞 ………………114
- (7) 関係代名詞 ………………120

中級文法
- (1) 代名詞の前置はどこまで可能か …………………………… 123
- (2) 人称代名詞 we の特別用法 … 124
- (3) 再帰代名詞減少の方向 ……… 124
- (4) 形式目的語 it の省略 ………… 125
- (5) 疑問代名詞の注意すべき用法 …………………………… 125
- (6) 関係代名詞 when, where … 126

発展文法
- (1) 人称代名詞使用の例外 ……… 131
- (2) 人称代名詞の増加傾向 ……… 131
- (3) it の位置 ……………………… 132
- (4) 非人称 it の消滅 …………… 133

- (7) 「人」を先行詞とする関係代名詞 which …………………… 127
- (8) 関係代名詞 that が優先的に使われる場合 ………………… 127
- (9) 関係代名詞 what の特別用法 … 128
- (10) 関係代名詞の主格の省略 … 128
- (11) 関係代名詞の二重限定 …… 129
- (12) 疑似関係代名詞 ……………… 129

- (5) 関係代名詞の発生過程 ……… 135
- (6) 関係代名詞 that に非制限用法がない理由 ………………… 135

6　冠　詞

初級文法
- (1) 不定冠詞の基本用法 ………… 137
- (2) 定冠詞の基本用法 …………… 138

中級文法
- (1) 不定冠詞の特別用法 ………… 139
- (2) 定冠詞の特別用法 …………… 140
- (3) 冠詞の省略 …………………… 141
- (4) 新聞の見出し，掲示，広告，諺などにおける冠詞の省略 …… 144
- (5) 冠詞の位置 …………………… 144

発展文法
- (1) 不定冠詞省略の傾向 ………… 145
- (2) 定冠詞省略の傾向 …………… 146
- (3) 定冠詞省略の過程 …………… 147
- (4) 定冠詞省略の新傾向 ………… 148
- (5) 定冠詞のゲルマン語的特別用法 …………………………… 149

7　形容詞

初級文法
- (1) 形容詞の種類 ………………… 151
- (2) 形容詞の用法 ………………… 152
- (3) 形容詞の限定用法における位置 …………………………… 154
- (4) 形容詞が多数ある場合の順序 …………………………… 154
- (5) 数量形容詞 …………………… 155

中級文法
- (1) 限定用法と叙述用法で意味が異なる形容詞 ………………… 157
- (2) 限定用法における形容詞の後置 …………………………… 158
- (3) 形容詞の他の品詞への転化 … 159

発展文法
- (1) 形容詞の主語化・目的語化 … 160
- (2) many a ... の表現 …………… 160

8 数　　詞

初級文法
(1) 数字の読み方 …………………162

中級文法
(1) 基数を含む表現 ………………167
(2) 序数を含む表現 ………………167
(3) 数詞を含む表現と動詞の数 …167
(4) 数字で表すか文字で表すか …168
(5) 倍数の表し方 …………………168

発展文法
(1) 数字の読み方がアメリカ英語と
　　イギリス英語で違う …………169
(2) 「何万の」などの表現 ………169
(3) 温度の表し方 …………………170
(4) 古風な数表現 …………………171

9 副　　詞

初級文法
(1) 副詞の形 ………………………172
(2) 副詞の種類 ……………………174
(3) 副詞の用法 ……………………175
(4) 副詞の位置 ……………………176
(5) 副詞（句・節）の順序 ………178
(6) 疑問副詞 ………………………178
(7) 関係副詞 ………………………179

中級文法
(1) 副詞の注意すべき用法 ………182
(2) 単純形副詞と「単純形＋-ly」
　　型の副詞の相違 ………………185
(3) 副詞的目的格 …………………185

発展文法
(1) 副詞的属格あるいは副詞的語尾
　　………………………………… 186
(2) 副詞が主語になることがある
　　………………………………… 187

10 比　　較

初級文法
(1) 比較級および最上級の作り方
　　………………………………… 188
(2) 原級による比較 ………………189
(3) 比較級による比較 ……………190
(4) 最上級による比較 ……………193

中級文法
(1) 原級，比較級，最上級の相互書
　　き換え関係 ……………………195
(2) 比較級の特別用法 ……………196
(3) 絶対最上級 ……………………197

発展文法
(1) 比較級の形容詞や副詞がないの
　　に比較級 ………………………197
(2) 副詞の最上級に the がつく理由
　　………………………………… 198

11　不定詞

初級文法
(1)「to 不定詞」の基本用法 …… 199
(2)「疑問詞＋to 不定詞」の用法
　　　　…………………… 202
(3) 原形不定詞の用法 …………… 203

中級文法
(1) 不定詞の形容詞用法の主語と述語関係 …………………… 204
(2) 完了不定詞 ………………… 204
(3) 代不定詞 …………………… 205
(4) 不定詞の主語 ……………… 205

発展文法
(1) 不定詞の形式上の主語 ……… 206
(2) 分離不定詞 ………………… 206
(3) He has no house *to live*. は正しいか ……………………… 207
(4)「be＋to 不定詞」の特別用法
　　　　…………………… 208

12　分　詞

初級文法
(1) 分詞の基本用法 …………… 210
(2) 分詞の動詞的性質 ………… 210
(3) 現在分詞の形容詞用法 …… 211
(4) 過去分詞の形容詞用法 …… 213

中級文法
(1) 分詞構文 …………………… 214

発展文法
(1) go shopping to Ginza はなぜ誤りか ……………………… 218
(2) living as I do の分詞構文 … 219
(3) 分詞から転じた前置詞と接続詞
　　　　…………………… 219

13　動名詞

初級文法
(1) 動名詞の基本用法 ………… 221

中級文法
(1) 動名詞の意味上の主語 …… 223
(2) 動名詞の形式上の主語 …… 224
(3) 動詞の目的語としての動名詞と不定詞 …………………… 224
(4) 形容詞の後の動名詞と不定詞
　　　　…………………… 226
(5) 動名詞と現在分詞の関係 … 227
(6) 動名詞の完了形 …………… 227
(7) 動名詞を含む慣用表現 …… 228

発展文法
(1) 動名詞から現在分詞への転換
　　　　…………………… 229

14　前置詞

初級文法
- (1) 前置詞の種類 …………230
- (2) 前置詞の基本用法 …………231
- (3) 前置詞の目的語になる品詞 …232
- (4) 基本前置詞の用法 …………233

中級文法
- (1) 疑問節を目的語に取る前置詞 …………238
- (2) 前置詞の位置 …………238
- (3) 前置詞は具体性から抽象性に変化する …………239
- (4) 前置詞の違いで意味が変わる場合と変わらない場合 …………240
- (5) 前置詞の省略傾向 …………240

発展文法
- (1) 前置詞は時代により変化する …………241
- (2) into の代役 in …………242
- (3) 前置詞と接続詞の関係 …………243

15　接続詞

初級文法
- (1) 接続詞の種類 …………245
- (2) 等位接続詞の用法 …………246
- (3) 従位接続詞の用法 …………249
- (4) 文の種類 …………252

中級文法
- (1) 相関接続詞の用法 …………253
- (2) 副詞節中における省略 …………254
- (3) 接続詞代わりのコロンとセミコロン …………255

発展文法
- (1) 名詞・副詞から転じた接続詞 …………256
- (2) and と or の特別用法 …………257

16　仮定法

初級文法
- (1) 仮定法の定義 …………258
- (2) 仮定法の基本 …………258

中級文法
- (1) 主節のない仮定法 …………264
- (2) as if … [as though] …………264
- (3) 仮定法と時制の一致 …………265
- (4) 基本形を逸脱した仮定法 …………265
- (5) 仮定法現在の慣用表現 …………266

発展文法
- (1) 仮定法は減少の一途 …………266
- (2) 直説法とさまざまな仮定法 …………267

17　命令法

初級文法
- (1) 命令法の基本 …………269
- (2) let による命令 …………270

中級文法
(1) let を使う特別な命令 ……271
発展文法
(1) 命令法が表す特別用法 ……272
(2) 否定の特別な命令 …………272
(3) 主語に you, we をつける特別な命令 ……………………273

(2) 命令法を使った慣用表現 ……271
(4) 動詞のない命令 ………………273
(5) 過去分詞による命令 …………273

18 受動態

初級文法
(1) 能動態から受動態を作る方法 ……………………………… 274
(2) さまざまな受動態の形 ………274
中級文法
(1) 受動態を作らない他動詞 ……278
(2) 能動態より受動態が好まれる場合 …………………………………278
(3) by ... がつかない受動態 ……279
(4) by 以外の前置詞を使用する受動態 ……………………………279
発展文法
(1) 再帰動詞から受動態への変化 ……………………………… 282
(2) 「by＋動作主」は「of＋動作主」であった ……………………283

(3) 「have [get]＋目的語＋過去分詞」「have＋目的語＋原形不定詞」……………………………… 277
(5) 句動詞の受動態 ………………280
(6) 状態の受動態と動作の受動態 ……………………………… 281
(7) 能動受動態 ……………………282

(3) He was written a letter by me. はなぜ不自然な文か ……284

19 話法

初級文法
(1) 話法転換の基本 ………………285
(2) 平叙文の転換 …………………285
(3) 疑問文の転換 …………………287
(4) 命令文の転換 …………………287
(5) 感嘆文の転換 …………………288
中級文法
(1) 直接話法から間接話法に機械的に転換できない場合 …………291
(2) 被伝達文に助動詞が含まれる場合の転換 …………………292
発展文法
(1) 「say to＋人」が「tell＋人」に変化しない場合 ……………293

(6) 祈願文の転換 …………………289
(7) 重文の転換 ……………………289
(8) 複文の転換 ……………………290
(9) 2 つ以上の文の組み合わせの転換 …………………………………290

(3) 被伝達文に疑問詞がある時の転換の語順の例外 ………………292
(4) 描出話法（中間話法）………292

(2) 仮定法が時制の一致を受ける場合 …………………………………294

20　特殊構文

初級文法
- (1) 否定構文 ……………………295
- (2) 倒置構文 ……………………298
- (3) 省略構文 ……………………300
- (4) 共通構文 ……………………301
- (5) 挿入構文 ……………………302
- (6) 強調構文 ……………………303
- (7) 同格構文 ……………………304

中級文法
- (1) very と quite の部分否定 ……305
- (2) 文否定語 not の注意すべき用法 ………………………………305
- (3) 誤った二重否定 ……………306
- (4) リズム上の倒置 ……………306
- (5) 倒置構文における be 動詞の省略 …………………………306
- (6) it is not until ... that ... も強調構文 ………………………307

発展文法
- (1) 多重否定 ……………………307
- (2) 否定語の位置 ………………307

あとがき ……………………………………………………………………309
索引 …………………………………………………………………………310

根本理解！ やり直し英文法

1 名　詞

　全ての言語で最も大切なものは「何がどうする」の構造である。「何が」に相当するのが主語（subject）であり，日本語やスペイン語などでは自明である場合には省略されることもあるが，文中で内容的には存在する。英語では例外を除き主語を明示する。そして主語には名詞（noun）がなる。したがって，名詞は文の重要な要素である。
　名詞の役割は主語になる他に，動詞の目的語（object），補語（complement），また前置詞の目的語になること。動詞の目的語とは「何が何をどうする」の「何を」に相当する語，補語とは「何がどうである」の「どう」に相当する語，前置詞の目的語とは前置詞の次にくる語をいう。

● 初 級 文 法 ●

1 名詞の種類

　名詞は次の5種類に大別できる。
（A）**普通名詞**（common noun）
　具体的な形がある人または物を表す名詞。具体的な形がなくても単位を表すもの，あるいは個数や回数を数えられるものは普通名詞である。
　　　desk（机），chair（いす），hour（時間），mile（マイル），sound（音）など

（B）**集合名詞**（collective noun）
　個体の集合体を表す名詞。
　　　family（家族），class（クラス），crew（乗組員），committee（委員会）など

（C）**物質名詞**（material noun）
　一定の形をもたない物質を表す名詞。
　　　air（空気），gold（金），water（水），rice（米），bone（骨）など

（D）**抽象名詞**（abstract noun）
性質，状態，動作，学問など抽象概念を表す名詞。
beauty（美），peace（平和），action（活動），mathematics（数学）など

（E）**固有名詞**（proper noun）
国名，地名，人名その他，この世で固有と思われるものの名。
Japan（日本），London（ロンドン），George W. Bush（ジョージ・W・ブッシュ）など

普通名詞と集合名詞は可算名詞（countable noun）といい，不定冠詞がついたり複数形になる。物質名詞，抽象名詞，および固有名詞は不可算名詞（uncountable noun）といい，原則的に不定冠詞はつかず，複数形にならない。

2 名詞の数

名詞には単数（singular）を表す単数形と複数（plural）を表す複数形がある。
複数形の作り方は次の通りである。

（A）規則複数

単数形から複数形を作るには，原則として，単数に -s または -es をつける。通常は -s をつける。
　book → books（本），school → schools（学校）など
語尾が -s, -ss, -x, -zz, -ch, -sh で終わる語には -es をつけて複数形にする。
　gas → gases（ガス），glass → glasses（コップ），box → boxes（箱），church → churches（教会），dish → dishes（皿）など
しかし，以下は例外。

(a) **語尾が「子音＋ -o」の語は -es をつける**
　hero → heroes（英雄），tomato → tomatoes（トマト）など
ただし，「母音＋ -o」で終わる語は -s をつける。
　bamboo → bamboos（竹），curio → curios（骨董品）など
また，外来語の省略語は -s をつける。
　photo（元の語はギリシャ語由来の photograph）→ photos（写真）
　piano（元の語はイタリア語由来の pianoforte）→ pianos（ピアノ）

(b) **語尾が「子音＋ -y」の語は y を i に変えて -es をつける**
　city → cities（市），country → countries（国）など
ただし，固有名詞は原則的に複数形をとらないが，複数形にする場合はそのま

ま -s をつける。
　　　Henry → Henrys，Mary → Marys など
(c) **語尾が -f または -fe の語は -ves になる**
　　　leaf → leaves（葉），life → lives（命），wife → wives（妻）など
　ただし，そのまま -s で終わる例外もある。例外のほうが多いくらいであるが，例外はラテン語由来の外来語に多い。
　　　belief → beliefs（所信），chief → chiefs（かしら），cliff → cliffs（崖），cuff → cuffs（そで口），grief → griefs（悲嘆），roof → roofs（屋根），safe → safes（金庫），strife → strifes（争い）など
　興味深い例は still life（静物画）で，複数形は still lifes。

(B) **不規則複数**
　単数形から複数形を作る際，-s または -es 以外の形になる。
(a) **単複同形**
　　　carp（鯉），trout（鱒），salmon（鮭），deer（鹿），sheep（羊）など
(b) **母音が変化する場合**
　　　man → men（男），woman → women（女），mouse → mice（ハツカネズミ），louse → lice（シラミ），foot → feet（足）など
(c) **語尾に -en をつける場合**
　　　ox → oxen（雄牛），child → children（子供）など
(d) **ギリシャ語やラテン語由来の外来語は語尾の音節の綴り字が変化する**
　　　analysis → analyses（分析），crisis → crises（危機），datum → data（資料），radius → radii（半径）▶規則複数 radiuses もある，など

3 名詞の格

　名詞には主格，所有格，目的格の3つの格がある。代名詞と異なり，名詞は主格と目的格が同形である。

(A) **主格**（subjective case）
　主格の役割は次の通りである。
(a) **主語として**
　　　Dogs are useful.（犬というのは役に立つ）
(b) **主格補語として**
　　　主格補語とは主語が「何だ」あるいは「どうだ」と補足する語をいう。

He is a *Japanese*. (彼は日本人だ)
(c) 呼びかけ語
Good morning, Mr. *President*. (大統領, おはようございます)

呼びかけ語は呼格 (vocative case) ともいわれるが, 歴史的に主格と考えられている。

(B) 所有格 (possessive case)
所有格は文字通り「所有」を表すので, 原則として生き物に関して使用される。ただし, 無生物でも擬人化されて使用されることがある。

(a) 生物の所有格
men's shoes (紳士靴), the *dog's* tail (その犬の尻尾) など

(b) 無生物の所有格
today's paper (今日の新聞), a *pound's* weight (1ポンドの重さ)

このように「時」「距離」「重量」「価格」を表す名詞の他, *ship's* doctor (船医) や the *world's* history (世界の歴史) などがある。

無生物の所有格は, 例えば幼児が table's legs (机ちゃんの脚) のようにいうことはあるが, ふつうは the legs of a table という。つまり, 無生物の場合は所有格の代わりに前置詞 of を使う。別の例をあげれば, the book's cover (本の表紙) が使われることはまれで, the cover of a book が標準。なお, the book cover は正しい表現。book は名詞であるが, 名詞が別の名詞の前に置かれて形容詞として使用されることがある (⇨1 名詞・中級文法 6 (B))。

(C) 目的格 (objective case)
目的格の役割は次の通りである。

(a) 動詞の目的語として
I gave a *book* to the boy. (私はその男の子に1冊の本をあげた) ▶動詞 gave は a book (1冊の本) を目的語としている。

I gave the *boy* a *book*. (私はその男の子に1冊の本をあげた) ▶動詞 gave は the boy (その男の子) と a book (1冊の本) の2つの目的語をとっている。前者を間接目的語 (indirect object), 後者を直接目的語 (direct object) という。

(b) 目的格補語として
目的格補語とは目的語が「何だ」あるいは「どうだ」と補足する語をいう。

We elected him *chairman*. (我々は彼を議長に選んだ) ▶補語 chairman は, 目的語 him が「何」であるかを補足している。

(c) 前置詞の目的語として

前置詞の後には名詞や代名詞がくる。

on the *desk*（机の上に）

I gave a book to *Jack*.（私はジャックに1冊の本をあげた）▶ to Jack は修飾語になる。

(d) 副詞的目的格

名詞句が副詞として使用されることがある。これを副詞的目的格（adverbial objective）という（⇨ 9 副詞・中級文法 3）。「時間」「距離」「方法」「方向」「数量」「程度」などを表す名詞に限られる。

Come *this way*.（こちらへ来なさい）▶名詞句 this way は前置詞なしで副詞の役割をはたしている。

● 中 級 文 法 ●

1 名詞への転換

他の品詞から名詞へ転換されるものがある。

(A) 形容詞から名詞への転換

The hotel can always find rooms for its *regulars*.（そのホテルはいつも常連客には部屋を用意することができる）▶ regular は「いつもの」の意味の形容詞から転じた名詞で「常連客」のこと。名詞化している証拠に複数形の -s がついている。

形容詞から転じた名詞には他に次がある。

explosive（爆薬），moderate（穏健な人），physical（身体検査），potential（可能性）など

次の例は特殊ではあるが、形容詞から名詞への転化であることは確かである。

The number of *dead* from a conflict between governmental militias and rebels is now estimated at 180,000.（現在，政府軍と反乱軍の戦いによる死者の数は18万人と見積もられている）（AP電）▶本来なら the dead，つまり「the＋形容詞＝名詞」で複数扱いであるべきだが、新聞の英語では dead の名詞扱いが一般化している。the dead の用法が残っているので複数形にならず、そのままの形で複数扱い。

（B） 副詞から名詞への転換

　　She had her *ups* and *downs*. （彼女にはよい時も悪い時もあった） ▶ ups and downs で「（人生などの）浮き沈み」の意味であり，この表現は副詞の up と down から生じた。

（C） 動詞から名詞への転換

　　Our maid was a real *find*. （うちのメイドはまさに見つけものだった） ▶ find は「見つける」の意味の動詞から転じた名詞。

　　He looked at the *come* and *go* of waves. （彼は波が寄せたり引いたりするのを見ていた） ▶ the come and go で「行ったり来たりすること」の意味であり，この表現は動詞の come と go から生じた。

（D） 過去分詞から名詞への転換

　　The evidence is a *given*. （その証拠は既知のものだ） ▶ given は「既知のもの；既定の事実」の意味で，過去分詞から転じた名詞。

（E） 前置詞から名詞への転換

　　She heard a voice from *without*. （彼女には外から声が聞こえてきた） ▶ without は「外部」の意味で，前置詞から転じた名詞。

　その他に，複合動詞から名詞に転換したものとして
　　comeback（返り咲き），getaway（逃走），makeup（化粧）など
　動名詞から名詞に転換したものとして
　　building（建物），opening（開放），outpouring（流出）など
がある。

2 名詞の種類の変化

　名詞の種類は変幻自在である。初級文法 1 では名詞の種類を5つに分類したが，実際の言語使用の場面では，明確に定義できない側面もある。

（A） 普通名詞の抽象名詞化

　普通名詞が抽象名詞化される場合がある。

　　The *pen* is mightier than the *sword*. （ペンは剣よりも強し） ▶「ペン」と「剣」は具体的な物というより比喩的に「文」と「武」という抽象概念を表す。

　　He is with *book*. （彼は本を執筆中である） ▶ He is at the *books*. （彼は勉強している）の文では books と複数形であるから，「何冊かの本と共にいる」の意味で

普通名詞。例文では無冠詞なので,「本」から意味の転化が生じ「執筆」の意味の抽象名詞。

もう一つ例をあげる。

He caught *a cold* yesterday.（彼は昨日風邪をひいた）▶cold は形がなくても,回数で数えられるので普通名詞である。

He caught *cold* yesterday.（彼は昨日風邪をひいた）▶cold は a がなく抽象名詞化している。ただし,形容詞がつくと普通名詞になる。He caught *a bad cold* yesterday.（彼は昨日悪い風邪をひいた）のように具体的表現になるからである。さらに,頻度を示す often などと共に使われると複数形にもなる。You often catch *colds*.（君はよく風邪をひく）

（B） 物質名詞の普通名詞化

物質名詞は原則として不可算名詞であるから次のように単位となる表現をつけて数える。

a cup of *coffee*（カップ1杯のコーヒー）, two glasses of *beer*（グラス2杯のビール）

しかし,日常会話では coffee や beer が普通名詞化されて one *coffee*（コーヒー1杯）, two *beers*（ビール2杯）などのように表現される。「カップに入ったコーヒー」「グラスに入ったビール」は1つ,2つと認識できるからである。今日では two *beers* が転じて two *beer* も使われるようになってきている。

（C） 抽象名詞の普通名詞化

抽象名詞は原則的には不可算名詞であるが,時に普通名詞に転じて可算名詞になる。つまり「抽象性」をもつものが具象化される時に普通名詞に転化する。

Necessity is the mother of *invention*.（必要は発明の母）（諺）

で, necessity（必要）や invention（発明）は抽象名詞である。しかし,

A TV set became a *necessity* now.（テレビは今や必需品である）

A TV set is a useful *invention*.（テレビは有用な発明品である）

では, a necessity（必需品）, an invention（発明品）と普通名詞に転化している。

（D） 固有名詞の普通名詞化

固有名詞は原則的には不可算名詞であるが,具象化されて普通名詞になることがある。

(a)「…のような人」

固有名詞がもつ性質の具象化が生じる例。

He is an *Edison*.（彼はエジソンのような発明家だ）

(b) 「…という人」

同名をもつ固有名詞を表す場合。

There're three *Johns* in my class.（私のクラスにはジョンという生徒が3人いる）

A Mr. *Brown* is waiting for you.（ブラウンさんという人があなたを待っています）

(c) 「…の作品」

固有名詞の作品を表す場合。

There are two *Rembrandts* in this art museum.（この美術館にはレンブラントの作品が2点ある）

(d) 「…家の人」

固有名詞が一族を表す場合。

His mother was a *Tokugawa*.（彼の母は徳川の出であった）

(e) 「…の姿の…」

固有名詞が様々な形に変化することで具象化される場合。

A new *Japan* has developed since Meiji period.（新しい姿の日本が明治時代以来発展した）

(E) 固有名詞の抽象名詞化

固有名詞が抽象化される場合。

I have not read much *Shakespeare*.（私はシェイクスピアはあまり読んでいない）

▶固有名詞Shakespeareが「シェイクスピアの作品世界」の意味の抽象名詞に転化している。数えられない名詞である証拠にmuchがついている。

3 名詞の注意すべき用法

(A) 普通名詞の注意すべき用法

普通名詞には種類全体を表す用法がある。「総称用法」といい，次の3種類ある。

(a) 不定冠詞を使用

A dog is a useful animal.（犬は役に立つ動物である）

(b) 定冠詞を使用

The dog is a useful animal.（犬は役に立つ動物である）

(c) 複数形を使用

Dogs are useful animals.（犬は役に立つ動物である）

日常英語で最も一般的には(c)の複数形を使用。次に(a)の不定冠詞を使用。(b)の定冠詞の使用はやや堅い表現で，主に論文・解説文などで用いられる。

(B) 集合名詞の注意すべき用法

集合名詞は，集合体をまとまった1単位と考える時は単数扱い，構成要素である個体を重視する時は複数扱い。

　　His family *is* very large.（彼の家族は大家族である）

　　His family *are* all early risers.（彼の家族は皆早起きである）

前者は「家族」をまとまった1単位と考えているので単数扱い。後者は個人を重視しているので複数扱い。

　　Several police *are* patrolling the district.（数人の警官が地区をパトロールしている）▶集合名詞 police は常に複数扱い。1人の「警官」は a policeman, a police officer, イギリス英語では a constable で表す。

(C) 抽象名詞の注意すべき用法

抽象名詞には次の注意すべき用法がある。

(a)「**of**＋抽象名詞」＝形容詞

前置詞 of は「…の性質を持つ」の意味である。

　　a matter *of regret*＝a regrettable matter（残念なこと）

　　a man *of wisdom*＝a wise man（賢い男）

　　a man *of* great *importance*＝a very important man（非常に重要な人）▶形容詞 great は副詞 very に対応する。

　　a machine *of* no *use*＝a useless machine（全然役に立たない機械）

「年齢」「形状」「色彩」「寸法」などを表す抽象名詞と共に使う時は of を省略することが多い。なお，これらの表現は上の例と違って形容詞で書き換えられないが，形容詞の意味をもつ点は同じである。

　　a woman (*of*) his *age*（彼と同じくらいの年齢の女性）

　　a city (*of*) the *size* of Osaka（大阪くらいの大きさの都市）

(b)「**抽象名詞**＋**itself**」「**all**＋**抽象名詞**」＝「…そのもの」「とても…だ」

　　He is *kindness itself*.（彼は親切そのものだ）

　　He is *all kindness*.（彼はとても親切だ）

he＝kind の関係は成り立つが，he＝kindness は不可能。「人間」と「親切」はイコールにはならない。しかし，itself や all が加わると正しい表現。なぜなら，前者の再帰代名詞 itself は「…の権化」「…の化身」の意味で，人間的性格を表すから。後者の all は修辞的強意表現で，抽象名詞と結合して補語になる。

4 名詞の注意すべき数

(A) 単複同形名詞の用法

単複同形名詞は既にいくつかあげた (⇨ 1 名詞・初級文法 2 (B)(a))。ここでは特に注意すべきものについて説明する。

(a) **fish** と **fishes**

fish の複数形 fishes は「魚の種類」をいう時にのみ使う。

two *fishes*（2種類の魚）

しかし，通例は two kinds of *fish* のように表現する。食用としての魚肉は物質名詞としての fish を使う。

We eat *fish* on Friday.（金曜日に我々は魚を食べる）

(b) **chicken** と **a chicken**

chicken の複数形は chickens であるが，食用としての鶏肉は，やはり物質名詞としての chicken を使う。

I ate *chicken* yesterday.（昨日は鶏肉を食べた）

仮に

I ate *a chicken* yesterday.

では，「昨日はまるまる1羽の鶏を何から何まで全部食べた」ことになる。現代人には想像を絶する世界となる。

(B) 注意すべき複数形

(a) 複合語の複数形

複合語は主要部分を複数形にする。

brother-in-law → brother*s*-in-law（義理の兄弟），looker-on → looker*s*-on（見物人），maid-servant → maid-servant*s*（下女），passer-by → passer*s*-by（通行人）など

(b) 単数形と複数形で意味の異なる名詞

単数形と複数形で意味が異なる名詞がある。

air（空気）— airs（気取り），manner（方法）— manners（礼儀作法），water（水）— waters（海域；水域）など

また，複数形になると単数形の意味の他に新たな意味の加わる名詞がある。

arm（腕）— arms（腕／武器），ash（灰）— ashes（灰／遺骨），color（色）— colors（色／顔料；旗），custom（習慣）— customs（習慣／関税；税関），effect（効果）— effects（効果／動産），force（影響力）— forces（影響力／軍隊），letter

(文字) － letters (文字／文学), moral (教訓) － morals (教訓／道徳), pain (苦痛) － pains (苦痛／苦労), sand (砂) － sands (砂／砂原) など

(c) 常に複数形で使用する名詞
2つが1組になって初めて機能する物を表す名詞は常に複数形になる。
　　glasses (眼鏡), scissors (はさみ), spectacles (眼鏡), trousers (ズボン), tongs (火ばさみ) など
　数える時は a pair of scissors のようにいう。

(d) -ic で終わる学問の名前
学問名の形は -s がついて複数形だが単数扱い。
　　economics (経済学) ▶「経済問題［状態］」の意味では複数扱い, physics (物理学), statistics (統計学) ▶「統計」の意味では複数扱い, など
　　Mathematics is very difficult for me. (数学は私にはとても難しい)
なお, -ic で終わる学問名でも複数形にならないものもある。
　　arithmetic (算術), logic (論理学), rhetoric (修辞学) など
　他のヨーロッパ言語では学問名は単数形。例えば mathematics はドイツ語で Mathematik, フランス語で mathématique である。

(e) -able, -ing で終わる形容詞, 分詞から転じた名詞は常に複数形で用いる
　　eatables and drinkables (飲食物), belongings (所有物) など

(f) 動詞から転じた名詞は複数形で用いることが多い
　　proceeds (売上高), remains (遺跡), thanks (感謝) など

(g) 文字や数字の複数形
原則的には 's (アポストロフィー・エス) をつける。
　　The word "Mississippi" has four i*'s* and two p*'s*. ("Mississippi" という語にはiの文字が4つ, pの文字が2つ含まれている)
　ただし, 最近では four is (i が4つ), five 5s (5 が5つ), 1990s (1990年代) のようにアポストロフィーをつけない傾向にある。

5 名詞の所有格の注意すべき用法

(A) 所有格の特別用法
「所有格＋名詞」は所有関係を表すだけではない。「主語＋動詞」や「動詞＋目的語」の関係を表すことがある。前者を主格関係, 後者を目的格関係という。

(a) 主格関係
　　Without the *woman's help*, he might have died. (その女性の助けがなければ,

彼は死んでいたかもしれない）▶この文は If the woman had not helped him, he might have died.（その女性が彼を助けなかったなら，彼は死んでいたかもしれない）の意味。つまり，the woman's help は the woman had helped him という「主語＋動詞」の関係にある。

(b) 目的格関係

He went to *the woman's help*.（彼はその女性の救助に向かった）▶この文は He went to help the woman.（彼はその女性を救助に行った）の意味。つまり，the woman's help は help the woman という「動詞＋目的語」の関係にある。

この性格は「名詞＋of＋名詞」の関係についても同様のことがいえる。

例えば，the woman's help は the help of a woman と表現することも可能。of a woman も主格関係，目的格関係ともになりうる。文法的に両者は正しいが，後者の of a woman の表現はいかにもおおげさである。

(B) 所有格の後の名詞省略

所有格の後に名詞がくる場合，名詞が省略されることがある。

(a) 重複を避ける

This doll is my *sister's* (doll).（この人形は妹のです）

(b) 慣用的に建物を省略する

He went to his *uncle's* (house) yesterday.（彼は昨日叔父さんのところへ行った）

他に次がある。

a barber's (shop)（床屋（の店）），a doctor's (office)（医者（の診療所）），St. Paul's (Cathedral)（セントポール（寺院）），St. Jame's (Palace)（セントジェームズ（宮）），a McDonald's (restaurant)（マクドナルド（レストラン））など

(c) **this book of Jack's** の二重所有格（double possessive）の型

英語では *this Jack's book や *Jack's this book の表現は不可。this も Jack's も限定詞（determiner）で，英語では限定詞は1つの句で2度使用できないからである。限定詞とは冠詞・指示代名詞・代名詞や名詞の所有格など，後ろの語句を限定するものをいう。なお，イタリア語では英語の the my mother に相当する la mia mamma（私のお母さん）の表現は許される。参考までに，mamma mia は英語の mama my つまり my mama で，呼びかけの「お母さん」。Mamma mia! が「何てことだ！」の意味であるのはよく知られている。

this camera of my father's（父のこのカメラ）

an old friend of Jack's（ジャックの旧友の1人）

ただし，次の相違に注意しよう。

a picture of my father's（父の所有している写真）
a picture of my father（父が写っている写真）

（C）所有格の副詞用法

所有格が副詞的に用いられることがある。

「of＋時を表す名詞の目的格」で「…(など)に」の意味になる。一般に口語用法。

He goes to church *of a Sunday*.（彼は日曜日にはよく教会に行く）▶of a Sunday は属格（今日の所有格に相当する）Sunday*s* から変化したもの。今は He goes to church Sunday*s*.（彼は日曜日にはよく教会に行く）はイギリス英語の俗語あるいはアメリカ英語の口語である。

6 他の品詞への転換

名詞が他の品詞に転換することがある。

（A）名詞から動詞への転換

名詞が動詞に変わることがある。

He was *knifed* to death yesterday.（彼は昨日ナイフで刺殺された）
The ship *knifed* through the waves.（船は波を切って進んだ）

元来，名詞である knife が動詞化されている。前者は他動詞，後者は自動詞の例。新聞・雑誌の英語では紙面の都合上簡潔さを好むため，名詞の動詞化が頻繁に行われる。文が力強くなる特性もある。

The submarine *torpedoed* the aircraft.（潜水艦はその飛行機を魚雷で攻撃した）
▶名詞である torpedo を動詞化することで文を簡潔化している。本来なら The submarine attacked the aircraft by *torpedoes*. である。
I don't know how to *word* it.（私はそれを言葉でどう言ったらいいのかわからない）▶名詞 word が他動詞化されている。目的語 it が加えられているので他動詞化されているのが理解できるだろう。

さらに，side step（一歩横に寄ること）の2語を sidestep の1語にして動詞化するような例もある。

They *sidestepped* the attack.（彼らは攻撃をかわした）

中辞典クラスの英和辞典には動詞化の例が掲載されていない場合もあるので要注意。そんな時は英和大辞典で確認することが大切。次の craft（丹念に作る）や sideline（中心から外す）がその例。

Shehada managed beforehand to *craft* Hamas operations.（シェハーダ［2002年7月に死んだ反イスラエル運動の指導者］は前もってハマスの作戦を入念に作り上げていた）(Reuters 電)

U.S. President George W. Bush called last month for Yasser Arafat to be *sidelined* as Palestinian leader.（アメリカの大統領ジョージ・W・ブッシュは先月，ヤセル・アラファトをパレスチナの指導者から外すことを要求した）(Reuters 電)

その他にも現代英語では簡単に名詞の動詞化は生じている。

(B) 名詞を修飾する名詞

「名詞＋名詞」の形で前の名詞が後の名詞を修飾する形容詞に転化する。

 a *stone* bridge（石橋），*child* abuse（児童虐待）

前者の名詞 stone「石」は形容詞「石の」に，後者の名詞 child「児童」は形容詞「児童の」へ変化している。

(C) 普通名詞の形容詞化

 He is more of a *statesman* than a *writer*.（彼は作家というより政治家だ）

この文は He is more of a statesman than (he is of) a writer. の省略であり，statesman（政治家）と writer（作家）は普通名詞。of a statesman, of a writer で形容詞句。

 He is more a *statesman* than a *writer*.（彼は作家というより政治家だ）

でも statesman と writer は普通名詞。

しかし

 He is more *statesman* than *writer*.（彼は作家というより政治家だ）

では statesman と writer は形容詞化されていると考えられる。なぜなら不定冠詞がついていないからである。この場合は「職業・地位」より「職業・地位に伴う性質」を重視している。

次の例も同様だ。

 Child as he is, he can do it.（彼はほんの子供だけれども［ほんの子供だから］，それができる）

アメリカ英語では

 As *child* as he is, he can do it.

のように表現することから理解できるように，この文はもともとは，Though [Because] he is as *child* as he is, he can do it. の意味の分詞構文

 Being as *child* as he is, he can do it.

である。as ... as の同等比較構文の「...」の位置には形容詞あるいは副詞がくることになっている。したがって child は名詞から形容詞化されていると考えられる。

　　He is a *chicken*.（彼は臆病者だ）
　　He is *chicken*.（彼は臆病だ）

も同様。前者の chicken は普通名詞，後者の chicken は形容詞扱い。

7 無生物主語構文

　無生物主語構文はいかにも英語らしい表現を作るといわれる。そして同時に，英語表現を味わい深くしている。これには英語の無生物の名詞が主語としてはたす役割が大きい。例をあげる。

　　A night's walk brought him to the city.（一晩の徒歩が彼をその町に連れてきた）

　この文を直訳したのでは，味も素っ気もない。主語は無生物主語であるが，我々日本人にも

　　He walked for a night and came to the city.（彼は一晩歩いてその町に来た）

の意味であることは理解できる。ただし，前者のほうが英語らしい表現になる。無生物を主語にする範囲は，日本語より英語のほうが広い。しかし日本語でも，動詞が自動詞の場合には無生物主語構文はふつうである。「太陽は東から昇る」（英語は The sun rises in the east.）のように。

　英語における，その他の無生物主語構文の例をあげる。「＝」の後は無生物主語を用いない表現である。英語の無生物主語表現は無生物主語を副詞句のように解釈し，目的語を主語のように考えると日本語らしい表現になる。

　　This machine will save you a lot of time.（この機械は君から多くの時間を省いてくれる）＝If you use this machine, you will save a lot of time.（この機械を使えば君には多くの時間の節約になる）

　　What caused him to do it?（何が彼にそれをさせたのか）＝Why did he do it?（なぜ彼はそれをしたのか）

● 発 展 文 法 ●

1 英語の歴史

　英語熟達に英語の歴史の知識は直接関係はないが，発展文法レベルを読みこなす

には参考になる。

　英語はアングロサクソンの言語である。アングロサクソンはアングル族とサクソン族からなる。アングル族は北ドイツのハンブルクを中心に住んでいた民族。サクソン族は北ドイツのハノーバーを中心に住んでいた民族。両者は5世紀半ば以降，いわゆるゲルマン民族大移動で今日のイギリスに渡り王国を築いた。彼らの言葉，北ドイツの言語が英語の起源である。北ドイツの言葉，つまり低地ドイツ語が現代英語の基礎をなす。この時代の英語を古期英語（Old English）という。やがて，西暦1066年にフランスのノルマンディー公ウィリアム（William the Conqueror）がイギリスを征服。その後1500年頃までの，フランス語の影響が強い英語を中期英語（Middle English）という。それ以降の英語を近代英語（Modern English）という。今後本書では何かにつけ古期英語，中期英語，近代英語なる用語が登場するので参考まで。

2 発想転換の名詞複数

　名詞の複数も考え方次第では，興味ある事実が浮かび上がってくる。一般的なものは既に述べた（⇨1 名詞・初級文法 2 (A)(B)）。ここでは特別なものを扱う。
（A）規則複数
(a) **city と cities の関係**
　語尾が「子音＋-y」で終わる名詞を複数形にする時は y を i に変えて -es をつける。例えば city → cities のように。しかし，古い英語では city は citie と綴っていた。つまり，city の複数形 cities は，実はもともと citie に -s をつけただけの規則変化なのである。このことは city に限らず，他の「子音＋-y」で終わる名詞の多くにも当てはまる。例えば，fancy は fancie で，astronomy は astronomie と綴っていた。
(b) **leaf と leaves の関係**
　語尾が -f あるいは -fe の名詞の複数形は -ves になる。例えば leaf → leaves のように。一見しただけでは -f → -v の関係は理解できないと思われるので説明しよう。
　次頁の一覧表はヨーロッパにおける各語の例である。
　単に5例からだけでも，英語・オランダ語・ドイツ語が類似し，フランス語・スペイン語・イタリア語が類似していることが理解できるだろう。前者はゲルマン語族。後者はロマンス語族ですべてラテン語に由来する。
　ヨーロッパ言語には子音に関して深い関連がある。上の例からだけで

1 名　詞

	英語	オランダ語	ドイツ語	フランス語	スペイン語	イタリア語
「手」	hand	hand	Hand	main	mano	mano
「心臓」	heart	hart	Herz	cœur	corazón	cuore
「父」	father	vader	Vater	père	padre	padre
「本」	book	boek	Buch	livre	libro	libro
「貝」	shell	schaal	Muschel	coquille	marisco	mollusco

　　　f～v～p～b　　d～t～th～z

の子音の相互関係が理解できるだろう。ヨーロッパ言語の子音にはさらに、
　　　p～pf～ff～f～v　　b～t～tt　　k～ch～x　　t～s～ss～tz～z
　　　th～d～dt～t　　g～k　　b～l

などの相互関係がある。この現象を「子音推移」(consonant shift) という。ドイツのグリム兄弟の兄 Jacob Grimm が発見したので「グリムの法則」(Grimm's Law) ともいう。

　すなわち、leaf → leaves の f → v は単に音が変化しただけで起源は同じなのである。

　ちなみに日本人は [l] と [r] の発音区別ができないといわれる。rice (米) も lice (シラミ) も同じ発音になるという。しかし、イギリス人・アメリカ人ですら区別できなかった時代がある。例えば、glamour (魅力；女性の性的魅力) と grammar (文法) は同語源である。共に元来は「魔法」の意味。

　plum (スモモ) と prune (干しスモモ) も、やはり同語源。いつのまにか [l] と [r] を混同している。

　イギリス人・アメリカ人ばかりではない。スペイン語の peligro (危険) はイタリア語では pericolo (危険)、スペイン語の bolso (ハンドバッグ) はイタリア語では borsa (ハンドバッグ) である。[l] と [r] が混同されている。また、「本」はラテン語では biblia だが、ラテン語起源のスペイン語やイタリア語では libro である。この綴り字の相違から分かるように、[l] と [b] も同一だ。すなわち、[b] [p] [l] [r] は音声学的に混同される可能性がある。

　アメリカ人から英語を習っている日本人の2歳の幼児が running を lunning ではなく bunning と発音していた。この幼児の頭脳は本能的に音を理解したのだろう。

(B) **不規則複数**

　古期英語では不規則複数が本来の複数形であった。いわば、現在の不規則複数が

本来は規則複数であったといえる。

　例えば，goose → geese（ガチョウ），tooth → teeth（歯），louse → lice（シラミ），mouse → mice（ハツカネズミ）はすべて母音が規則変化したものである。これを「母音推移」(vowel shift) という。つまり，英語の母音間には，それぞれ

u～i, au～ai

の母音推移が生じていることが理解できる。ヨーロッパ言語の間では，さらに

a～i～u～e～o～au～io～uo～eo

などの変化が生じていることも分かっている。

　ox → oxen, child → children は -en をつけたものである。当時は，上記の変化の他に -e や -er をつけるものがあった。child の複数は当初は -er をつけ childer であったのが，さらに -en をつけ child(e)ren が完成した。いわば，二重複数だ。

　今日の名詞の複数形は，原則として単数に -s または -es をつける。一般にこの原則は中期英語以降，特に 14 世紀頃から顕著になったが，フランス語の影響によるものといわれる。もっとも，フランス語では -s は発音しない。

　しかし，低地ドイツ語には -s をつけるだけで複数形になるものも多い。英語の needle（針）に相当するドイツ語は Nadel で，その複数形は Nadeln だが，低地ドイツ語では Nadels である。古期英語の時代から，複数形を作るのに -s を加える習慣はゲルマン語の中に存在した。だから，フランス語が英語に流入すると，-s をつけて複数形を作る特性を何の抵抗もなく採り入れた。

③ 可算名詞と不可算名詞は区別できるか

　文法上は可算名詞と不可算名詞がある。大方は辞書を参照すれば見当がつく。例えば，confirmation（確認）は不可算名詞であるが，a confirmation（確認証）で普通名詞に転じる。

　しかし，辞書に掲載されていないケースもある。

　例えば advice（忠告）は不可算名詞とされている。したがって some advice（若干の助言）か，数える時には a piece of advice（1つの助言），a bit of advice（わずかな助言），あるいは a word of advice（一言の助言）となる。しかし，複数形もある。advices で「(政治・外交上の) 報告；(商取引上の) 通知(状)」の意味。information（情報）も不可算名詞とされている。したがって，数える時には a piece of information（1つの情報），a bit of information（わずかな情報）になる。しかし，複数形にもなる。informations で「(駅やホテルの) 案内係；案内所」の意味。

Somewhere in Asia there is *a purity and tranquility* that cannot be found in the West.（アジアのある場所では，西洋では見られない純粋かつ静寂なものがある）(Daniel Gear)

　ふつう purity や tranquility は不可算名詞扱いされる。しかし，ここでは「純粋かつ静寂なもの」の意味で具体化されている。
　このように，ほとんどの抽象名詞は可算名詞扱いできるのである。
　ただし，例外もいくつかある。furniture（家具）は集合的に使用されるので複数形はない。数える時は a piece of furniture（1 つの家具），an article of furniture（家具 1 点）という。また，fun（楽しみ）は絶対に複数形にならない。形容詞がついても a がつくことはない。

　　It is great *fun* walking in the park.（公園を歩くのはすごく楽しい）
　　He is good *fun*.（彼は面白い人だ）

4 単数・複数の表現方法

　英語をいくら習得しようとしてもなかなか身につかないという人も多い。特に「数」に関する考え方が理解できないという。

(A) 単数か複数か？　それが問題だ

　次の数え方を考えよう。

　　a poem（詩）— a piece of poetry（一編の詩）
　　a forest（森）— a piece of forestry（一片の森林地）
　　a machine（機械）— a piece of machinery（1 台の機械設備）
　　a laugh（笑い）— a fit of laughter（どっと一笑い），a sea of laughter（笑いの渦）

　それぞれ対になっているものの左の名詞（例えば poem）は普通名詞であるから可算名詞であり，右の名詞（例えば poetry）は集合的に扱われるので不可算名詞である。数える時は a piece of や a fit of をつける。
　しかし，困るのは次の場合である。同一語源のヨーロッパ言語の名詞が単数扱いになったり複数扱いになったりする。
　「トイレはどこにありますか」をヨーロッパ各語で示す。

　　Where is the *toilet*?（英語）
　　Wo ist die *Toilette*?（ドイツ語）（英語の Where is the toilet? に相当する）
　　Où sont les *toilettes*?（フランス語）（英語の Where are the toilets? に相当する）

　どういうわけか，フランス語では「トイレ」は複数扱いである。「トイレ」は全

体で考えるのか，それとも個室単位で考えるのか。とにかくフランス語では複数扱い。英語では「トイレ」を全体として考えるので単数扱いで，通例 the をつける。

(B) 可算名詞と不可算名詞の互換性

次を見よう。原則通りである。

There is *more* to do. (やることがもっと多くある) ▶more は不可算名詞で「いっそう多くの量；いっそう多くの程度」を表す。単数扱い。

There are *more* present. (より多くの人が出席している) ▶more は可算名詞で「いっそう多くの人々」を表す。複数扱い。

しかし，次はどうだろうか。

Their goal is to get Iran to respond sooner to the new negotiating position announced Friday, which includes economic *carrots* as well as punitive *sticks* if Iran balks. (彼らの目標は，イランに，金曜日に発表された新たな交渉態勢により迅速に反応させることである。その交渉態勢とは，イランが難色を示せば罰としてのムチと経済的アメをも含むものである) (*The Washington Post*) ▶元来，(the) carrot and (the) stick は「アメとムチ；脅しとすかし」の意味の比喩的表現である。定冠詞をつけてもつけなくてもよい。しかし，この文では無冠詞，かつ複数形で使用している。形容詞をつけると可算名詞になりやすいが，複数形にすると比喩表現が和らぎ具体性を帯びる。つまり，現実的かつ具体的な「アメとムチ」が与えられる印象である。

次はどうだろうか。

There are no reports of violence Monday, a day after demonstrators burned down *much* of the police headquarters. (デモ隊が警察本部の多くを焼き打ちにした翌日の月曜日は，暴力が発生したとの報告はない) (AP電) ▶headquarters は単数あるいは複数扱いの名詞であり，集合的に「本部員」をさす以外は可算名詞である。しかし，この文では不可算名詞扱いであることを示す much が使われている。可算名詞に使う many を用いれば「多くの警察本部」になるが，ここでは「その警察本部の多くの部分」の意味になる。

5 主語になる品詞

主語になる品詞は原則的には名詞あるいは代名詞であることは当然である。しかし，次のような主語の例もないわけではない。

Bush dismissed that notion on Wednesday, saying: "*Just because somebody doesn't agree with our policy*, doesn't mean that we can't continue to have very positive relationships." (ブッシュは水曜日にその考えを退けて言った。「誰かが我々の政策に賛同しないからといって，我々が前向きな関係を維持できないわけではない」と) (Reuters 電) ▶主語は Just because somebody doesn't agree with our policy である。これは本来ならば副詞節に相当するものである。

6 「a kind of book 型」の表現では普通名詞は数えられない

　a kind of ... (ある種の…) という表現の型がある。a kind of book (ある種の本) のように用いる。この型に属するものに a sort of ... (ある種の…)，a type of ... (あるタイプの…) などがある。次にくる名詞は普通名詞で本来ならば数えられても，この型になるといわば不可算名詞扱いになる。つまり，無冠詞単数形になる。
　なぜか。kind of ひとまとまりで「ある種の…」の意味の形容詞で a は最後の普通名詞に係ると考えられるからである。
　複数の these kinds of books (これらの種の本) も同様。these kind of books (これらの種の本) の表現もある。後者の表現を不可とする考え方もあるが，現実には使用される。これも these が books に係ると考えればよい。
　しかし，a kind of a book のように book の前に a をつけることもある。口語表現の場合である。a sort of a book も口語で使う。
　さらに these kinds of book の表現もある。つまり of の次の名詞は無冠詞単数名詞。
　なお，同種の型の a variety of ... (さまざまの…) は，a variety of reasons (さまざまの理由) のように次の名詞は複数扱いできる。しかし，「同種の中の種類」つまり，a variety of apple, which is *Tsugaru* のように「リンゴという果物の中の，例えば，『津軽』という種類」のような表現では名詞は単数扱い。さらに「生物学上の変種」を a variety of rose (バラの変種) のようにいう時も単数扱いである。

2 動　詞

　「何がどうする」の文構造で「どうする」に相当する語を動詞 (verb) という。「どうする」は「どうである」と様態を表すこともある。「どうである」は「どう」という形容詞 (adjective) と「である」という動詞からなる。動詞は名詞と共に最も大切な文の要素である。極端な話，名詞と動詞が分かれば文の大半は理解できるといえる。
　「どうする」は「何がどうする」と「何が何をどうする」の2種類に大別できる。前者に用いられる動詞を自動詞，後者に用いられる動詞を他動詞という。

● 初 級 文 法 ●

1 自動詞と他動詞

　動詞には自動詞と他動詞がある。
　自動詞 (intransitive verb) は「何がどうする」「何がどうなる」の文構造で「どうする」「どうなる」の動作を表す語をいう。また「何がどうである」の「である」の様態を表す語をいう。例を示す。
　　The doll *moves*. (その人形は動く)
　　The elephant *is* big. (その象は大きいのである)
の moves (動く)，is (である) が自動詞である。自動詞は目的語をとらない。
　他動詞 (transitive verb) は「何が何をどうする」の「どうする」を表す。さらに，「何が何に何をどうする」の「どうする」，「何が何をどのような状態にする」の「する」の動作を表すこともある。例を示す。
　　He *loves* her. (彼は彼女を愛する)
　　He *gives* her a doll. (彼は彼女に人形をあげる)
　　He *makes* her happy. (彼は彼女を幸せにする)
の loves (…を愛する)，gives (…に…をあげる)，makes (…を…にする) が他動詞

で，3回登場する her および doll が目的語，happy は目的格補語である。
　英文を読む場合，イギリス人・アメリカ人など英語を母語としている人以外は，まず主語を見つける。次に動詞を探すが，その際，動詞は自動詞・他動詞の区別をいち早くすることが肝要である。

2 5文型

　英語の文は一部を除いて，次の5つの文型に分類できる。上の復習になるが，今一度考える。
　(a)「S+V」型（第1文型）完全自動詞
　　He *works* every day.（彼は毎日働いている）
　(b)「S+V+C」型（第2文型）不完全自動詞
　　His uncle *is* rich.（彼の叔父は金持ちだ）
　(c)「S+V+O」型（第3文型）完全他動詞
　　He *kicked* the dog.（彼はその犬を蹴った）
　(d)「S+V+O+O」型（第4文型）授与動詞
　　He *gave* her an answer.（彼は彼女に解答を与えた）
　(e)「S+V+O+C」型（第5文型）不完全他動詞
　　He *named* her Betty.（彼は彼女をベティーと名づけた）
　これらの文型をとる各動詞について，以下，簡単に説明する。

（A）**完全自動詞**（complete intransitive verb）
　これに属するものは数え切れない。他動詞と兼用のものも多い。「主語＋動詞」のみで文が成立するので「完全」といわれる。完全自動詞の用法のみをもつ動詞に次のものがある。
　　　apologize（謝罪する），despair（絶望する），dissent（異議を唱える），rise（昇る）など

（B）**不完全自動詞**（incomplete intransitive verb）
　これに属するものは原則的に be 動詞である。補語（complement）をとる必要があり，完全に自立していないので「不完全」といわれる。補語は主語を補足するので主格補語（subjective complement）であり，S＝C の関係が成り立つ。be 動詞に準ずるものとして次のものがある。
　　　become（…になる），come（…になる），get（…になる），go（…になる），appear（…に見える），look（…に見える），seem（…に見える）など

（C）完全他動詞（complete transitive verb）

これに属するものは数え切れない。「…を…する」の型の動詞で，「…を」に相当する目的語（object）をとる。自動詞との兼用例も多い。補語をとる必要がないので「完全」といわれる。完全他動詞用法のみの動詞に次のものがある。

　　curb（抑制する），discuss（討論する），excel（勝る），raise（高める）など

（D）授与動詞（二重目的語を取る動詞）（dative verb）

これに属するものは限られている。「…に…を…する」の型の動詞で，「…に」「…を」の2つの目的語をとる。授与動詞には次のものがある。

　　allow（…に…を許す），bring（…に…を持ってくる），buy（…に…を買う），call（…に…を呼ぶ），choose（…に…を選ぶ），cook（…に…を料理する），find（…に…を見つける），get（…に…を取ってくる），give（…に…を与える），hand（…に…を手渡す），leave（…に…を残す），lend（…に…を貸す），make（…に…を作る），offer（…に…を申し出る），order（…に…を注文する），pass（…に…を渡す），pay（…に…を支払う），play（…に…を演奏する），promise（…に…を約束する），reach（…に…を渡す），read（…に…を読む），recommend（…に…を勧める），refuse（…に…を拒否する），save（…に…をとっておく），sell（…に…を売る），send（…に…を送る），show（…に…を見せる），sing（…に…を歌う），teach（…に…を教える），tell（…に…を語る），write（…に…を書く）など

（E）不完全他動詞（incomplete transitive verb）

これに属する動詞の数は多くはない。目的語を補足する目的格補語（objective complement）をとる必要があり，完全に自立していないので「不完全」といわれる。O＝Cの関係が成り立つ。不完全他動詞には次のものがある。

　　call（…を…と呼ぶ），keep（…を…に保つ），leave（…を…のままにしておく），make（…を…にする）など

3 基本動詞の用法

重要な基本動詞の意味・用法を述べる。be動詞，haveおよびdoに関しては「4 助動詞」の章で扱う。

（A）getの文型

第1文型から第5文型までの用法をもつ。

(a) 第1文型の用法

「行く」「着く」などの意味。

We *got* to the station at seven.（我々は7時に駅に着いた）
(b) 第2文型の用法
「…になる」などの意味。
He will *get angry*.（彼は怒るだろう）
(c) 第3文型の用法
「受ける」「得る」「手に入れる」などの意味。最も使用範囲が広い用法。
I *got help* from my friend.（私は友人から援助を受けた）
(d) 第4文型の用法
「手に入れてやる」「取ってくる」などの意味。
Will you *get me* a *ticket*?（私のために切符を手に入れてくれませんか）
(e) 第5文型の用法
「get＋目的語＋to不定詞」の型で「…に…させる」の意味，「get＋目的語＋過去分詞」の型で「…を…してもらう；…を…される」の意味になる。
I *got him to buy* a ticket.（私は彼に切符を買わせた）
I *got* my *watch repaired*.（私は時計を修理してもらった）
(f) 「**get＋過去分詞**」で動作を表す受動態を作る
受動態は元来，第3文型が第2文型に変化した形である。
The tree *got uprooted* by the storm.（その木は嵐で根こそぎにされた）
(g) 「**have got＝have**」(…をもつ)，「**have got to＝have to**」(…しなくてはならない)
元来は第3文型である。一般に have got (to) は have (to) よりも話し言葉では強調的である。
You*'ve got to listen* to her.（君は彼女の言うことを聞かなくてはならない）

(B) make の文型
第1文型から第5文型までの用法をもつ。
(a) 第1文型の用法
「…に向かう」などの意味。
The ship *made* for the port.（その船は港に向かった）
(b) 第2文型の用法
「…になる」などの意味。
She will *make* a good *wife*.（彼女はよい奥さんになるだろう）
(c) 第3文型の用法
「…を作る」「…を整える」などの意味。
God *made* man.（神は人間を造った）

She *made* a great *discovery*.（彼女は大発見をした）
(d) 第4文型の用法
「…に…を作ってやる」などの意味。
Mother *made me* a new *dress*.（母が私に新しい服を作ってくれた）
She will *make him sandwiches*.（彼女は彼にサンドイッチを作ってやるだろう）
(e) 第5文型の用法
「…を…にする」などの意味の他，「make＋目的語＋原形不定詞」の型で「…に…させる」の意味，「make＋目的語＋過去分詞」の型で「…を…させる」の意味になる。
Her answer *made me angry*.（彼女の返事は私を怒らせた）
My parents *made me go* to school.（両親は私を学校に行かせた）
I could not *make myself understood* in English.（私は英語で自分の意思を通じさせられなかった）

(C) see の文型
第1文型，第3文型および第5文型の用法をもつ。
(a) 第1文型の用法
「見える」「理解する」などの意味。
Cats can *see* in the dark.（猫は暗闇でも目が見える）
(b) 第3文型の用法
「見える」「理解する」「調べる」「確かめる」などの意味。
Can I *see* your *photos*?（君の写真を見てもいいですか）
(c) 第5文型の用法
「see＋目的語＋原形不定詞」の型で「…が…するのが見える」の意味になる他，「see＋目的語＋現在分詞」で「…が…しているのが見える」，「see＋目的語＋過去分詞」で「…が…されるのが見える」の意味になる。
I *saw him come* out of his house.（彼が家から出てくるのが見えた）
I *saw him swimming* in the river.（彼が川で泳いでいるのが見えた）
I *saw him knocked* down.（彼がノックダウンされるのが見えた）

(D) take の文型
第1文型から第5文型までの用法をもつが，第1文型と第2文型は一般的ではない。第5文型の文も少ない。
(a) 第1文型の用法
「(人気を) 博する」などの意味。

The drama *took* with the public.（その芝居は大衆の人気を博した）

(b) 第2文型の用法

「（病気に）なる」などの意味。

He *took ill* this morning.（彼は今朝病気になった）▶通例は He was taken ill this morning. である。

(c) 第3文型の用法

「取る」「手に入れる」「買う」「持っていく」などの意味。

She *took me* by the hand.（彼女は私の手を取った）

(d) 第4文型の用法

「…に…が必要である」「…に…がかかる」などの意味。

The work *took him* three *days*.（その仕事は彼には3日かかった）

It *took him* ten *minutes* to walk there.（そこまで徒歩で行くのに彼には10分かかった）

(e) 第5文型の用法

「捕える」などの意味。

He was *taken prisoner*.（彼は捕虜になった）

She *took him captive*.（彼女は彼をとりこにした）

(E) **think** の文型

第1文型，第3文型および第5文型の用法をもつ。

(a) 第1文型の用法

「思う」「考える」などの意味。

I *think*, therefore I am.（我思う，故に我あり）

I'll *think* of [about] it.（考えておきましょう）

(b) 第3文型の用法

「…を思う」「…を考える」などの意味。

I *think that he is clever*.（彼は利口だと私は思う）

When do you *think to come* home?（いつ家に帰るつもりですか）▶「think＋to 不定詞」で「…するつもりである」の意味だが，やや堅い表現。

(c) 第5文型の用法

「…を…と思う」「…を…と考える」などの意味。

I *think her* a charming *girl*.（彼女は魅力的な女の子だと私は思う）

その他の基本動詞の用法にもふだんから注意が肝要。英文を読む際は常に動詞に注意を払い，どの文型になっているかを把握することが重要である。

4 動詞の活用

動詞には現在形，過去形，過去分詞形の3つの活用（conjugation）がある。過去分詞は受動態（passive voice）や完了形（perfect tense）に用いる。
　動詞の活用には規則動詞の活用と不規則動詞の活用がある。

（A）規則動詞の活用

原形に -ed をつけて過去・過去分詞を作る。ついでに -ing 形を加えておく。
　　walk（歩く）— walked — walked — walking
　　work（働く）— worked — worked — working
以下の場合は注意を要する。

(a) **原形語尾が -e で終わる時は -d のみをつける。-ing 形の場合には -e をカットして -ing をつける**
　　arrive（到着する）— arrived — arrived — arriving
　　name（名づける）— named — named — naming

(b) **原形語尾が「子音＋ -y」の時は y を i に換えて -ed をつける**
　　study（勉強する）— studied — studied — studying
　　try（試す）— tried — tried — trying
ただし，語尾が「母音＋ -y」の時は -ed をつけるだけ。
　　play（遊ぶ）— played — played — playing
　　employ（雇う）— employed — employed — employing

(c) **単音節の動詞で原形語尾が「1つの短母音＋1つの子音」の時は子音を重ねる**
　　pop（はじける）— popped — popped — popping
　　stop（止まる）— stopped — stopped — stopping

(d) **2音節以上の動詞で原形語尾が「アクセントのある短母音＋1つの子音」の時は子音を重ねる**
　　omit（省略する）— omitted — omitted — omitting
　　prefer（…のほうを好む）— preferred — preferred — preferring

（B）不規則動詞の活用

原形に -ed をつけずに過去・過去分詞形を作る。多様な変化をするので，面倒でもそれぞれを覚えなくてはならない。ついでに -ing 形を加えておく。
　　cut（切る）— cut — cut — cutting
　　beat（打つ）— beat — beaten — beating　▶アメリカ英語では過去分詞が beat のことがある。

come（来る）— came — come — coming
go（行く）— went — gone — going
learn（学ぶ）— learnt — learnt — learning ▶イギリス英語。アメリカ英語では規則動詞。
hang（吊す）— hung — hung — hanging ▶「絞首刑にする」の意味では規則動詞。
show（示す）— showed — shown — showing ▶まれに過去分詞が showed のことがある。

5 主語と動詞の一致

　主語に応じて動詞の形が変化することを主語と動詞との呼応あるいは一致（concord）という。

(A) 主語と動詞の一致
(a) **主語が単数なら動詞も単数，主語が複数なら動詞も複数**
　　His sister *is* cute.（彼の妹はかわいい）
　　His sisters *are* cute.（彼の妹たちはかわいい）
(b) **主語が3人称・単数・現在の場合には動詞に -s または -es をつける**
　これを「3単現の -s」という。-es をつけるのは名詞の複数形を作るのと同じで，動詞の語尾が -s, -ss, -x, -zz, -ch, -sh などの場合。語尾が「子音＋ -o」で終わる語も名詞の複数形と同様 -es をつけるので，go は goes, do は does になることに注意。また，be 動詞は is, have 動詞は has になる。
　　The train *starts* on time.（その列車は時間通りに出発する）
　　He always *goes* to school at seven.（彼はいつも7時に学校へ行く）

(B) その他の主語と動詞の一致
(a) **複数形の名詞と動詞の一致**
　主語が複数形でも，国名や地名，学問名（⇨ 1 名詞・中級文法 4 (B)(d)），距離などの場合，全体で1つの概念としてとらえられている場合は単数動詞になる。
　　The United States is a big country.（アメリカ合衆国は大きな国だ）▶州の複合体をアメリカ1国と考える。
　　Brussels is an international city.（ブリュッセルは国際的な都市だ）▶ブリュッセルは固有名詞で元来 -s がつく。
　　Ten miles is a long distance.（10マイルは長い距離だ）▶「10マイル」を1つの

まとまった概念と考える。
Curry and rice is my favorite dish.（カレーライスは私の好きな料理です）▶「カレー」と「ライス」は別々でなくセットになって1つの料理。
Early to bed and early to rise makes a man healthy, wealthy, and wise.（早寝早起きは人を健康に，裕福に，賢明にする）▶「早寝早起き」で1つの概念。

(b) **集合名詞と動詞の一致**

集合名詞が単数概念を表す時は単数扱い，複数概念を表す時は複数扱い。
My family is a large one.（私の家族は大家族だ）▶「家族」をまとまった1つのものと考える。
My family are all well.（私の家族は皆元気だ）▶「家族」の構成員一人ひとりを対象とする。

(c) **単数形の名詞と動詞の一致**

主語の形が単数形でも内容的に複数概念を表す時は動詞は複数。
A lot of people live in this town.（たくさんの人がこの町に住んでいる）▶a lot of ... で形はあくまで単数形であるが，「多くの」の意味で複数扱い。
A couple of girls were dancing.（女の子2人が踊っていた；2，3人の女の子が踊っていた）▶a couple of ... で「2人の」あるいは「2，3の」の意味で，複数扱い。なお，the couple of ... は「1組の男女」をまとまった1つのものと見る時は単数扱い，個々の2人と見る時は複数扱い。The couple *was*[*were*] singing.（2人は歌っていた）

● 中 級 文 法 ●

1 動詞への転換

他の品詞から動詞へ転換されるものがある。最も一般的なものは名詞から動詞への転換である。

(A) 名詞から動詞への転換

既に記述ずみ（⇨1 名詞・中級文法 6 ）であるので，2例だけあげる。
The car *sped* down the street.（その車は道路を疾走していった）▶ふつう speed は「急ぐ；疾走する」の意味で辞書に掲載されている。
Iran is *showboating* for the media rather than doing what is necessary to end its nuclear standoff with the United States and Europe.（イランはアメリカや

ヨーロッパとの核問題の膠着状態を終わらせるのに必要なことをするよりは，メディア用に目立つことをしている）(AP 電) ▶名詞 showboat は「演芸船」から「目立ちたがり屋」へと意味を広げ，さらに「目立つようにする」という意味の動詞に転じた。辞書によって掲載しているものもあれば，ないものもある。

(B) 形容詞から動詞への転換

The fighter plane *readied* to attack the enemy. (戦闘機は敵を攻撃する準備をした) ▶形容詞である ready が動詞に使われている。

他に equal (等しくする)，slow (遅くする) などの例がある。

(C) 副詞から動詞への転換

He *upped* and said the phrase. (彼はいきなりその句を言った) ▶通例「up and＋動詞」で「いきなり…する」の意味になる。副詞 up が動詞になった例。

(D) 間投詞から動詞への転換

間投詞から動詞になることさえある。

Don't *halloo* till you are out of the woods. (森から出るまでは大声を出すな＝安心できるまでは喜ぶな) (諺) ▶間投詞である halloo (おーい) が「大声を出す」の意味の自動詞になっている。

2 自動詞と他動詞で意味が異なる動詞

同じ動詞が自動詞で使われるか他動詞で使われるかで意味が異なる場合がある。

I *believe in* God. (私は神の存在を信じている) ▶believe は自動詞の場合，believe in ... で「…の存在を信じる」の意味。

He *believed* her. (彼は彼女の言うことを信じた) ▶believe は他動詞の場合，「…の言うことを信じる」の意味。

Have you *heard from* him? (君は彼から連絡がありましたか) ▶hear は自動詞の場合，hear from ... で「…から連絡がある」の意味。

Have you *heard of* him? (君は彼の消息を聞いているかい) ▶hear は自動詞の場合，hear of ... で「…の消息を聞く」の意味。

Can you *hear* me? (君は私の言うことが聞こえますか) ▶hear は他動詞の場合，「…が聞こえる」の意味。

He always *speaks of* you. (彼はいつも君の話をしている) ▶speak は自動詞の場合，speak of ... で「…の話をする」の意味。

He *speaks* English very well.（彼は英語を非常にうまく話す）▶speak は他動詞の場合，「(言葉を) 話す」の意味。かつて "Speak Lark!" というコマーシャルのコピーがあった。「(タバコ屋さんへ行ったら)『ラーク』という言葉を言ってください」の意味。絶妙なコピー。

He *reached for* a cigarette.（彼はタバコを取ろうとして手を伸ばした）▶reach は自動詞の場合，reach for ... で「…を取ろうとして手を伸ばす」の意味。

He *reached* the station at night.（彼は夜にその駅に着いた）▶reach は他動詞の場合，「…に到着する」の意味。

このように自動詞と他動詞の使用法は異なるので，個々の場合に注意する必要がある。

3 自動詞と他動詞の変換

英語の動詞は一般に自動詞の用法と他動詞の用法を兼ね備えている。イギリス人・アメリカ人など英語を母語としている人たちは，日常おそらく自動詞と他動詞の相違を強く意識することはないであろう。たぶん本能的に判断が働くものと思われる。しかし，我々外国人が英語を学ぶ際は気にする必要がある。その相違を理解できないと意味の理解が困難になる。

(A) 自動詞の他動詞化

(a) 一般に「…する」の自動詞的意味から「…させる」の使役性をもたせる時

I *walk* my *dog* every morning.（私は毎朝犬を散歩させる）

He *worked* his *employees* long hours.（彼は従業員を長時間働かせた）

(b) 同族目的語（cognate object）をとる時

同族目的語とは動詞の働きを受ける目的語が動詞と同じ語源あるいは同義である目的語のことである。

He *dreamed* a happy *dream* last night.（彼は昨晩楽しい夢をみた）▶同族目的語の名詞には形容詞がつくのが一般的。例外として sing a song（歌を歌う）などがある。dream a happy dream は happy がつかない場合は have a dream となる。

He *breathed* his last (*breath*).（彼は息を引きとった）▶名詞 breath が省略されていると考える。

2 動詞

(B) 他動詞の自動詞化
(a) 文の前後関係から目的語が省略されていることが明白な場合

He *writes* to his mother once a week.（彼は週に一度母に手紙を書く）▶write（書く）は write a letter（手紙を書く）の意味で使用されている自動詞。

He is a writer as you *know*.（彼は君が知っての通り作家である）▶コンマがつき He is a writer, as you know. の文であれば know は他動詞。なぜならこの場合，as は非制限用法の関係代名詞で know の目的語であるから。しかし，例文では as の前にコンマがないゆえ as は単なる接続詞である。とすれば know は他動詞のはずだが，目的語がないため「何を知っている」か明らかでない。したがって He is a writer as you know it.（彼は君が［そのこと，つまり彼が作家であることを］知っての通り作家である）の it が省略されたものと考えざるをえない。

(b) 再帰代名詞（reflexive pronoun）の省略された場合

再帰代名詞の歴史は古く，やや堅い表現。そのために再帰動詞（再帰代名詞を目的語にとる動詞）が自動詞化する現象が起きている。

He *washed* (*himself*).（彼は身体を洗った）▶現在は wash oneself より wash が一般的。

He *shaves* (*himself*) once a week.（彼は週に一回ひげをそる）▶現在は shave oneself より shave が一般的。

The child *behaved* (*himself*) well.（その子は行儀よくふるまった）

さらに古くは，再帰代名詞の代わりに人称代名詞が使われることもあった。

I *turned me* towards the sea.（私は海に向かった）（Charles Dickens）▶現代英語なら I *turned* towards the sea. である。

(c) 能動受動態（activo-passive）

形態は能動態だが，意味は受動である文を能動受動態という。

This book *sells* well.（この本はよく売れる）

(d) その他

次は，元来他動詞用法のみの like がいつの間にか自動詞用法ももつ可能性を秘めている場合。

I would *like for* you to do it.（私は君にそれをしてもらいたい）▶アメリカ英語の口語用法。本来は I would *like* you to do it. であり，その場合は like は you を目的語にとる他動詞。

同様のことが love についてもいえる。

I'd *love for* you to do it.（私は君にそれをしてもらいたい）▶アメリカ英語の口

語用法。本来は I'd *love* you to do it. であり，その場合は love は you を目的語にとる他動詞。
次の例は動詞句であるが，この範疇に入れておく。
make good は「(損害を) 補償する；修復する；(約束を) 履行する」などの意味で他動詞扱いするのが通例である。

> He *made good* his *promise*. (彼は約束を実行した)

のように。しかし，現実には次のように make good on ... の形で自動詞扱いされることもある。

> There was evidence Musharraf was *making good on* his promise to curb Islamic militant raid into Indian Kashmir. (イスラム主義戦士がインド領カシミール地方を襲撃するのを抑えるという約束をムシャラフ[パキスタン大統領]が履行していたという証拠があった) (Reuters 電)

(C) 自動詞・他動詞の両方に解釈できる動詞
(a) かつては自動詞，現在は他動詞扱い

かつて日本の英和辞典では自動詞としていたが，今日では一般に他動詞扱いする傾向が高い場合。しかしイギリスの辞書では自動詞に解釈するケースを紹介する。

> He *complained of* not having enough money. (彼は十分なお金がないと愚痴をこぼした)
>
> He *complained that* he did not have enough money. (彼は十分なお金がないと愚痴をこぼした)

前者は次に前置詞 of があるので自動詞，後者は that 節がくるので他動詞と解釈するのが一般的である。しかし，A S Hornby の *Oxford Advanced Learner's Dictionary of Current English* (*OALD*) や *The Oxford English Dictionary* (*OED*) では後者も自動詞扱い。なぜか。後者の that 節は「自動詞に続く that 節」という解釈だから。つまり，この文は

> He complained (*of it*) *that* he did not have enough money.

のように of it が無意識の中にあると考えるからだ。もちろん it は that 節を受ける形式目的語である。形からすれば他動詞，意識的には自動詞になる。
次も同様である。

> He *insisted on* her paying the money. (彼は彼女がお金を支払うように主張した)
>
> He *insisted that* she should pay the money. (彼は彼女がお金を支払うように主張した)

前者は自動詞，後者は他動詞扱いするのが一般的である。*OALD* でも後者は他

動詞扱い。しかし Longman Dictionary of Contemporary English (LDOCE) では自動詞扱いである。OED も自動詞扱い。つまり，後者は

　　He insisted (*on it*) *that she should pay the money.*
の on it の省略であり，これをどう解釈するかの問題である。

　結論として，自動詞と他動詞の区別は案外流動的で，自動詞の他動詞化および他動詞の自動詞化は簡単に生じる傾向があることが理解できたと思う。

(b) 自動詞か他動詞か不明の動詞

　現代の英文法では自動詞か他動詞か説明不能の動詞がある。

　次の例文における make it は慣用句であるが，make には元来他動詞の用法があるので問題にはならない。

　　He *made it* in business.（彼は商売で成功した）▶it は非人称の it で，漠然としたものを表す。

　しかし，次はどうか。

　　He *goes it*.（彼は猛烈にやる）▶go it は「猛烈にやる」の意味の口語表現。it は非人称の it である。

　自動詞が目的語をとっている。現在の英文法では説明がつかない。かつて自動詞や他動詞の区別が明確でなかった時代の申し子といえる。他に go it alone（一人でやる），come it（厚かましくふるまう），come it strong（極端に走る）などがある。いずれも極端な口語である。

4 英語の特別な動詞

　英語の動詞には，使役動詞，知覚動詞，その他の注意すべき特別な動詞がある。

(A) 使役動詞 (causative verb)

　使役動詞とは「(人・物に)…させる」の意味をもつ動詞をいう。cause「(人・物に)…させる」，force「(人に) 強いて…させる」のように「＋目的語＋to 不定詞」の型をとる動詞も広義では使役動詞とされるが，ここでは make, have, let, bid のように「＋目的語＋原形不定詞」の型をとるものを使役動詞として扱う。

　以上 4 つの使役動詞の中では make が最も強制力が強く，次が have。let は相手の意志通りにさせる場合で「許す」のニュアンスがあり，3 者の中で最も強制力は弱い。bid は主に文語で用いるが，一般の動詞として扱われることもある。つまり「＋目的語＋to 不定詞」の型をとることもある。なお，help も使役動詞とされるが，詳しくは後述する（⇨ 2 動詞・発展文法 3 ）。

(a) **make**

使役動詞としては，通例「＋目的語＋原形不定詞」の型で「…に…させる」の意味。

　　I *made her go* there.（私は彼女にそこへ行かせた）

しかし，例外として「＋目的語＋to 不定詞」をとることもある。古語用法ではあるが。

　　Money *makes* the *mare to go*.（金は雌馬をも動かす＝地獄の沙汰も金次第）（諺）

受動態になると原形不定詞ではなく「to 不定詞」をとる。

　　She *was made to go* there.（彼女はそこへ行かされた）

また，目的語なしに「＋原形不定詞」の型をとることもある。本来誤った用法であるが，慣用的に使用される。

　　He *made believe* that he was a ghost.（彼は幽霊のふりをした）

　　This shirt is rather short, but I'll *make do* with it.（このシャツは少し短いが，それで間に合わせよう）

前者は元来 make people believe（人に信じさせる）の意味ではあるが，実際に make people believe という表現から people が省略されたのではない。フランス語の fair croire の直訳に由来する。今日では make believe は，特に「お化け遊び」や「インディアン遊び」のような子供の遊びに関して用いられる。後者の make do の do は「間に合う」の意味。make do without ...（…なしですます）も同様の慣用句。

次は「主語＋動詞＋目的語＋補語」の語順が変更になる慣用的な用法である。これは「＋目的語＋原形不定詞」の型ではなく，したがって使役動詞そのものの用法ではないが，同じ文型の興味深い例としてぜひ紹介しておきたい。

便宜上，3 つに分類する。

(i) **ふつう辞書に掲載されている場合**

次の certain と sure はほぼ同じ意味である。

　　「make certain＋that 節/wh- 節」（…であること/あるかを確かめる）▶certain は確かな証拠に基づく確認を表す。

　　「make sure＋that 節/wh- 節」（…であること/あるかを確かめる）▶sure は主観的な判断による確認を表す。

例文を示す。

　　You had better *make certain that he will come tomorrow*.（君は明日彼が来ることを確かめるのがよい）

　　I would like to *make sure whether he will come tomorrow or not*.（私は彼が

明日来るかどうか確かめたい)

　この文型は「make it certain+that 節/wh- 節」「make it sure+that 節/wh- 節」の it の省略と考えるのが自然である。ただし，「make sure+that 節/wh- 節」と「make it sure+that 節/wh- 節」の間には意味の違いがあるという考え方もある。前者の make sure ... は「確認する（＝investigate）」，後者の make it sure ... は「保証する（＝guarantee）」のニュアンスだと言う人もいる。

　また，節の代わりに句がくることもある。
　　「make certain+of+(代)名詞」
　　「make sure+of+(代)名詞」
　同様に例文を示す。

　　You had better *make certain of* his coming tomorrow.（君は明日の彼の出席を確かめるのがよい）

　　I would like to *make sure of* his coming tomorrow.（私は彼の明日の出席を確かめたい）

(ii) **一部の辞書に掲載されているが，多くは未掲載の場合**
　　「make clear+that 節/wh- 節」（…であること/あるかを明確にする）
　次の文は，本来は that 以下が目的語で clear が補語である。

　　Powell *made clear that a U.S. plan for reforming the Palestinian security forces would be a theme of his talks.*（パウエル[アメリカの前国務長官]はパレスチナ警備隊のアメリカの改革案が彼の話のテーマになるだろうと明確にした）（Reuters 電）

　この文の元の構文は

　　Powel *made it clear that a U.S. plan for reforming the Palestinian security forces would be a theme of his talks.*

の「主語＋動詞＋目的語＋補語」である。しかし，実際の文は形式目的語 it を省略し「＋補語＋that 節」になっている。

(iii) **辞書に掲載されていない場合**
　　「make explicit+that 節/wh- 節」
　の文型は辞書に掲載されていない。しかし，現実には生じる。

　　His comment did not *make explicit whether he thought the IRA should start destroying weapons or not.*（彼のコメントは IRA [＝Irish Republican Army（アイルランド共和国軍）]が武器の破壊を始めるべきだと彼が考えているか否かを明白にしなかった）（Reuters 電）

　このような経緯からすれば，「make＋形容詞＋that 節/wh- 節」の許容範囲はま

すます広がるものと予想される。

(b) **have**

使役動詞としての have は make と同様，「＋目的語＋原形不定詞」の型で「…に…させる」の意味になる。

I will *have him go* there.（私は彼にそこへ行かせよう）

さらに「＋目的語（物）＋過去分詞」の型で「…を…させる；…を…してもらう」の使役の意味や「…を…される」の受動や被害の意味になる。

I *had* my *watch repaired*.（私は時計を修理してもらった）

I *had* my *purse stolen*.（私は財布を盗まれた）

さらに have は，make や let とは違い「＋目的語＋…ing（現在分詞）」の型をとり，「…に…させる；…に…させておく」の使役の意味になる。

I won't *have you smoking* in my room.（私は私の部屋で君にタバコを吸わせてはおかない）

(c) **let**

使役動詞としての let も「＋目的語＋原形不定詞」の型をとり，「…に…させる」の意味になる。

Don't *let him do* it.（それを彼にやらせないでくれ）

また let は make と同様に，直接，原形不定詞と結合する。

She *let drop* the *cup* on the floor.（彼女はカップを床に落とした）

この文は She *let* the *cup drop* on the floor. という「主語＋動詞＋目的語＋補語」の補語 drop が動詞 let の直後にきたと考えればよい。この種の表現には他に，

let fall（落とす），let fly（飛ばす），let go（放す），let pass（見逃す），let slip（逃す）など

がある。let go は次のように使用されることもある。

He *let go of* the *rope*.（彼はそのロープを放した）▶ of は副詞 off から転じたものであり，元来の文は He *let* the *rope go off*. と考えればよい。

(B) **知覚動詞**（verb of perception）

身体的感覚に関係のある動詞であるから感覚動詞ということもある。知覚動詞は広義には look at（見る），see（見える），listen to（聞く），hear（聞こえる），feel（感じる），taste（味をみる），smell（臭う）など人間の五感に関するすべての動詞をいう。しかし taste や smell は「＋目的語＋原形不定詞」の型をとらない。狭義には「＋目的語＋原形不定詞」の型をとる see, look at, hear, listen to, feel, notice（気がつく），observe（気づく），watch（注視する）などをいう。

2　動　詞

最も典型的な例をあげよう。

　　I *heard her speak* English.（私は彼女が英語を話すのが聞こえた）
　　I *saw her cross* the street.（私は彼女が道路を渡るのが見えた）
　　He *felt anger rise* in his heart.（彼は心に怒りがこみあげるのを感じた）

　これら「＋目的語＋原形不定詞」の型をとる動詞に準じて，look at, listen to, notice, observe, watch なども同じ文型をとるようになった。

　以下，知覚動詞の特色を具体的に述べる。

(a) **look at と see, listen to と hear の相違**

　look at は「（自分の意志で）視線を注ぐ」，see は「（自分の意志と無関係に）見える」が原義である。同様に listen to は「（自分の意志で）耳を傾ける」，hear は「（自分の意志と無関係に）聞こえる」が原義。したがって look at は自発的行為を表す動詞，see は知覚動詞。listen to は自発的行為を表す動詞，hear は知覚動詞。しかし「視界に入る」点で，両者に相違はない。そこで，アメリカ英語では look at と see, listen to と hear を同じように知覚動詞扱いする。つまり「＋目的語＋原形不定詞」の型をとる。イギリス英語では異なる扱いをしてきた。その結果として「listen to あるいは look at＋目的語＋原形不定詞」の文型を認めない辞書も多い。しかし，今日ではアメリカ英語に押されて，この文型を認める傾向が強まっている。

　　I *listened to her speak* English.（私は彼女が英語を話すのを聞いた）
　　I *looked at her cross* the street.（私は彼女が道路を渡るのを見た）

(b) **知覚動詞としての feel, notice, observe, watch**

　知覚動詞 see, look at, hear, listen to と同様に，feel, notice, observe, watch は「＋目的語＋原形不定詞」の型をとる。「…が…するのを感じる［気がつく，気づく，注視する］」の意味。

　　I *observed her enter* the room.（私は彼女が部屋に入るのに気づいた）

　受動態になると原形不定詞ではなく「to 不定詞」をとる。

　　She *was observed to enter* the room.（彼女は部屋に入るのを気づかれた）

　ただし，notice のこの型の受動態は通例不可で，watch のこの型の受動態は不可。

(c) **「知覚動詞＋目的語＋…ing（現在分詞）」の型**

　上の(a)(b)にあげた知覚動詞は「＋目的語＋…ing（現在分詞）」の型をとり，「…が…するのが見える［聞こえる，感じる，気づく］」の意味になる。

　　I *saw him crossing* the street.（私は彼が道路を渡っているのが見えた）
　　　I *saw him cross* the street.（私は彼が道路を渡るのが見えた）との相違を考え

よう。原形不定詞を使用する時は「渡る」動作全体である。つまり，「私」が見たのは He crossed the street.（彼は道路を渡った）であり，初めから終わりまで見た。現在分詞を使うと「渡る」動作の途中を見たことを表す。つまり，「私」が見たのは He was crossing the street.（彼は道路を渡っていた）であり，彼はその後途中で引き返した可能性もある。

(d)「知覚動詞＋目的語＋過去分詞」の型

知覚動詞 hear, see, feel は「＋目的語＋過去分詞」の型をとり，「…が…されるのが聞こえる［見える，感じる］」の意味になる。

I *saw* a *dog run* over by a train.（私は犬が汽車に轢かれるのを見た）

feel がこの型をとるのは目的語が再帰代名詞（oneself）の場合に限られる。

She *felt herself lifted* up.（彼女は体が持ち上げられるのを感じた）

他の知覚動詞 listen to, look at, notice, observe, watch はこの型をとらない。

（C）go と come の特別用法

動詞 go と come は特別な用法をもつ。まず go を扱う。

(a)「go＋…ing」の型

「go＋…ing」の型で「…しに行く」の意味をもつ。

He *went shopping* in Ginza yesterday.（彼は昨日銀座へ買い物に行った）

(b)「be going＋to 不定詞」の型

「be going＋to 不定詞」の型で「…することにしている」「…しそうである」の意味をもつ。going には「行く」の原義はなく，近接未来を表す。口語では be going to は be gonna になる。

I *am going to buy* a car this week.（私は今週車を買うことにしている）

It*'s going to rain* this evening.（今晩は雨になりそうだ）

I *am going to go* to school.（私は学校へ行くことにしている）▶この表現は I *am going* to school.（私は学校へ行くことにしている）と同義である。当然，本来 going に「行く」の意味はあった。したがって，かつては be going to go（…へ行こうとしている）は，go がダブるので使用は避けられていた。原義が薄れるにつれこの表現は一般に使用され始めた。17 世紀以降のことである。アメリカ英語の口語とされていたが，イギリス英語にも浸透しつつある。

(c)「go＋原形不定詞」の型

「go＋to 不定詞」「go＋and＋原形不定詞」の代わりに「go＋原形不定詞」がアメリカ英語の口語で使用される。ただし，過去時制ではこの限りでない。意味は

「…しに行く」。
> I will *go to see* him tomorrow. (明日私は彼に会いに行くつもりだ)
> I will *go and see* him tomorrow. (明日私は彼に会いに行くつもりだ)

これらは共に標準語法である。前者は後者に比較すれば正式用法で，後者は口語用法。しかし
> I will *go see* him tomorrow. (明日私は彼に会いに行くつもりだ)

もある。非常に極端な口語用法といえる。この用法は日本のほとんどの英和辞典が説明しているような「go and see の and の省略」ではない。本来，ドイツ語やフランス語などヨーロッパ全体の言語にも存在する用法である。ドイツ語では sehen gehen，フランス語では aller voir で，いずれも英語の go see に相当する。

ついでながら，「go＋and＋原形不定詞」で単に強調を表すこともある。過去時制になると原形不定詞は目的でなく結果を表す。
> I *went and bought* bread yesterday. (昨日私は出かけてパンを買った)

(d) 「**come＋…ing**」の型

「come＋…ing」で「…しながらやってくる」の意味をもつ。
> He *came running* to me. (彼は私のところへ走ってやってきた)

(e) 「**come＋原形不定詞**」の型

「come＋to 不定詞」「come＋and＋原形不定詞」で「…しに来る」の意味であるが，その代わりに現在時制において「come＋原形不定詞」がアメリカ英語の口語で使用される。これは go の場合と同じである。
> *Come see* me tomorrow. (明日私に会いに来なさい)

(f) **come** が「行く」の意味になる
> I'm *coming* with you. (私も一緒に行きます)
> "Dinner is ready." "I'm *coming* so soon." (「夕ご飯ですよ」「すぐ行くよ」)

英語での電話や会話では相手の立場になって考えるので，go の代わりに come を使う。

● 発 展 文 法 ●

1 動詞と助動詞の活用の基本原則とその例外

今さら動詞の活用なんてと考える向きも多いだろう。しかし，騙されたと思って読んでいただきたい。活用に関する事項であるので，ここでは助動詞も含める。

（A）動詞の活用語尾

でたらめに見える動詞の活用語尾は案外規則的である。いくつか例をあげる。

(a) 動詞の活用語尾

　［規則動詞］
　　decide（決める）― decided ― decided
　　enjoy（楽しむ）― enjoyed ― enjoyed
　　smile（微笑む）― smiled ― smiled
　　walk（歩く）― walked ― walked
　［不規則動詞］
　　bend（曲げる）― bent ― bent
　　bind（結ぶ）― bound ― bound
　　build（建てる）― built ― built
　　creep（はう）― crept ― crept
　　forget（忘れる）― forgot ― forgotten
　　go（行く）― went ― gone
　　wend（行く；向かう［文語］）― went ― went

意図的に都合のいい活用を並べたつもりはない。しかし，帰納的に結論が出る。規則動詞の過去形および過去分詞形は，語尾が必ず -d で終わる。不規則動詞の場合も -t で終わるものが多い。しかも，子音推移の結果 -d と -t は同起源である（⇨ 1 名詞・発展文法 ②）。逆転の発想をすれば，「-d や -t で語尾が終わる動詞は過去を表す」ことが推測できる。

(b) **go ― went ― gone の活用**

go の活用に注目しよう。go の活用は他の動詞と異なる。他の動詞は語幹がほぼ同じ，あるいは同じ音で活用が始まるのに対して，go ― went ― gone の変化はいかにも不自然である。ひょっとすると wend ― went ― went と関係があるのではなかろうか。その通り。元来，go の活用は go ― yode ― gone（yode の y に疑念を抱く読者がいるかもしれないので参考までに述べる。g は子音推移の結果 y に変わることはふつうであった。例えば，北ドイツの Hamburg（ハンブルグ）の -burg（城塞都市）はスウェーデンの Göteborg（イエーテボリ）の -borg（城塞都市）に変わり，スコットランドの首都 Edinburgh の -burgh（城塞都市）に変化する。さらにイングランド南部の Canterbury の -bury（城塞都市）に変わる。Canterbury とは「ケントの城塞都市」の意味である）だったり go ― gaid ― gone だったりした。今日でもイギリス北部の方言では後者の活用が使用されている。いずれも過去形語尾が -de や -d で終わっている。つまり，「行く」と「向かう」の意味が近いところから go ― yode ― gone

と wend — went — went の混同が生じ, go — went — gone になったのである。ドイツ語の動詞の活用を見れば, 一目瞭然である。

　　gehen（英語の go に相当）— ging — gegangen
　　wenden（英語の wend に相当）— wandte — gewandt

(B) 助動詞の活用語尾

　助動詞 shall, will, may, ought, must, need についても動詞の活用と同様のことがいえる。
　これらの助動詞の現在―過去の活用は次の通りである。
　　shall — should, will — would, may — might, owe — ought, mote —
　　must, need — need

　shall の過去は should である。過去形は -d で終わっている。ここで [l] の音が [u] に変化する過程にふれよう。shall の古期英語時代の過去形は sceolde や scolde, sculde であった。しかし, [l] の発音は dark [l] といい, [u] に近い音にもなる。ちょうど daffodil [dǽfədìl] の発音が [dǽfədìu] に聞こえるように。つまり, sceolde, scolde, sculde から should [ʃúd] へ変わる際, l の発音は [l] から [u] に変化したものと考えられる。初学者は shall — should の関係に違和感を覚えるかもしれないが, 実は英語の原則通りなのである。

　will — would, may — might の関係も同様に原則通り。つまり過去形は -d や -t で終わる。

　owe — ought には注意を要する。現在の英語では owe の活用は owe — owed — owed。しかし古期英語の時代は ought が owe の過去形であった。このことは辞書にも掲載されている。-t で綴り字が終わっているゆえ, 過去であるのは明らかである。

　　He said to me, "You *ought to* apologize to me."（彼は私に言った,「君は私に謝るべきだ」と）
　　He told me that I *ought to* apologize to him.（彼は私に彼に謝るべきだと言った）

　従来の英文法では「直接話法から間接話法に直す場合, ought はそのまま過去に使用される」という。正確にいうと誤り。ought は最初から過去形であり, 今日誤って現在形に代用しているだけだから。

　must についても同様。must の古期英語時代の活用は mote — must。現代ドイツ語では müssen — mußte であるが, 子音 [s] と [t] が同起源である（参考までに述べるが, -en は動詞や助動詞の語尾であるから考慮しない）。低地ドイツ語では

moot。いずれも古期英語の mote に通じる。

　　He said to me, "You *must* apologize to me." (彼は私に言った,「君は私に謝らなくてはならない」と)

　　He told me that I *must* apologize to him. (彼は私は彼に謝らなくてはならないと言った)

従来の英文法では「直接話法から間接話法に直す場合，must は had to に代えるか must をそのまま使用してもよい」という。正確にいえば誤り。must と had to は全く別の表現であるから。さらに，must は最初から過去形であり，今日誤って現在形に代用しているだけだから。今日でも，must がもともと過去である証拠となる例文が辞書に掲載されている。

　　Of course he *must* ring me just as I was going to bed! (ちょうど床に入ろうとした時に，腹立たしいことに彼が電話してきた)(『ジーニアス英和辞典 第4版』大修館書店) ▶must はやや古い用法であるが、過去の事柄に関して「迷惑にも…した」の意味。

need についても同様。

　　I said to him, "*Need* you go there?" (私は彼に言った,「君はそこに行く必要があるか」と)

　　I asked him whether he *need* go there. (私は彼に彼がそこに行く必要があるかどうか尋ねた)

need は元来，名詞から発生した動詞である。助動詞としての need は語尾に -d があるので、そのままの形で過去形として使用される。なお，後者の例文は疑問文・否定文でないので need は助動詞として使用できないと考えないでほしい。否定文でなくても否定的返答を期待する時は助動詞扱いが可能である。

2 授与動詞の特徴

授与動詞は英語の理解に重要な動詞である。いわば，英語の動詞の「真髄」ともいえる。

(A) 授与動詞の種類

目的語を2つとる動詞を授与動詞という。「…(人・物)に」「…(物)を」の2つの目的語をとるので，「二重目的語をとる動詞」ともいう。「…(人・物)に」に相当する間接目的語はもと与格 (dative) といい，与格を必要とするので与格動詞 (dative verb) ともいう。

授与動詞 ask は

I *asked him* a *question.*（私は彼に質問をした）

の「主語＋動詞＋間接目的語＋直接目的語」の第 4 文型を「主語＋動詞＋目的語」の第 3 文型に換える時，前置詞 of を用いる。

I *asked* a *question of* him.

また，授与動詞 play は

He *played me* a *trick.*（彼は私にいたずらをした）

の「主語＋動詞＋間接目的語＋直接目的語」の第 4 文型を「主語＋動詞＋目的語」の第 3 文型に換える時，前置詞 on を用いる。

He *played* a *trick on* me.

これ以外に，授与動詞は次の 2 種類に分けられる。

(a) 第 3 文型に換える時，前置詞 **to** を用いる授与動詞

I *gave him* a *book.*（私は彼に本をあげた）

の文が

I *gave* a *book to* him.

に換えられる型の授与動詞は次の通り。たいていの動詞は，このように to を使う。

allow, bring, hand, lend, offer, pass, pay, promise, read, recommend, refuse, sell, send, show, teach, tell, write など

(b) 第 3 文型に換える時，前置詞 **for** を用いる授与動詞

I *bought him* a *book.*（私は彼に本を買ってやった）

の文が

I *bought* a *book for* him.

に換えられる型の授与動詞は次の通り。このように for を使うのは，「…（人・物）に」とって利益が関係する場合である。

bring, call, choose, cook, find, get, leave, make, order, play（演奏する），reach, save, sing など

(B) 授与動詞の由来

授与動詞は単純な動詞，つまり綴りの短い動詞に多い。実はこれらの多くは元来古期英語の時代に存在した動詞である。フランス語から移入した動詞もあることはある。しかし，外来語からの語彙の移入がいかに多くとも，文法自体を変えるケースは少ない。したがって，英語固有のゲルマン語系の動詞に多いことは言語の自然である。

既に述べた（⇨ 2 動詞・初級文法 [2] (D)）授与動詞の中で allow は古期フランス語由来, offer, pass, promise, cook, order はラテン語由来, recommend, refuse, play, save は中期英語の時代，すなわち比較的古い時代に英語に移入した動詞であり，これら以外はすべてゲルマン語由来の動詞である。

（C）授与動詞と混同しやすい動詞

次の文の誤りを見つけよう。

*He suggested me that the house should be restored.（彼はその家を復元してはどうかと私に提案した）

動詞 suggest は「sub-（下に）＋ -gest（持ち出す）」の合成語である。ラテン語の接頭辞 sub- が次の -g の音の影響で sug- に変化した。「下に」を意味する英語固有の接頭辞は under- である。つまり，suggest はゲルマン語系の語でないから，授与動詞ではない。すなわち，目的語を 2 つとれない。

He *suggested to me that the house should be restored.*
でなくてはならない。

一般にラテン語系の接頭辞 sub-（下に），con-（共に；全く），dis-（離れて；反対の），ex-（外の），in-（反対の），pre-（前の），pro-（前へ；賛成の；代わりの）などがつく動詞は英語固有の性質をもたないので，例外を除いては授与動詞にならない。いくつか例文をあげる。

Explain to her the difficult *situation* he is in.（彼の困難な立場を彼女に説明してやりなさい）▶to her の to は省けない。

She *confided to me that she hated her husband.*（彼女は夫が憎いと私に打ち明けた）▶to me の to は省けない。

（D）新しいタイプの授与動詞

英語は徐々に変化してきている。ラテン語系の接頭辞をもつ語の授与動詞化もある。

I can *assure you* (of) her *sincerity.*（私は彼女の誠意を保証する）

assure は「＋人＋of＋物」の文型をとるフランス語由来の動詞であるが，最近は of を省略する文型も現れている。完全なる授与動詞化である。

They had no significant effect on *prev*enting *youth* illicit drug *use.*（それらは若者が不法な麻薬の使用を防ぐのに大きな効果を与えなかった）（Ali Abbas et al.）

動詞 prevent はラテン語由来の語で「pre-（前に）＋vent（来る）」の合成語であり）

He *prevented me from going.*（彼は私が行けないようにした）
のように「＋目的語＋from＋...ing」の型で使うのが正用法である。しかし *OED* に

Prevent me going appears to be short for *Prevent me from going*, perh. influenced by *Prevent my going*.（prevent me going の表現は prevent me from going の省略形のように見えるが，prevent my going の表現に影響されたのかもしれない）

の記述があり「＋目的語＋...ing」の型も認めている。仮に from の省略なら「＋目的語＋目的語」とも考えられるが「＋目的語＋...ing」は「＋目的語＋補語」の一種とみなすのであろう。しかし，例文の prevent youth illicit drug use の表現は「＋目的語＋目的語」と考えざるをえないのではなかろうか。

このように新しいタイプの授与動詞は今後も増えると予想される。

3 使役動詞 help の特徴

　動詞 help は一般に make, have, let などに準じて使役動詞として扱われる。つまり「＋目的語＋原形不定詞」の文型をとる。

　　I *help her to wash.*（私は彼女が洗濯するのを手伝う）（イギリス英語）
　　I *help her wash.*（私は彼女が洗濯するのを手伝う）（アメリカ英語）
　　Ik *help haar wassen.*（私は彼女が洗濯するのを手伝う）（オランダ語）▶英語の I *help her wash.* に相当する。
　　Ick *help ji wassen.*（私は彼女が洗濯するのを手伝う）（低地ドイツ語）▶英語の I *help her wash.* に相当する。
　　Ich *helfe ihr waschen.*（私は彼女が洗濯するのを手伝う）（標準ドイツ語）▶英語の I *help her wash.* に相当する。

　以上の記述から理解されることを考えよう。イギリス英語以外は「＋目的語＋原形不定詞」の型になっている。つまり，アメリカ英語の文型はゲルマン諸語と同じ文型をとる。すなわち，アメリカ英語はゲルマン諸語そのものの性質を残している。言い換えれば，アメリカ英語は英語の古い特徴を有している。

　イギリス英語では「＋目的語＋to 不定詞」の型をとるのが正用法とされているが，口語では「＋目的語＋原形不定詞」がふつうになってきている。新聞・雑誌の英語では紙面節約の都合上，ほとんどの場合「＋目的語＋原形不定詞」の型をとる。この現象は，アメリカ英語の隆盛に伴い，イギリス英語もアメリカ英語を逆輸入せざるをえない状況にあることを物語っている。

　help には「＋原形不定詞」の型もある。

　　I *helped to build* the house.（私はその家を建築するのを手伝った）（イギリス英語）

I *helped build* the house.（私はその家を建築するのを手伝った）（アメリカ英語）
言うまでもなく、後者の用法はイギリス英語でも一般化の途上にある。
help の注意すべき用法を追記しておく。

Can I *help you*?（私はあなたをお手伝いしましょうか＝[店員が客に向かって] いらっしゃいませ）

I *help with* the work.（私は仕事を手伝う）

I *help you with* your work.（私は君の仕事を手伝う）

help は「(人を) 手伝う」時は他動詞、「(物を) 手伝う」時は自動詞。

英語の help に相当するドイツ語の helfen は help とほぼ同じ用法をもつ。ドイツ語では helfen は与格をとるが、与格をとる動詞は自動詞扱い。これは非常に重要な記述である。古期英語の時代には、与格をとる動詞は自動詞扱いであった。

Kann ich *Ihnen helfen*?（私はあなたをお手伝いしましょうか＝[店員が客に向かって] いらっしゃいませ）▶英語の Can I *help you*? に相当する。

Ich *helfe Ihnen bei* der Arbeit.（私は君の仕事を手伝う）▶英語の I *help you with* the work. に相当する。ドイツ語では人称代名詞の代わりに定冠詞の the に相当する der を使うが、英語では I help *you* with *your* work. と work の前には人称代名詞の所有格をとる。英語が「自意識過剰の言語」といわれる所以である（⇨5 代名詞・発展文法 [2]）。

4 知覚動詞扱いされる know と find

動詞 know は知覚動詞ではないが、時に知覚動詞と同様の特徴をもつことがある。認識は知覚に近いからである。

I never *knew him tell* a lie.（私は彼が嘘をついたのを決して知らなかった）

I never *knew him to tell* a lie.（私は彼が嘘をついたのを決して知らなかった）

両者は共に正しい。動詞 know は過去時制あるいは現在完了時制で、「＋目的語＋to 不定詞」だけでなく「＋目的語＋原形不定詞」の型をとることができる。主にイギリス英語の用法ではある。この現象はドイツ語の kennen/lernen の特徴、つまり、kennen（英語の know に相当する）の原形不定詞との結合から発生したと推測される。この用法は「経験」を表すので、現在時制では使わない。

さらに、hear, see などと同様に「＋目的語＋現在分詞」の型もとる。

I have never *known her behaving* like that.（私は彼女があのようにふるまっているのを決して知らない）

受動態になると、知覚動詞と同様に必ず「to 不定詞」をとる。

He *was* never *known to tell* a lie.（彼が嘘をついたのを知られたことはない）

動詞 find も知覚動詞扱いされることがある。また，「＋目的語＋現在分詞」や「＋目的語＋過去分詞」の型も作る。

I *found him sleep*.（私は彼が寝ているのを見つけた）▶ただし「to 不定詞」の代わりに原形不定詞を用いるのは文語表現である。ドイツ語の Ich *fand ihn shlafen.* に一致する。両者とも「＋目的語＋動詞の原形」の型。

I *found him sleeping*.（私は彼が寝ているのを見つけた）▶ドイツ語の Ich *fand ihn schlafend.* に一致する。両者とも「＋目的語＋現在分詞」の型。

I *found* the *house enveloped* in flames.（私はその家が火に包まれているのを見た）▶ドイツ語の Ich *fand* das *Haus* vom Feuer *umgeben.* に一致する。両者とも「＋目的語＋過去分詞」の型。

5 動詞の省略

英語では原則的に動詞の省略は不可能である。しかし，例外もある。次のような場合である。

(A) come や go の省略

次の英文を見よう。

You *must* to school.（君は学校に義務がある）

これは You *must go* to school. の文の go が省略されたものだと考えられる。この英語は今日の標準語法としては誤り。

ドイツ語やオランダ語では今日でも省略してよい。

Sie *müssen* zur Schule (*gehen*).（君は学校へ行かなくてはならない）（ドイツ語）

Je *moet* naar school (*gaan*).（君は学校へ行かなくてはならない）（オランダ語）

英語の go に相当する動詞 gehen や gaan が文尾にあることも影響しているかもしれない。英語でも，つい 100 年ほど前まではこうした文がふつうに使われていた。特に「方向」や「動き」を示す副詞句が伴う場合は。

He *must* to Westminster.（彼はウエストミンスターまで行かなくてはならない）

(Alfred Tennyson)

OED の最終引用例は 1889 年になっている。いやいや英語はそう簡単ではない。今日でも省略されている。

What Ichiro and Nakata have done is remind the country that Japan *maybe down*, but it can stand tall once more.（イチローと中田がやったことは，日本は没落したかもしれないが，今一度自信満々になってよいとその国に思い起こさせるこ

とだ）(*Time*, 2002年4月29日号) ▶この文の down は動詞だと主張する人がいるかもしれないが，動詞としての down は他動詞の用法しかない。したがって，この例文で maybe down は maybe come down の come の省略である。この用法は現在も他の形で残っている。特に let と have に多い。

Please *let* the *blinds* (*come*) down. （どうぞブラインドをおろしてください）
Please *let me* (*get*) off here. （どうぞ私をここで降ろしてください）
Please *let me* (*go*) through. （どうぞ私を通してください）
He *had* his *head* (*go*) out of the window. （彼は窓から頭を出した）

すなわち，come, get, go, pass のように「場所の移動」「状態の変化」を表す動詞は，他の副詞語句により意味の誤解を避けられる場合は省略可能。

(B) その他の動詞の省略

その他の動詞省略に次がある。名詞や副詞による命令の場合に動詞が省略される。
Attention, please! （ちょっと聞いてください）▶ *May I have your* attention, please! あるいは *Pay* [*Give*] attention *to me*, please! の省略された形である。
Up with you, boy! （こら立て，お前）▶ *Stand* up with you, boy! の省略。
Off with your hat! （帽子をとれ）▶ *Take* off with your hat! の省略。

6 動詞の名詞化

英語以外のヨーロッパ言語では動詞の原形を名詞扱いするのはふつうである。前置詞の目的語に原形不定詞をとることもふつう。ここでは，動詞の名詞化を述べる。ただし，今日の英語では「to 不定詞」を用いるのが一般的。

(A) 主語に用いる動詞の原形

動詞の原形が主語に用いられる例をあげる。
Kill or *be killed*, *eat* or *be eaten*, was the law. （殺すか殺されるか，食うか食われるかが習わしであった）(Jack London)
Better *bend* than break. （折れるより曲がるほうがいい＝柳に雪折れなし）(諺)
Better *be* the head of a dog than the tail of a lion. （ライオンの尾になるよりは犬の頭になるほうがいい＝鶏口となるも牛後となるなかれ）(諺)

いずれも歴史的には古い。諺に多く残っていることからも古い表現であることが分かる。今日のドイツ語でも主語に動詞の原形を使うのは古い用法。現代英語の標準語法ならそれぞれ

To kill or *to be killed*, *to eat* or *to be eaten* was the law.

2　動　詞

Better *to bend* than to break.（＝It is better *to bend* than to break.）
Better *to be* the head of a dog than the tail of a lion.（＝It is better *to be* the head of a dog than the tail of a lion.）

である。

(B) 補語に用いる動詞の原形

動詞の原形が補語に用いられる例をあげる。

All you have to do is *go* to school.（君は学校へ行きさえすればいい）

The only thing you have to do is *go* to school.（君は学校へ行きさえすればいい）

いずれも主にアメリカ英語で使用される。主節に all, the only thing, the last thing のように限定する語がある時，補語になる句は動詞の原形を使用してもよい。しかし，結局は動詞の原形が名詞に使われることが過去にはふつうであったということの傍証にすぎない。

いや，過去の話ではない。次の例はその典型。

The lesson everyone learned here is just *stay* out of Microsoft's way.（ここで一同が学んだ教訓は，マイクロソフトのやり方には距離を置けということだけだ）
（Reuters 電）

現代英語でも相変わらず動詞の原形が補語に使用されている。

(C) 前置詞の目的語に用いる動詞の原形

動詞の原形が前置詞の目的語に用いられる例。

He does nothing but *drink* every day.（彼は毎日酒を飲む以外何もしない）

He does nothing except *watch* TV every day.（彼は毎日テレビを見る以外何もしない）

前置詞 but と except は前に否定語があると「…以外」の意味になるが，その直後には原形不定詞が用いられることが多い。

7　新しい動詞句表現

時代と共に，従来の辞書に掲載されていない新しい表現が出現する。

(A) 新しい動詞句表現

次の表現は辞書に載っていない。

Negotiators *look likely to struggle* in vain to end disputes between rich and poor nations on a blueprint to safeguard the planet before the Earth Summit opens with fanfare on Monday, delegates say.（「地球サミット」が月曜日にフ

ァンファーレと共に開催される前に，地球を守ろうとする青写真に関する富んだ国と貧しい国との間の論争に終止符を打とうと折衝者は努力したが徒労に終わりそうだ，と代表団は言っている）(Reuters電)

この文の「look likely＋to 不定詞」(…しそうに見える)は辞書にない表現。「look like＋名詞」(…のように見える)と「be likely＋to 不定詞」(…しそうである)の混合した形。読者に大きな影響を与える新聞・雑誌でこのような新しい表現が使用されると，一般化するかもしれない。

(B) 類推から新表現が発展する場合

次の例文を考える。

He *threw open* the *door*.（彼はドアを開け放した）

上の文は，当然

He *threw* the *door open*.（彼はドアを開け放した）

の「主語＋動詞＋目的語＋補語」の補語が動詞の後にきた形である。だが throw open で一つの動詞句としている辞書もある。open などの短い語が補語の場合，あるいは目的語が長い場合には補語が目的語の前にくることが多い。

The Israeli Army *shot dead* two *militants* in the West Bank on Tuesday.（イスラエル軍は火曜日にヨルダン川西岸で2人の兵士を撃ち殺した）(Reuters電)

(C) 辞書にない文型

次の文を参照する。

The bus' windows were completely blown out and part of its roof and side *were splayed open* by the force of the blast, with debris scattered all around the area.（爆発の力でバスの窓は完全に吹き飛ばされ，屋根と側面の一部はねじ曲げられて開き，その場一帯には破片が散乱していた）(AP電)

文中の were splayed open は「＋目的語＋補語」の第5文型の受動態である。splay が第5文型をとることは英和大辞典にも載っていないが，自然と理解できるようになりたい。

次の文型も興味深い。

We will not set an artificial timetable for leaving Iraq, because that would embolden the terrorists and make them believe *they can wait us out*.（我々はイラク撤退のわざとらしい予定表を作り上げるわけにはいかない。そうすればテロリストを元気づけ，我々が撤退するのを待ち望んでよいと思わせることになるからだ）(AP電) ▶アメリカのブッシュ大統領の言葉である。ふつうなら they can wait *for us to go* out の「wait for＋(代)名詞＋to 不定詞」の文型か，they

can await *our going* out の「await＋目的語」の文型であるはずだ。
He *was confirmed dead* earlier in the day by the Japanese Embassy in Jakarta.（その日のもっと早くに，彼が死んでいることがジャカルタの日本大使館により確認されていた）（AP 電）▶動詞 confirm に「＋目的語＋補語」の文型はない。
このような新たな表現はますます増加すると考えられる。

8 自動詞に続く前置詞の由来

自動詞にはなぜ of や to の前置詞が多く使われるかを検討してみよう。
(A) 前置詞 of を取る自動詞
　　admit of ...（…を許す），approve of ...（…に賛成する），think of ...（…を考える），smell of ...（…の臭いがする），repent of ...（…を悔やむ）など
　以上の動詞は中期英語の時代には属格（生物の場合は所有格，無生物の場合は「所有の of」に相当する）を取っていた。だが，多くの属格支配の動詞は，大部分が他動詞化した。これらの動詞すべてには今や他動詞の用法がある通り。しかし今日でも上のように，「所有の of」を使う自動詞としての用法もある。
　ちなみに，形容詞の後の前置詞に of が多いのも同じ理由による。すなわち属格支配の形容詞だったのである。
　　be conscious of ...（…を意識している），be capable of ...（…が可能である），be glad of ...（…をうれしく思う），be guilty of ...（…の罪を犯している）など

(B) 前置詞 to を取る自動詞
　　assent to ...（…に同意する），belong to ...（…に属する），contribute to ...（…に寄与する），consent to ...（…に同意する），happen to ...（…に生じる）など
　以上の動詞は中期英語の時代には与格（今日の英語の間接目的格に相当する）を取っていた。今日の英語では与格と対格（今日の英語の直接目的格に相当する）は同形であるが，例えば代名詞の him の場合，与格は to him の him，対格は him で表していた。その to him の to が自動詞の後の前置詞に残ったものである。
　形容詞の後の前置詞に to が多いのも同じ理由による。すなわち与格支配の形容詞だったのである。
　　be important to ...（…に重要である），be kind to ...（…に親切である），be cruel to ...（…に残酷な），be useful to ...（…に役立つ）など

9 run out と outrun の相違

　英語では run out は「走り出る」，outrun は「走り越す」，また go under は「沈む」，undergo は「経験する；耐える」の意味をもつ。他の例を示そう。
　　　fill full（一杯に満たす）— fulfill（果たす），hold up（挙げる）— uphold（支える），set up（組み立てる）— upset（ひっくり返す），take over（引き継ぐ）— overtake（追いつく）など
　いずれも，副詞が独立して使われる左の項目では強勢は副詞にあり，右の項目のように複合動詞になっている場合には動詞本体に強勢が置かれる。
　これらの表現は関係があるのか，それとも無関係なのか。
　実はこの現象は分離動詞と非分離動詞という考え方に由来するものである。上の例の左側にある full, up, over は独立した副詞として使われていて，これらを分離辞（separable particle）といい，動詞を分離動詞という。右側にある ful-, up-, over- は非分離辞（inseparable particle）といい，動詞を非分離動詞という。
　分離動詞の場合には「動詞＋副詞」の形で慣用的な用法になり，非分離動詞の場合には「副詞＋動詞」の複合動詞になっている。両者に関係はあり，基本は前者の分離動詞。前者は副詞が動詞を修飾し，後者は比喩的意味をもっている。

10 自動詞の他動詞化への過程

　時代と共に自動詞から他動詞に転化する動詞がある。
（A）**graduate**
　graduate は今日では自動詞扱いするのがふつう。
　　　He *graduated from* college last month.（彼は先月大学を卒業した）
　しかし，アメリカ英語では graduate college と他動詞扱いするのが一般化しつつある。
　　　He *graduated* college last month.（彼は先月大学を卒業した）
　なお，
　　　He *was graduated* from college.（彼は大学を卒業した）
の graduate も他動詞だが，こちらは「…を卒業させる」の意味であり，これの受動態はやや古い表現。

（B）**enter**
　ここでは「入る」に相当する enter を例にとる。

May I *enter* the room now? (今部屋に入ってもいいですか)
They *entered into* the negotiations. (彼らは交渉に入った)

enter は今日の正用法では，「具体的な物に入る」時は前者のように他動詞，「抽象的な物に入る」時は後者のように自動詞。フランス語では「具体的な物に入る」時でも，英語の enter into に当たる自動詞の用法で用いられる。

Puis-je *entrer dans* la chambre maintenant? (今部屋に入ってもいいですか) ▶
英語の May I *enter into* the room now? に相当する。

英語の enter はフランス語の entrer に由来する。英語に移入した時点では，やはりフランス語のように自動詞であった。しかし，既に中期英語の時代に他動詞化していた事実が *OED* の記載にある。ただし，今日でも「入る場所」が強調される時は自動詞として使用されることもある。

May I *enter into* the room now? (今部屋に入ってもいいですか)
他のロマンス語においてもフランス語と同様の現象が見える。

¿Puedo *entrar en* la habitación? (スペイン語)
Posso *entrare nella* camera? (イタリア語)

いずれも英語の May I *enter into* the room? に相当する。

逆に，今日の英語では「抽象的な物に入る」時でも他動詞化される傾向が見られる。

North Korea could *enter talks* with South Korea under those two conditions. (北朝鮮はその2つの条件のもとでなら韓国との協議に入りうるだろう) (*Chicago Tribune*)

Berlusconi must now decide whether to try to forge ahead with the three remaining major coalition partners or *enter negotiations* with the UDC on the formation of a new administration. (ベルルスコーニ [イタリア首相] は新たな政府樹立に関して，残りの3大連合相手との連立を急いで進めようとするのか，あるいは UDC [＝the Union of Christian Democrats (キリスト教民主連合)] との交渉に入るのかを今決定しなくてはならない) (Reuters 電)

英語の enter は他動詞化が進んでいるといえる。

(C) suffer

動詞 suffer は次のように用いられる。

He is *suffering from* gout. (彼は痛風をわずらっている)
Are you *suffering* any pain? (君は何か苦痛を感じていますか)

つまり，自動詞 suffer from は「(病気を) わずらう」「(病気に) 苦しむ」の意

味で，他動詞 suffer は「(苦痛に) 苦しむ」「(不快な事に) 苦しむ」の意味であるという。しかし最近では，前者の意味でも他動詞 suffer を用いるケースが増えている。

> Sharon, long reviled in the Arab world but increasingly regarded as a peacemaker by the West, *suffered* his stroke at a crucial juncture in Israeli politics.（アラブ社会からは長いこと罵られてきたが欧米からはますます平和の推進者とみなされているシャロン［イスラエル前首相］は，イスラエル政界の重大な時期に脳卒中をわずらった）(Reuters 電)

> He *suffered* a major stroke in the ambulance.（彼は救急車の中で激しい脳卒中に苦しんだ）(AP 電)

この用法での suffer はますます他動詞化が進んでいる。

3　時　　制

　英語における時の概念は，日本語と大いに異なる。英語における時制 (tense) とは，時 (time) の概念を動詞でどのように表現するかの問題である。
　時が現在・過去・未来に大別できるように，時制も現在時制・過去時制・未来時制に大別できる。しかし，時と時制は必ずしも一致しない。例えば She leaves for America tomorrow.（彼女は明日アメリカに向けて出発する）の文の時制は現在であるが，時は未来である。すなわち時制とは動詞の形態上の区別をいう。
　英語には3つの基本時制がある。現在時制（present tense），過去時制（past tense），未来時制（future tense）がそれである。そしてその各々に完了時制がある。つまり現在完了時制（present perfect tense），過去完了時制（past perfect tense），未来完了時制（future perfect tense）である。さらに，現在進行形（present progressive form），過去進行形（past progressive form），未来進行形（future progressive form）がある。その上，各完了時制にも各々進行形がある。

● 初 級 文 法 ●

1 基本時制

（A）現在時制
　日本語と違い，英語の現在時制は必ずしも「現在生じている動作・状態」を表さない。英語では「現在の動作」は現在進行形で示す。ただし「状態動詞」の場合には現在形で表す。次の例文のように。

　　He *remains* silent.（彼は黙ったままでいる）

　参考までに，「状態動詞」とは remain（…の状態のままでいる）や lie（…のまま横たわっている）のように状態を表す動詞をいう。また「動作動詞」とは become（…になる）や get（…に至る）のように動作を表す動詞をいう。

英語の現在時制は次を表す。
(a) 現在の事実を表す
知覚・心理状態や人・物の状態などを表す動詞が多く使われる。

I *see* a dog.（私には犬が見えている）

I *believe* what he says.（私は彼の言うことを信じている）

This book *belongs* to her.（この本は彼女のだ）

(b) 現在の反復的・習慣的動作を表す

I *go* to school every day.（私は毎日学校へ行く）

The earth *moves* around the sun.（地球は太陽の周囲を回る）

(c) 一般的真理を表す

Two and three *makes* five.（2と3を足すと5になる）

(B) 過去時制

過去時制は過去の事実を表す。

(a) 過去の事実（通例1回限りのこと）を表す

時を表す副詞語句を伴うことが多いが，前後関係から自明のことも多い。

The Second World War *ended* in 1945.（第二次世界大戦は1945年に終わった）

(b) 過去の反復的・習慣的動作を表す

状態の場合には一定の継続を表す。

Last winter he *went* skiing every week.（昨年の冬彼は毎週スキーに行った）

In those days the Philippines *belonged* to Spain.（当時フィリピンはスペイン領だった）

(C) 未来時制

未来の事柄を表す時制である。現在時制や過去時制は語形変化だけで表現できるが，未来時制は語形変化だけでは表現できない。一般に「will [shall]＋動詞の原形」の形をとる。

(a) 単純未来

意志を含まず「…だろう」と未来の事柄を表す。

［平叙文］

I shall ....(アメリカ英語はI will ....)

You will ....

He will ....

[疑問文]
　Shall I ...?
　Will you ...?（イギリス英語は Shall you ...?）
　Will he ...?

　　He *will arrive* at the station at about eight o'clock.（彼は8時頃駅に着くだろう）
　　Shall we *go* back in time?（我々は間に合って戻れるだろうか）

(b) 意志未来
　意志を含み「…するつもりだ」の意味になる。平叙文には「話者の意志」「主語の意志」があり，疑問文では「相手の意志」を問う。

[平叙文]
・話者の意志
　I will ....（私は…するつもりだ）
　You shall ....（私は君に…させるつもりだ）
　He shall ....（私は彼に…させるつもりだ）
・主語の意志
　I will ....（私は…するつもりだ）
　You will ....（君は…するつもりだ）
　He will ....（彼は…するつもりだ）

[疑問文]
・相手の意志
　Shall I ...?（私は…しましょうか）
　Will you ...?（君は…してくれますか）
　Shall he ...?（彼に…させましょうか）

　　You shall have it.（君にそれをあげよう）（話者の意志）＝ (I will let you have it.)
　　I will go at once.（私はすぐに行く）（主語の意志）
　　Shall I open the window?（私は窓を開けましょうか）（相手の意志）

2 完了時制

(A) 現在完了時制
　現在完了時制は「have [has]＋過去分詞」の形で表す。過去から続く動作の現在

における「完了」，現在における「結果の残存」，現在までの「経験」，状態・動作の「継続」の4つを表す。過去時制との相違は，過去時制が「(動作動詞の場合)過去の事柄を時間的に瞬間しか表さない」のに対して，現在完了は「過去の事柄の発生時点から現在までの時間的継続を表す」こと。つまり現在完了は過去と現在を同時に示す動詞の形であり，現在に重点が置かれている。例文で示す。

　　　He *died* five years ago.（彼は5年前に死んだ）
　　　He *has been* dead for five years.（彼は5年前に死んで，現在も死んだ状態が続いている）

前者は5年前の出来事を述べているに過ぎない。その後5年経た現在の状態には無関係。奇跡が生じて現在生き返っているかもしれない。特に医学が進む未来には生き返ることが可能かもしれない。

後者は5年前の出来事の「彼の死」から，現在の状況まで途切れることなく描写している。

日本語に完了時制は存在しない。つまり前者の過去時制の考え方に近い。しかし「一度死んだら二度と生き返らない」の前提がある。英語は日本語より厳密に表現するので，一般には前者より後者が好まれる。

(a)「完了」と「結果」

「完了」とは過去から続いていた動作の現在における完了を表し，「…し終えたところです」の意味になる。「結果」とは現在における動作の結果を表し，「…した結果，今…である」の意味になる。already（既に），just（ちょうど），now（今），yet（[否定文で]まだ，[疑問文で]もう）などの副詞を伴うことが多い。

　　　I *have* just *finished* my work.（私はちょうど仕事を終えた）
　　　He *has gone* to England.（彼はイギリスへ行ってしまった）▶その結果，彼は「今，ここにいない」ことを表現している。

(b)「経験」

「経験」とは現在までの経験を表し，「…したことがある」の意味になる。「経験」した事実は過去の出来事である。しかし，「経験」の記憶は現在まで続いている。once（かつて），before（以前），ever（かつて），never（決して…ない）などの副詞を伴うことが多い。

　　　I *have seen* her somewhere before.（私は以前どこかで彼女に会ったことがある）

(c)「継続」

「継続」とは現在までの状態の継続を表し，「ずっと…している」の意味になる。for ...（…の間），from ...（…から）のような期間を表す副詞句や since ...（…以来）に導かれる副詞句・節を伴うことが多い。動作動詞の場合には現在完了進行形で表

す（⇨ 3 時制・初級文法 ③ (D)(a)）。

    I *have known* her from a child.（私は子供の頃から彼女を知っている）▶ know は継続的な意味をもつので，ふつうの現在完了形で表す。

(d) 過去・現在完了に伴う副詞語句

  過去を明確に示す副詞語句を伴う時は現在完了時制を使えない。現在完了はあくまで現在とつながりをもつものなので，過去の一点を特定する語句は使えない。

(i) ago と before

    I saw her two days *ago*.（私は 2 日前に彼女に会った）

    I have seen her *before*.（私は以前彼女に会ったことがある）

  前者の ago は現在を基準にして具体的に過去を示す副詞であるから，過去時制と共に使用する。before は過去時制と共に使うこともあるが，「今より以前；かつて」の意味で完了形と共に使用する（⇨ 9 副詞・中級文法 ① (A)）。

(ii) just と just now

    He went out *just now*.（彼はたった今出かけた）

    He has *just* gone out.（彼はたった今出かけた）

  両文の意味はほとんど変わらない。前者の just now は過去を明確に示す表現とされているので過去時制と共に使用する。後者の just は完了時制と共に使用するのが正式用法。アメリカ英語では過去時制と共に使用する。イギリス英語でも過去時制と共に使用するようになりつつある。

(iii) when

    When did you meet her?（君はいつ彼女に会ったの）

    When I *was* a child, I learned this proverb.（私は子供の時にこの諺を学んだ）

  疑問詞としての when は過去の時を尋ねる言葉なので，現在完了時制と共には使えない。また，過去を明確に示す接続詞として when が使用されている場合の主節では現在完了時制は使えない。

(e) have gone to ... と have been to ... の相違

    He *has gone* to France.（彼はフランスに行ってしまった）

    He *has been* to France.（彼はフランスに行ったことがある）

  一般に have gone to ... は「…に行ってしまった」，have been to ... は「…に行ったことがある；…にいたことがある」の意味。しかし have gone to ... が「…に行ったことがある」の意味になることがある。この傾向はアメリカ英語に多い。

(B) 過去完了時制

  「had＋過去分詞」の形で，過去のある一点を基準にして，それより以前の時点

から過去のある一点までの「完了」・「結果」,「経験」,「継続」を表す。すなわち,過去のある一点が大事な要素になる。別の表現をすれば,現在完了が現時点を基準とするのに対して,「過去の一点を基準とした現在完了」とも考えられる。

(a) 過去のある一点を基準にして,それ以前の動作の「完了」・「結果」

When I got home, my wife *had* already *eaten* dinner.（私が家に帰ると,妻は既に夕飯をすませていた）▶基準は「私が家に帰った（I got home）時点」で,それ以前に「妻は夕飯をすませた」ゆえ my wife had eaten になる。

(b) 過去のある一点を基準にして,それ以前の「経験」

I asked him if he *had climbed* Mt. Fuji.（私は彼に富士山に登ったことがあるかどうか尋ねた）▶基準は「私が尋ねた（I asked him）時」で,それ以前に「彼は富士山に登った」のかを尋ねるゆえ he had climbed になる。

(c) 過去のある一点を基準にして,それ以前の動作の「継続」

He *had been* ill for a week when I met him.（私が彼に会った時,彼は既に1週間病気だった）▶ for a week のように期間を示す副詞を伴うことが多い。

状態動詞は過去完了形だが,動作動詞の場合には過去完了進行形で表す（⇨ 3 時制・初級文法 ③ (D)(b)）。

(d) 大過去,つまり「過去の過去」

過去のことを述べて,さらにそれより前のことを述べる時は過去完了を使う。

He read the book today which he *had bought* yesterday.（彼は昨日買った本を今日読んだ）

(C) 未来完了時制

「will have＋過去分詞」の形で,未来のある一点までの動作の「完了」・「結果」,「経験」,「継続」を表す。すなわち,未来の一点が大事な要素になる。つまり未来のある一点を基準として現在からその時点まで動作・状態が続く完了といえる。別の表現をすれば,「未来の一点を基準とした現在完了」とも考えられる。次に未来時制と未来完了時制の相違を考えよう。

He *will finish* the homework on Friday next.（彼は来週の金曜日には宿題を終えるだろう）

He *will have finished* the homework by Friday next.（彼は来週の金曜日には宿題を終えてしまっているだろう）

前者の未来時制では「来週の金曜日」の時点しか考慮しない。つまり,来週の金曜日までの経過は無関係。後者では,とにかく,来週の金曜日までには宿題が完成した状態になっている。その状態がずっと続くということになる。理論上は未来完

了時制が正しいが，現実には未来完了時制は形式ばった表記なのであまり使用されない。

(a) **未来のある一点までの「完了」・「結果」**

She *will have read* the book by ten o'clock tomorrow.（彼女は明日の10時までにはその本を読み終えているだろう）

(b) **未来のある一点までの「経験」**

He is going to visit France next year. Then he *will have been* there six times.（彼は来年フランスに行くつもりだ。そうすれば彼は6回行ったことになるだろう）

(c) **未来のある一点までの「継続」**

She *will have lived* here for just ten years next month.（来月で彼女はここにちょうど10年間住んだことになるだろう）▶期間を示す副詞を伴うことが多い。

状態動詞は未来完了形だが，動作動詞の場合には未来完了進行形で表す（⇨ 3 時制・初級文法 ③ (D)(c)）。

③ 進行形

(A) 現在進行形

現在進行形は「be動詞の現在形＋...ing（現在分詞）」で表し，「現在…している」の意味。以下の用法をもつ。

(a) **現在進行中の動作**

He *is walking* along the street now.（彼は今通りを歩いている）

(b) **動作の反復や習慣的行為**

He *is walking* to school this year.（今年は彼は徒歩で学校へ通っている）

He *is* always *finding* fault with others.（彼はいつも他人のあら探しばかりしている）▶always（いつも）などの副詞を伴い，不満など話者の感情を表すことが多い。

(c) **近い未来（近接未来）**

「往来」「発着」を表す come, go, leave, take などに多く使用する。

The ship *is coming* here today.（船は今日ここに着く）

ただし，see（会う），get, speak などは「往来」「発着」を示す動詞ではないが，現在進行形で用いて近接未来を表すことがある。

I *am seeing* the doctor at his clinic this evening.（私は今晩医者に彼の診療所で会うことになっている）▶see は「会う」の意味で，「見える」の意味の知覚動

詞ではない。

(d) 進行形にしない動詞

進行形に使用しない動詞とは，see, hear, smell などの知覚動詞，like, love, hate, wish, hope などの感情を表す動詞，believe, suppose, think, find, forget, remember, know, understand などの心理作用を表す動詞である。さらに，一般に状態を表す be, belong, consist, depend, resemble などの動詞も進行形にしない。ただし，「一時的な状態を強調する」「状態の進行的経過を表す」場合は例外的に進行形にできる。例外も多いので例文を示す。

She *is being* beautiful this evening.（今晩（いつもと違って）格別彼女はきれいだ）
I *am loving* you tonight.（私は（特に）今夜は君が好きだ）
I'm already *feeling* better.（私はもう気分がよくなってきた）▶already（もう）のような経過を表す副詞語句を伴うことが多い。

(B) 過去進行形

過去進行形は「be 動詞の過去形＋...ing（現在分詞）」の形で表し，「…の時…していた」の意味。以下の用法をもつ。

(a) 過去に進行中の動作

I *was writing* a letter when my mother came home.（母が帰宅した時私は手紙を書いていた）

(b) 過去の動作の反復や習慣的行為

She *was* always *running* after boys when she was a child.（彼女は子供の時いつも男の子を追いかけ回していた）

(c) 過去における近接未来

A moment later she *was dying*.（一瞬あとに彼女は息を引きとろうとしていた）
▶ die は「生から死」への動作の推移を表し，進行形は近接未来，つまり推移直前の状態を表す。

(C) 未来進行形

未来進行形は「will [shall] be＋...ing（現在分詞）」の形で表し，「…の時…しているだろう」の意味。次の用法をもつ。

(a) 未来における進行中の動作

I *will be traveling* in Europe this time next year.（私は来年の今頃はヨーロッパを旅しているだろう）

(b) 他人の予定を尋ねる丁寧用法

Will you *be working* in the factory today?（あなたは今日工場でお仕事ですか）

▶単なる未来時制よりも丁寧な表現。

(D) 現在完了進行形・過去完了進行形・未来完了進行形
(a) 現在完了進行形
「have [has] been＋...ing（現在分詞）」の形で表し，「(現在まで)ずっと…している」の意味。現在進行形が現在における動作の進行中を表すのに対して，現在完了進行形は，過去に生じた動作が現在まで継続中であることを表す。

　　It *has been raining* since I came back to Japan.（私が日本に帰ってからずっと雨が降り続いている）

(b) 過去完了進行形
「had been＋...ing（現在分詞）」の形で表し，「(過去のある一点まで)ずっと…していた」の意味。過去進行形が過去における動作の進行中を表すのに対して，過去完了進行形は，過去のある一点を中心にして，それより以前に生じた事実が過去のある一点まで継続した動作や状態を示す。

　　I *had been waiting* for a long time when you arrived.（君が着いた時私はもう長いこと待っていた）

(c) 未来完了進行形
「will [shall] have been＋...ing（現在分詞）」の形で表し，「(未来のある一点まで)ずっと…しているだろう」の意味。未来進行形が未来における動作の進行中を表すのに対して，未来完了進行形は，未来のある一点までの動作や状態の継続を示す。

　　By the end of March he *will have been teaching* English for ten years.（3月末で彼は10年間英語を教えたことになる）

4 時制の一致

　主節の動詞と従属節の動詞の時制の一致関係を「時制の一致」(sequence of tenses) という。具体的にいえば，主節が現在時制の時は時制の一致はないが，主節が過去時制の時，その影響を受けて従属節の時制がずれることをいう。

(A) 主節の動詞が現在，現在完了，未来の時
　従属節の動詞はいかなる時制でもよい。つまり，時制の一致はしない。

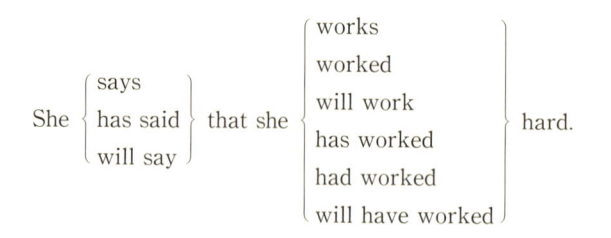

She $\begin{Bmatrix} \text{says} \\ \text{has said} \\ \text{will say} \end{Bmatrix}$ that she $\begin{Bmatrix} \text{works} \\ \text{worked} \\ \text{will work} \\ \text{has worked} \\ \text{had worked} \\ \text{will have worked} \end{Bmatrix}$ hard.

　この他に，上の従属節の部分（that 以下）には現在進行形，過去進行形，未来進行形，現在完了進行形，過去完了進行形，未来完了進行形がある。
　現実には
　　She *says* that she *had been* rich.（彼女はかつて裕福であったと言っている）
のような英語はあまり使用しない。なぜなら says の「現在時制」以前の時制は「過去時制」や「現在完了時制」であり，それよりさらに以前の「過去完了時制」を使用する必要がないから。つまり，
　　She *says* that she *was* rich. や She *says* that she *has been* rich.
で事足りる。

(B) 主節の動詞が過去，過去完了の時
　従属節の動詞は過去，過去完了，should ..., would ... になる。助動詞がある場合には助動詞を過去形にする。

She $\begin{Bmatrix} \text{said} \\ \text{had said} \end{Bmatrix}$ that she $\begin{Bmatrix} \text{worked} \\ \text{had worked} \\ \text{would [should] work} \\ \text{would [should] have worked} \end{Bmatrix}$ hard.

　この他に，上の従属節の部分（that 以下）には過去進行形，過去完了進行形，未来進行形（時制の一致で would [should] be＋...ing 形），未来完了進行形（時制の一致で would [should] have been＋...ing 形）がある。
　現実には，主節の動詞が何の前提もなく過去完了の場合はまれである。

(C) 時制の一致の例外
　次の場合，時制の一致を受けない。
(a) 従属節が普遍の真理を表す時
　　He said that honesty *is* the best policy.（彼は正直は最善の策だと言った）
　　He said that one and two *makes* three.（彼は1足す2は3だと言った）

He said that boys *will* be boys.（彼は男の子は要するに男の子だと言った）

ただし，次の文では時制を一致させる。

He said that the earth was flat.（彼は地球は平たいと言った）▶the earth is flat は真実ではないから。

(b) 従属節が現在の習慣・性質を表す時

He asked the driver what time the first bus *starts* on Sunday.（彼は運転手に日曜日に一番バスは何時に出発するか尋ねた）▶「日曜日の一番バスの出発時間」は習慣として決まっている。

(c) 現在でもまだ事実の事

She told me this morning that she *is going* [*will go*] to France next month.（彼女は来月フランスへ行く［行くだろう］と今朝私に言った）▶過去から見た未来が現在から見ても未来の場合である。

(d) 歴史上の事実を表す時

We were taught that Isaac Newton *discovered* the law of gravitation.（我々はアイザック・ニュートンが万有引力の法則を発見したと教えられた）▶文法上は discovered が過去完了の had discovered になるべきだが,「歴史上の事実」を表すので過去時制でよい。

(e) 従属節の動詞が仮定法の時

He said that he *could* fly to America.（彼はアメリカに飛んで行ければなあと言った）▶仮定法の動詞は主節の動詞の影響を受けない。

We suggested that Jack *attend* the meeting.（我々はジャックが会議に出席するように提案した）

(f) 従属節に as や than があり，比較を表す時

She was more beautiful than she *is* now.（彼女は今よりきれいだった）▶比較を示す接続詞 than や as の節は動詞の意味に応じて自由に変化する。

● 中 級 文 法 ●

1 時制の注意すべき用法

それぞれの時制の注意すべき用法を述べる。

(A) 現在時制の注意すべき用法
(a) 近接未来を表す
「往来」「発着」「開始」などを表す動詞に多い。一般に「未来」を表す副詞語句を伴う。
 She *comes* back next week.（彼女は来週戻ってくる）
(b) 「時」または「条件」を表す副詞節における未来時制の代用
昔はこの副詞節に無意志未来の shall や will を入れたが，やがて shall や will が使われなくなり，仮定法現在を用いた。さらに今日の直説法現在になった。
 When she *comes* back, you have to tell it to your father.（彼女が戻ってきた時に，君は父にそのことを言わなくてはならない）▶When she comes back は「時」を表す副詞節である。ただし，I don't know when she *will come* back.（彼女がいつ戻ってくるか私は知らない）の when 以下は名詞節であるから未来時制でよい。
 If it *rains* tomorrow, I will not go there.（もし明日雨ならば，私はそこへ行かない）▶If it rains tomorrow は「条件」を表す副詞節である。ただし，I don't know if it *will rain* tomorrow.（明日雨が降るかどうか私は知らない）の if 以下は名詞節であるから未来時制でよい。
(c) 過去の事実を表す
「歴史的現在」といわれるもので，過去の事実を生き生きと伝えようとする時に用いる。
 Caesar *crosses* the English Channel and *enters* England.（シーザーはイギリス海峡を渡り，イギリスへ入る）
新聞や雑誌にこの技法が多く用いられる。
 Riefenstahl *takes* a walk with Adolf Hitler in this file photo taken in 1937.（1937年に撮影されたこの記録写真でリーフェンシュタールはアドルフ・ヒットラーと共に散歩をしている）（AP電）
また，脚本のト書きでも使用される。
 Jack *opens* the door for Betty. She *goes* out.（ジャックはベティのためにドアを開ける。彼女は出て行く）
(d) 現在完了の代用
日常会話のくだけた文体では現在時制を現在完了の代用に使う。come, find, forget, hear, read, say, tell, write などの日常的な動詞に限られる。
 I *hear* it from him.（私はそれを彼から聞いた）
本来なら

I *have heard* it from him.（私はそれを彼から聞いた）

でなくてはならない。なぜなら「私はそれを彼から聞いて今でも記憶に残っている」のであるから，現在完了である。しかし，結果として現在の状態を表すので現在形で代用する。

さらに，次の相違に注意しよう。

I *forget* his name.（私は彼の名前を忘れた）▶「度忘れ」をした場合，つまり「一時的に思い出せない」場合。

I *have forgotten* his name.（私は彼の名前を忘れた）▶「完全忘却」の場合，つまり「完全に忘れている」場合。

(e) **「be の現在形＋過去分詞」で現在完了を示すことがある**

Summer *is gone*.（夏は終わった）

　上の文の形は「be の現在形＋過去分詞」で受動態のように見えるが，go は自動詞で，自動詞は受動態にならない。Summer *has gone*.（夏は終わった）と同じ現在完了の意味。前者は be 動詞と共に使用されているので「状態」に重点が置かれ，後者は「動作」に重点が置かれる。come, go, arrive, depart, fall, finish, rise などの「往来」「発着」などを表す動詞は，「be の現在形＋過去分詞」で一種の現在完了時制を表す。18 世紀頃まではまだ「往来」「発着」を表す動詞の場合は be 動詞を用いていた。例えば，

The army of France *is landed*.（フランス軍が上陸した）(Shakespeare)

のように。しかし，今日では上にあげた動詞以外は have を使う。

(B) 過去時制の注意すべき用法

(a) 現在完了の「経験」の代用

　過去時制が never, ever と共に用いられると現在完了の「経験」を表す。

I *never went* to Italy.（私はイタリアに行ったことがない）▶I *have never been* to Italy. と同じ意味になる。

Did you *ever* meet her?（君は彼女に会ったことがあるかい）▶*Have* you *ever met* her? と同じ意味になる。特に *Did* you *ever* meet her when you were in America? のように when などの過去を明白に示す表現がある時は，現在完了が使えないので Did you ever ...? を使用する。

(b) 過去完了の代用

　日常的に利用される非常に大事な用法。when, after, before, as soon as の他，the moment, every time, the first time, each time などの接続詞の節でふつうに使用される。

She *ran* away before he came.（彼が来る前に，彼女は逃げた）▶「彼が来る前に，彼女は逃げ出していた」のであり，本来なら She *had run* away before he came. でなくてはならない。しかし，before は時の前後関係を明白にする接続詞であるから，わざわざ過去完了にする必要がない。過去完了でも誤りではないが，あえて文法の「知ったかぶり」(pedantic) をすることもない。

(c) 普遍の真理を表す

過去における普遍の真理は過去，現在および未来に通じる。

Faint heart never *won* fair lady.（気の弱い男は美人を得たためしがない）（諺）

(d) 仮定法過去での用法

仮定法過去では動詞の過去形が使用される（⇨ 16 仮定法・初級文法 ② (A)）。

If I *worked* harder, I *could* buy a new car.（もしもっと真面目に働けば私は新車が買えるのに）

(e) 時制の一致で形式上過去形になる場合

間接話法における時制の一致で過去形を使うが，直接話法の現在時制に相当する場合である。

He told me that he *was* a business man.（彼は自分はビジネスマンだと私に言った）▶直接話法では He said to me, "I *am* a business man." になる。

(f) 「be の過去形＋過去分詞」で過去完了を示すことがある

He did not notice that winter *was gone*.（彼は冬が終わったことに気づかなかった）▶この文の that 以下の従属節の形は「be 動詞の過去＋過去分詞」で受動態のように見えるが，go は自動詞で，自動詞は受動態にならない。He did not notice that winter *had gone*.（彼は冬が終わっていたことに気づかなかった）と同じ過去完了の意味。前者は「状態」に重点が置かれ，後者は「動作」に重点が置かれる。come, go, arrive, depart, fall, finish, rise などの「往来」「発着」などを表す動詞は「be の過去形＋過去分詞」で一種の過去完了時制を表す。

(C) 現在完了時制の注意すべき用法

(a) 未来完了の代用

I will start soon when it *has stopped* raining.（雨がやんでしまったら私はすぐに出発します）▶本来，意味の上では *I will start soon when it *will have stopped* raining. である。しかし，「時」や「条件」を表す副詞節中では will は使えない。したがって will を省略。そもそも未来完了の成立は他の時制に比べて新しく，その歴史は浅い。昔は shall や will が副詞節中で用いられたが

16世紀頃から口語では頻繁には使用されず will や shall を省略するようになったといわれている。もちろん，この例文は I will start soon when it *stops raining*.（雨がやんだら私はすぐに出発します）のように副詞節を現在時制で表現してもよい。

(b)「have got」の用法
「have＋got」の形で現在完了であるが，単に have の意味になる。元来が口語表現なので縮約形 have got →'ve got, has got →'s got でよく使われる。またアメリカの非常にくだけた表現として単に got もある。なお，過去完了形の had got はアメリカでは使用しない。イギリスではまれに疑問文で使う。

 I*'ve got* a good idea.（私によい考えがある）

(D) 過去完了時制の注意すべき用法
(a) expect, intend などの過去完了は実現されなかったことを表す
 動詞 expect, hope, intend, mean, think, want が過去完了で使用されると，過去の実現されなかった「希望」「願望」「期待」「意図」「欲求」などを表す。

 He *had intended* to become a scientist.（彼は科学者になることをめざしていたが，なれなかった）

 なお，「intended＋to have＋過去分詞」の型も実現されなかった「希望」「期待」などを表すが，前者に比較すればまれである。

 He *intended to have become* a scientist.（彼は科学者になることをめざしていたが，なれなかった）

 ただしどちらも現代英語ではあまり使われなくなっている。なぜなら，上の2つは発生的には仮定法に関係がある構文であるが，仮定法は現代英語では使用頻度が減少しているから。

 He *intended to become* a scientist, *but he couldn't*.（彼は科学者になることをめざしていたが，なれなかった）

が最もふつうの表現。

(b) 仮定法過去完了での用法
 仮定法過去完了では過去完了形が使用される（⇨ 16 仮定法・初級文法 2 (B)）。

 If I *had had* enough money, I could have been able to buy the car.（もし私が十分な金をもっていたら，その車が買えただろうに）

2 過去完了時制の代用としての過去時制

過去時制が過去完了時制の代用をすることは既に述べた（⇨ 3 時制・中級文法 1 (B)(b)）が，ここで詳しく述べる。

主節が過去の文で，時の前後関係を明示する接続詞がある時には従属節中に過去完了を使う必要がない。

The moment he *came*, she ran away. （彼が来るとすぐに彼女は逃げ出した）

「彼が来たから，彼女は逃げた」ので，the moment に導かれる節が主節より以前の出来事であるのは明示されている。このような時，あえて he had come にする必要はない。the moment の他に every time, the first time, each time などに導かれる副詞節でこの特性は現れるが，他に now や once もある。すべて名詞→副詞→接続詞と変化したものである。

これに類似する例外をあげておく。

No sooner *did* the idea *occur* to him than he put it into action. （その考えが浮かぶとすぐに，彼は実行に移した）

He hardly *went* before they began to speak ill of him. （彼が立ち去るや否や，彼らは彼の悪口を言い始めた）

上の文は一見，時の前後関係を無視しているように見える。しかし，「考えが浮かぶ」「彼が立ち去る」のがそれぞれ「実行に移す」「悪口を言う」より先に生じた事実であることは因果関係より明白である。つまり，no sooner ... than ... および hardly ... before ... は時の前後関係を明示する接続詞である。分かりきったことは表現する必要はない。

時の前後関係を明示する表現では，それぞれ以下の文になり，これらでも間違いではない。

No sooner *had* the idea *occurred* to him than he put it into action.

He *had* hardly *gone* before they began to speak ill of him.

● 発 展 文 法 ●

1 進行形の由来と使用理由

英語と関係が深いヨーロッパ言語に，英語と同じように進行形をもつ言語は実はない。進行形をもつのは英語だけである。スペイン語には進行形はあるが，その使

用頻度は英語ほどではない。また，英語とスペイン語との関係は英語とドイツ語，あるいは英語とフランス語との関係のように緊密ではない。したがって，英語の進行形とスペイン語の進行形の因果関係が深いとは考えにくい。

(A) 進行形の由来

今日の進行形の形は英語の先祖であるドイツ語にはない。また，英語に強い影響を与えたフランス語にも存在しない。進行形は，いわば突然変異のように英語に登場し，驚くべき早さで広まった。

　　He *is* now *sitting* on the sofa.（彼は今ソファーに座っている）（英語）

　　Er *sitzt* nun auf dem Sofa.（彼は今ソファーに座っている）（ドイツ語）▶英語の He sits now on the sofa. に相当する。

英語以外のヨーロッパ言語では，「今」という語をつけ加えるだけで現在進行中の動作，つまり現在進行形を表せる。

英語の進行形は「be＋現在分詞」で表すが，この形は古期英語から存在した。ドイツ語の「sein＋現在分詞（動詞の語幹＋ -end）」の形態に一致する。しかし，ドイツ語の場合，現在分詞は unterhaltend（面白い＝英語の amusing）や erquickend（すがすがしい＝英語の refreshing）のように叙述形容詞に転化したものも多く，英語の進行形には程遠い。しかし，古期英語の -ende が -ing に変わり今日の進行形ができたとする考えである。別の説によると古期英語の「be＋on［in］＋...ing（動名詞）」が中期英語において「be＋a＋...ing（動名詞）」に変わり，さらに a が消え「be＋...ing（現在分詞）」になり，現在の進行形が確立した。今日の進行形が流行病のように広まったのは 17 世紀頃といわれている。このように動名詞から現在分詞への変化は前置詞の欠落により容易に行われていたようである（⇨ 12 動名詞・発展文法①）。

(B) 進行形の使用範囲

今日の英語の進行形は突如として流行し始めた。この形態は今日，イギリスの北部，つまり北アイルランド一帯に多く残っている。

次の2つの引用文は北アイルランド英語の方言である。北アイルランドの言語学者ハリス（John Harris）の論文「アイルランド北部方言（*English in the north of Ireland*）」からの引用であり，これらを標準英語と並べる。

　　I'*ll be getting* six or seven days' holiday anymore.（私は今から6，7日間の休暇をとる）（北アイルランド英語）

　　I'*m getting* six or seven days' holiday from now on.（私は今から6，7日間の休暇をとる）（標準英語）

They *be planting* trees every year at the Forestry.（彼らは毎年森林地に木を植える）（北アイルランド英語）

They *plant* trees every year at the Forestry.（彼らは毎年森林地に木を植える）（標準英語）

　前者の北アイルランド英語では不必要な未来進行形を使い，後者の北アイルランド英語では be planting の「動詞の原形＋現在分詞」の進行形を使用している。また，are の代わりに be を使う仮定法現在が多く残っている。

　さらに，次の2つの文は南アイルランド英語の方言である。南アイルランドの言語学者ブリス（A. Bliss）の論文「アイルランド南部方言（*English in the south of Ireland*）」からの引用であり，これらを標準英語と並べる。

The door *is facing* to the East.（ドアは東に向いている）（南アイルランド英語）

The door *faces* to the East.（ドアは東に向いている）（標準英語）

Who *is* this book *belonging* to?（この本は誰のですか）（南アイルランド英語）

Who does this book *belong* to?（この本は誰のですか）（標準英語）

　南アイルランド英語ではいずれも不必要な進行形を使用。動作の強調，臨場感を出すための手法ともいえる。

　「古の言葉は田舎に残れり」とは江戸時代の学者・荻生徂徠の言である。イギリス英語を中心に考えると，「アメリカ英語とアイルランド英語は古の田舎言葉」で，よく似た点も多い。アメリカ英語ではイギリス英語に比較して進行形が多く使用されているのは当然である。イギリスからアメリカへの移民が盛んな時代に進行形が流行していたのだから。

4 助動詞

　助動詞はふつう動詞の前に位置し，動詞を助けて意味を補う。助動詞には be, have, do, can, could, may, might, must, will, would, shall, should, ought to, used to があり，さらに dare, need が助動詞になることもある。
　これらの助動詞の中で be, have, do は本動詞にもなる。

● 初 級 文 法 ●

1 be の用法

　　To live *is* to fight.（生きることは戦うことだ）
の is は be 動詞で本動詞。主語（To live）と補語（to fight）を結合する働きをするので連結詞（link-verb）とか繫辞（copula）という。
　以下は助動詞としての働き。

(A)「**be＋...ing**」で進行形を作る（⇨ 3 時制・初級文法 3 ）
　　He *is sleeping* now.（彼は今眠っている）

(B)「**be＋他動詞の過去分詞**」で受動態を作る（⇨ 18 受動態）
　　He *was loved* by her.（彼は彼女から愛されていた）

(C)「**be＋自動詞の過去分詞**」で完了の意味になる（⇨ 3 時制・中級文法 1 (A)(e) および 1 (B)(f)）
　　Spring *is come*.（春が来た）
　ただし，be 動詞が come, go, fall, rise などの「場所の移動」「状態の変化」を表す自動詞と結合した場合のみ。

2 have の用法

本動詞 have は「持つ」「食べる」などの意味をもつ。助動詞としては以下の働きがある。

(A)「**have＋過去分詞**」で完了形を作る (⇨ 3 時制・初級文法 2)

　He *has been* to France.（彼はフランスに行ったことがある）

(B)「**have＋got**」で have の意味 (⇨ 3 時制・中級文法 1 (C)(b))

　これも「have＋過去分詞」の完了形ではあるが、現在時制の have と同じ意味になる。未来時制や命令文では使用しないし、ふつう助動詞のあとには使わない。

　You *have got* more books than me.（君は私より多くの本をもっている）

3 do の用法

本動詞 do は「する」の意味。助動詞としては以下の働きがある。

(A) 一般動詞を用いた疑問文で

　Do you know that girl over there?（あそこにいる女の子を知っているかい）

(B) 一般動詞を用いた否定文で

　I *do*n't know her.（私は彼女を知らない）

(C) 否定の命令文で

　*Do*n't go there alone.（一人でそこへ行くな）

(D) 動詞の意味を強める

　If you really *do* go there, you'll have the best possible time.（もし君が実際にそこへ行くなら、最高によい時間がもてるだろう）

(E) 代動詞として

　He speaks French better than I *do*.（彼は私より上手にフランス語を話す）　▶do は speak French の代用。

(F) 倒置文において

　Never *did* I dream such a thing.（そんなことは夢にも思わなかった）　▶否定語句が文頭に来ると主語と動詞の順が逆になる。動詞が一般動詞の場合、疑問文と同様、助動詞 do を主語の前に置く。

4　can の用法

can には次の用法がある。

(A)「可能」「能力」を表す

He *can* speak five languages.（彼は5か国語を話せる）

(B)「許可」を表す

You *can* go if you want to.（行く気があれば行ってよい）

(C)「可能性」を表す

(a) 否定文に使う

否定的推量を表す。

German *can't* be as hard as you think.（ドイツ語は思うほど難しいはずはない）
It *can*not be true.（それは本当であるはずがない）
She *can*not have taken my umbrella.（彼女は私の傘をもっていったはずがない）▶「cannot have＋過去分詞」で「…したはずがない」という「過去についての可能性の強い否定」を表す。

(b) 疑問文に使う

「強い疑い」を表す。

Can it be true?（それは一体本当だろうか）

5　could の用法

could は can の過去形であるが，仮定法で使われると過去でなく現在のことで，「丁寧」「婉曲」を表す。

(A) can の過去形として「可能」「能力」「許可」「可能性」を表す

He *could* hardly speak then.（彼はその時ほとんど物が言えなかった）
When he was a child, he *could* play only in the garden.（彼は子供の頃，庭だけでしか遊べなかった）▶習慣的な行為についてのみ使用される。1回限りの時は「be allowed＋to 不定詞」を使用する。He *was allowed to* play in the garden yesterday.（彼は昨日は庭で遊ぶのを許された）のように。

(B) 仮定法で「丁寧」「婉曲」「依頼」を表す

過去形を使ってはいるが，過去の事実を表すのではなく，現在のことを表す。

Could you open the window?（窓を開けていただけるでしょうか）▶can の現在

形を使用する *Can* you open the window?（窓を開けてくれますか）より丁寧な表現。

6 may の用法

may には次の用法がある。

(A) 「許可」を表す

You *may* go home.（君は家に帰ってよい）▶「許可」は can でも表せるが、口語では may のほうが丁寧である。

You *may* not go home.（君は家に帰ってはいけない）▶否定文では「不許可」になる。強い拒否の時は may not の代わりに must not を使う。

(B) 「推量」「可能性」「認容」を表す

You *may* lose your way if you go that way.（君はその方向へ行くと道に迷うかもしれない）▶「推量」を表す。

You *may* call him a great artist, but you cannot call him a man of character.（君は彼を偉大な芸術家と呼んでもいいが、人格者とは呼べない）▶「認容」を表す。

He *may have said* so.（彼はそう言ったかもしれない）▶「may have＋過去分詞」で「…だったかもしれない」という「過去についての推量」を表す。

(C) 「祈願」を表す

May God bless America!（アメリカに幸運がありますように）▶この用法では倒置が生じる。文章体だが、今日ではあまり使用されない。

(D) 副詞節の中で「譲歩」を表す

Whatever *may* happen, I will keep my promise.（何事が起ころうとも、私は約束を守る）▶同種の構文に「however＋主語＋may ...」（いかに…でも）、あるいは「wherever＋主語＋may ...」（どこに[で]…でも）などがある。ただし、may がいつもあるとは限らない。Whatever happens, I will keep my promise.（何が起こっても、私は約束を守る）のように。

7 might の用法

might は may の過去形であるが、仮定法で使われると過去でなく現在のことで、「丁寧」「婉曲」「不確実な事柄」を表す。

(A) may の過去形として「許可」「推量」「可能性」「認容」を表す

従属節の中で時制の一致として用いられる。

I thought it *might* rain.（雨が降るかもしれないと私は思った）

(B) 仮定法で「許可」「推量」「丁寧」「婉曲」「非難」などを表す

過去形を使ってはいるが，過去の事実を示すのではなく，現在のことを表す。

Might I ask you about your salary?（あなたの給料のことについてお聞きしてよろしいでしょうか）▶「許可」を表す。may の現在形を使用する *May* I ask you about your salary?（君の給料のことについて聞いてよいかい）より丁寧な表現。

She *might* come, if it were fine.（もし天気がよければ，彼女は来るかもしれない）▶「推量」を表す。

You *might* wash the dishes when I am ill.（私が病気の時，食器を洗うぐらいはいいだろう）▶皮肉まじりに「非難」を表す。

8 must の用法

must には次の用法がある。

(A)「義務」「必要」「命令」「禁止（ただし not と共に）」などを表す

You *must* do as you are told.（君は言われた通りにしなくてはならない）▶「義務」を表す。「不必要」は need not ... あるいは don't have to ... で表す。

You *must not* do it.（君はそれをしてはいけない）▶「禁止」を表す。

(B)「強い推量」を表す

His report *must* be true.（彼の報告は本当に違いない）▶この否定の「…であるはずがない」は「cannot＋動詞の原形」で表す。His report *cannot* be true.（彼の報告は本当であるはずがない）のように。

He *must have met* her before.（彼は彼女に以前会ったことがあるに違いない）▶「must have＋過去分詞」で「…であったに違いない」という「過去についての強い推量」を表す。この否定の「…であったはずがない」は「cannot have＋過去分詞」で表す。He *cannot have met* her before.（彼は彼女に以前会ったはずがない）のように。

(C)「強い勧誘」を表す

関係の深い間柄では「命令」の must を使い「ぜひ…しなさい」の勧誘になることがある。

You *must* stay here tonight.（今晩はぜひここにお泊まりなさい）

9 will の用法

will は未来を表す他に次の用法がある。

（A）主語の「強い意志」を表す

主語の「強い意志」，つまり，「意欲」「意図」「固執」「拒否」などを表す。

I *will* do my best to do the work.（その仕事をやるのに全力を尽くす覚悟です）
This door *will* not open.（このドアはどうしても開かない）▶本来意志のない無生物の主語を擬人法的に用いることもある。
If you *will* excuse me, I have to say good-by.（もしお許しいただけるならば，お暇をとらせてもらいます）▶本来「条件」節には will はこないが，主語の「強い意志」を表す場合は例外として許される。

（B）主語の「習性」「習慣」「傾向」を表す

Boys *will* be boys.（男の子は男の子だ）（諺）

（C）無生物の「能力」を表す

This concert hall *will* seat 1,500 people.（このコンサートホールは1500人の収容能力がある）

（D）現在の「推量」を表す

未来の予測ではなく，現在のことについての「推量」を表す。
You*'ll* be Mr. Johnson.（あなたはジョンソンさんでしょう）

10 would の用法

（A）will の過去形として「意志」「推量」などを表す

従属節の中で時制の一致として用いられる。

They said that they *would* do it at once.（彼らはそれをすぐするつもりだと言った）

（B）「過去の不規則な習慣」を表す

I *would* swim in this river when I was a child.（私は子供の頃この川で泳いだものだった）

(C)「過去の強い意志」を表す

She *would*n't do what she was told.（彼女は言われたことをどうしてもしようとしなかった）

(D)「過去の推量」を表す

I suppose he *would* be about 40 years old when he died.（彼は亡くなった時40歳くらいだったと私は思う）

(E) 仮定法で「願望」「丁寧な依頼」などを表す

I *would* ask a favor of you.（あなたにお願いをしたいのですが）▶「願望」を表す。

Would you please lend me your book?（あなたの本をお貸しいただけないでしょうか）▶「丁寧な依頼」を表す。

11 shall の用法

shall には未来を表す他に次の用法がある。

(A)「法律」「規則」を表す

The fine *shall* not exceed $100.（罰金は100ドルを超えないものとする）▶主語は2人称か3人称。

(B)「予言」「強い決意」を表す

意志未来のI will と異なり，深い確信または根底の深い感情の結果としての強い意志を表す。

I *shall* return.（必ずや戻ってくる）▶第二次世界大戦中の連合軍最高司令官マッカーサー元帥（Douglas MacArthur）の言葉。この場合は「強い決意」を表す。

12 should の用法

(A) shall の過去形として使用する

従属節の中で時制の一致として用いられる。

They expected that I *should* soon recover.（私はすぐ回復するだろうと彼らは期待した）▶アメリカ英語では would になることが多い。

(B)「義務」「当然」を表す

 We *should* obey the laws of our country.（我々は国の法律に従うのが当然だ）

(C)「驚き」「遺憾」を表す

 how, who, why などで始まる疑問文・感嘆文や，it is ... that ... の構文の主節に「驚き」「遺憾」などを表す形容詞がくる時，that 節の中で使われる。「感情・判断の should」といわれる。

 How strange it is that you *should* believe him!（君が彼の言うことを信じるなんて不思議だ）

 It is strange that you *should* believe him.（君が彼の言うことを信じるなんて不思議だ）

(D)「確実な推量」「期待」を表す

 She *should* arrive at the station by now.（彼女は今はもう駅に着いているはずだ）

(E)「必要」「妥当」を表す

 it is .... that ... の構文の主節に「必要」「妥当」などを表す形容詞がくる時，that 節の中で使われる。「必要・当然の should」といわれる。

 It is necessary that you *should* be honest.（君は正直であることが必要だ）

(F)「要求」「提案」「主張」を表す

 「要求」「提案」「主張」などを表す主節の後の that 節の中で使われる。「要求・提案の should」といわれる。

 He insisted that I *should* pay the money.（彼は私が金を払えと主張した）

(G)「丁寧」「控えめ」を表す

 断定的な表現を避けるために使われる should。

 I *should* think you would like that house.（私はあなたはその家を気に入ると思いますが）

(H)「万が一」の should

 副詞節の中で使用して，実現の可能性の少ない仮定や懸念を示す。

 If I *should* fail in the examination, I will try again.（万が一試験に失敗しても，私はまたやってみる）

13 ought to の用法

ought to は「当然…すべきである」の意味で，should より要求度は強い。次の用法がある。

(A)「義務」を表す

You *ought to* pay the debt.（君は借金を払うべきだ）

(B)「当然の推量」を表す

You *ought to* know better at your age.（君の年齢ならもっと分別があるはずだ）

(C) **ought to の否定形**

ought to の否定は ought not to である。

You *ought not to* drink so much.（君はそんなに酒を飲まないほうがよい）

14 used to の用法

used to には次の用法がある。

(A) 過去の規則的習慣を表す

「…するのが常だった；いつも…したものだ」の意味。

He *used to* swim in this river every day.（彼は毎日この川で泳いだものだった）

(B) 現在と比較した場合の過去の状態を表す

「(現在と違って) 以前は…だった」の意味。多くの場合，be 動詞や see, hear などの知覚動詞，および like, love などの心理状態を表す動詞と共に使われる。

There *used to* be a movie theater on this street.（この通りには映画館があった）
▶「現在はない」が言外に含まれる。

I *used to* smoke, but I have given it up now.（以前はタバコを吸っていたが，今ではやめた）▶現在と対比する場合は，but now（でも今は）や but not … any more（でも今は…でない）などの表現と共に用いることも多い。

(C) **used to の否定形と短縮形**

used to の否定形は didn't use(d) to であるが，イギリスでは used not to で短縮形は use(d)n't to である。

She *didn't use to* be so healthy as she is now.（彼女は昔は今ほど健康ではなかった）

15 dare の用法

dare は「敢然」を表し，次の用法がある。

（A）**dare は助動詞としては疑問文・否定文に用いる**

助動詞であるから，「3人称・単数・現在の -s」をつけない。「あえて…する」「…する勇気がある」の意味。

Dare you go there again?（君はあえて再びそこへ行くのかい）▶本動詞として dare を使えば *Do* you *dare* to go there again? になる。

She *dared* not say even a word.（彼女は一言も言う勇気がなかった）▶本動詞として dare を使えば She *did* not *dare* to say even a word. になる。

（B）**I dare say**（おそらく…だろう）**の形**

dare は I dare say の形で用いる時だけ，肯定文でも助動詞扱いされる。これは I daresay の形になることもある。

I *dare say* that's a problem.（おそらくそれは問題だろう）

16 need の用法

need は「必要性」を表し，次の用法がある。

（A）**need は助動詞としては疑問文・否定文に用いる**

助動詞であるから，「3人称・単数・現在の -s」をつけない。「…する必要がある」の意味。

Need you go there again?（君は再びそこへ行く必要があるのかい）▶本動詞として need を使えば *Do* you *need* to go there again? になる。

She *needn't* say even a word.（彼女は一言も言う必要がない）▶本動詞として need を使えば She *doesn't* *need* to say even a word. になる。

（B）**needn't …**（…する必要がない）**と don't have to …**（…する必要がない）**の相違**

needn't … は「話し手の主観による不必要」を表し，don't have to … は「外部・周囲から見た不必要」を表す。

You *needn't* do it.（君はそれをする必要がない）▶話し手の気持ちが入る。

You *don't have to* do it.（君はそれをする必要がない）▶周囲の状況を考慮して。

●中 級 文 法●

1 can [could] を含む慣用表現

canを含む慣用表現には次のものがある。
(A) **as ... as ... can ...**（できるだけ…）
　　Swim *as* fast *as* you *can*.（できるだけ速く泳ぎなさい）
　　似た表現に as ... as (...) can be（この上なく…だ）もある。
　　He is *as* poor *as* (poor) *can be*.（彼はこの上なく貧乏だ）
(B)「**cannot help＋...ing**」（…せざるをえない）（口語体）
　　「**cannot but＋原形不定詞**」（…せざるをえない）（文語体）
　　He *couldn't help laughing*.（彼は笑わざるをえなかった）
　　He *couldn't but laugh*.（彼は笑わざるをえなかった）
　「cannot help but＋原形不定詞」（…せざるをえない）の表現もあるが，アメリカ英語の口語である。
　　He *couldn't help but laugh*.（彼は笑わざるをえなかった）
　文語では「cannot choose but＋原形不定詞」や「cannot avoid but＋原形不定詞」もある。いずれも「…せざるをえない」の意味。
(C) **cannot ... too ...**（いくら…してもし過ぎることはない）
　　You *cannot* be *too* diligent when you study English.（英語を勉強する時はいくら勤勉でも勤勉過ぎることはない）

2 may [might] を含む慣用表現

may [might] を含む慣用表現には次のものがある。
(A) **so that ... may ... ; in order that ... may ... ; that ... may ... ; so ... may ...**
（…するために）
　ふつう慣用表現とはいわないが，便宜上あげておく。口語ではmayの代わりにcanやwillが使われる。that ... may ... は古風な表現で，so ... may ... は口語。
　　He works very hard *so that* he *may* succeed.（彼は成功するために非常に真面目に働く）

(B) 「**may well**＋動詞の原形」(…するのはもっともだ；たぶん…だ)

動詞の原形が意志動詞の場合は「…するのはもっともだ」の意味，無意志動詞の場合は「たぶん…だ」の意味。

　　　You *may well* think so. (君がそう思うのはもっともだ)
　　　What he said *may well* be true. (彼が言ったことはたぶん本当だ)

(C) 「**may as well**＋動詞の原形（＋as …）」((…するより) …するほうがよい)

as 以下は省略されることが多い。

　　　You *may as well go* at once. (君はすぐに行ったほうがよい) ▶as 以下を省略しないと You *may as well go* at once *as* not. になる。つまり，「行かないよりは行ったほうがよい」の意味。

(D) 「**might as well**＋動詞の原形（＋as …）」((…するより) …するほうがましだ)

might を使うと may を使うより婉曲な調子が加わる。

　　　You *might as well* throw your money away *as* spend it in gambling. (ギャンブルに金を使うなら捨てたほうがましだ)

3 would を含む慣用表現

would を含む慣用表現には次のものがある。

(A) 「**would like**＋**to** 不定詞」(…したいものだ)

would の代わりに should も使われるが，would を用いることが多い。

　　　I *would like to go* with you. (あなたとご一緒したいと思います) ▶口語では短縮されて I'd like to … がしばしば使われる。

(B) **would rather … than …** (…よりむしろ…したい)

would rather は口語では短縮されて 'd rather となる。had rather … than … もある。rather は古期英語の rathe（早い）の比較級で sooner と同じであるから，would sooner … than …でも同じ意味になる。さらに，sooner の原級 soon を使った同等比較表現 would as soon … as … もある。

　　　I *would rather* stay *than* go. (私は行くよりむしろ留まりたい)

(C) 「**it would [will] be better**＋**to** 不定詞」(…するほうがよい)

had better (…するほうがよい) という表現があるが，これは命令的な表現なので通例目上の人には使用しない。代わりにこの表現を使う。

　　　It *would be better* for you *to do* it. (あなたはそれをするほうがよい)

4 should を含む慣用表現

should を含む慣用表現には次がある。
(A) **for fear (that) ... should ...** (…が…するといけないから)
Hide yourself *for fear that* he *should* see you.（彼に見られるといけないから隠れなさい）

(B) **lest ... (should) ...** (…が…するといけないから)
文語体の用法である。
Hide yourself *lest* he *should* see you.（彼に見られるといけないから隠れなさい）

5 「可能性」を表す can と may の相違

「可能性」を表す助動詞には can と may があるが，can は「理論上そうなる可能性」があり，may は「現実にそうなる可能性」があることを表す。つまり，可能性の高さからいえば，後者のほうが現実味がある。
This disease *can* be fatal.（この病気は命にかかわることがある）
This disease *may* be fatal.（この病気は命にかかわるかもしれません）

6 「過去の習慣」を表す used to と would の相違

「過去の習慣」を表す助動詞に used to と would がある。used to は現在と対照して過去の動作を述べる時，あるいは状態動詞と共に使う。would は，しばしば過去を示す副詞語句（節）を伴い，特定の人の特定の特性を述べるというニュアンスがある。
She *used to* play in this park every day.（彼女はこの公園で毎日遊んだものだった）
She *would* play in this park when she was a child.（彼女は子供の頃この公園で遊んだものだった）
上の文には，過去には「この公園で毎日遊んだ」が現在では「遊ばない」のニュアンスがある。ただし実際は，used to が現在と対照的に過去の動作を習慣として述べる以外には used to と would の相違は厳密ではない。

7 代動詞 do の特別用法

次の文では do は代動詞と「強意」兼用の用法になっている。
Living as he *does* in the country, he rarely has visitors.（彼は何しろ田舎に住んでいるので、めったにお客がない）▶does は lives の代動詞と「強意」の does の両者を兼ねている（⇨ 12 分詞・発展文法 2 ）。

● 発 展 文 法 ●

1 否定文や疑問文に do を使用しない場合

一般動詞を使った否定文で do を用いない時もある。古い用法である。
I *care not*.（私は気にしない）▶現代英語の I don't care. に相当する。
It *matters not*.（それは問題にならない）▶現代英語の It doesn't matter. に相当する。

かつての英語には助動詞としての do は存在しなかった。do は従来、英語の俗語で使用されていた。突然、標準用法に採り入れられたと考えられる。その証拠にアメリカ英語では俗語的な do が今日でも使われ、イギリス英語では do を使わない場合もある。

I *don't have* a house.（私は家を持っていません）（アメリカ英語）
I *have not* a house.（私は家を持っていません）（イギリス英語）
You *don't need* to go.（君は行く必要がない）（アメリカ英語）
You *need not* go.（君は行く必要がない）（イギリス英語）▶今日、イギリス英語で You *need not* go. は「（話し手の意志で）行く必要がない」、You *don't need* to go. は「（周囲の状況から）行く必要がない」の意味とされるが、原則的には正式用法では do の使用は俗語的。

ドイツ語では助動詞の do に相当するものが存在しないので、今日でも I care not. や It matters not. に相当する次のような表現が使われる。
Ich *leide nicht*.（私は気にしない）▶英語の *I care not*. に相当する。
Es *kommt nicht* in Frage.（それは問題にはならない）▶英語の It *matters not*. に相当するが、直訳すると It *comes not* in question. になる。

今日の英語でも助動詞 do を使わない
I *hope not*.（私はそうでないことを願う）

のような文があるが，これは違う．この文は単独で使用されることはなく，先に Will your son be a scholar?（息子さんは学者になるんですか）などの質問があり，その答えとしての I hope not. である．つまり，I *hope* he will *not* be a scholar.（私は息子が学者になることを望まない）の重複部分 he will be a scholar の省略．他に同様の例として，

 I *think not*.（私はそうは思わない）
 I *am afraid not*.（残念ながら，そうではないようです）
 I *guess not*.（そうではないと想像している）

などの表現がある．

 疑問文についても同様のことがいえる．

 Do you *learn* French?（あなたはフランス語を学んでいますか）

は 15 世紀頃までは

 Learn you French?

のように，助動詞 do を使わずに主語と動詞を倒置する形で表現していた．

 否定文や疑問文での助動詞 do の用法が確立したのは 17 世紀であるといわれている．

2 do の発生

 元来，助動詞の do は進行形と同様に，突然変異的に使用されるようになった．俗語的会話文すべてに do をつけて言葉遊びをしていた．北ドイツの言葉である低地ドイツ語では，今日でもその原型が残っている．次がその例．ほぼ同様の意味を 3 つの言語で表現したものである．

 Go there.（そこへ行ってくれ）（英語）
 Doon Se doorthin gohn.（そこへ行ってくれ）（低地ドイツ語）▶英語の *Do* you go there. に相当する．この文の doon は「疑問」「強調」ではなく，無意味な do．You go there. の意味．
 Gehen Sie dorthin.（そこへ行ってくれ）（標準ドイツ語）▶英語の You *go* there. に相当する．

 結果的に低地ドイツ語の doon，つまり英語の do があまりに流行し過ぎ，処理に困った．そこで疑問文・否定文に do を使い，肯定文では「強調」の do といわざるをえなくなったのが実情である．

 今日でもアイルランド英語では，すべての動詞に無意味の do をつける習慣が残っている．

次は，2005年9月にアメリカ南部を襲ったハリケーン Katrina の被害者の言葉である。

"I *done* called for a shelter, I *done* called for help. There ain't none. No one answers." she said. (「保護してと大声を出したわ，助けてと大声を出したわ。誰もいなかったわ。誰も答えなかったわ」と彼女は言った) (AP電)

この done は非標準語法で，did に相当する。本動詞と共に用い，完了した行為を示すが，決して「強調」ではない。done は低地ドイツ語の doon に由来する。

5 代名詞

　代名詞 (pronoun) は「名詞 (noun) の代わりの (pro-) 語」の意味。
　代名詞には，(1)人称（必ずしも「人」に限らない）を区別する人称代名詞 (personal pronoun)，(2) mine（私のもの），yours（君のもの）のように独立して使われる所有代名詞 (possessive pronoun)，(3)人称代名詞の所有格あるいは目的格に -self をつけた形の再帰代名詞 (reflexive pronoun)，(4) this や that のように「これ」「あれ」などと指し示す指示代名詞 (demonstrative pronoun)，(5) who（誰），what（何），which（どれ）などからなる疑問代名詞 (interrogative pronoun)，(6)人や物を漠然とさす不定代名詞 (indefinite pronoun)，(7)代名詞と接続詞の両者の性質を併せ持つ関係代名詞 (relative pronoun) がある。なお，(1)〜(3)の3つをまとめて人称代名詞とする考え方もある。

● 初 級 文 法 ●

1 人称代名詞

　人称代名詞とは，「人」や「物」に関する名詞に代わる代名詞をいう。
(A) 名詞を人称代名詞で表す方法
　自然界に存在する生物学上の性 (sex) には雄 (male) と雌 (female) の2種類がある。英語以外のヨーロッパ言語には文法上の性 (gender) がある。例をあげると，ドイツ語では「父」は男性，「母」は女性，「娘」は中性というように自然界の性とは異なる。かつては英語も gender を有していたが，13世紀までには消滅した。英語でも男性・女性・中性ということがある。例えば father が男性，mother が女性，desk は中性。しかし，これはあくまで生物学上の区別である。
(a) 人間は自然界の性に従う
　Jack は男性名であり he で受ける。Betty は女性名であるから she で受ける。child や baby は性別を意識しない時は it で受ける。ただし，親は自分の子の性に

重大な関心があるので it で受けることはなく, he か she で表す。

(b) **動物は通例 it で受ける**

　動物は一般的には it で受ける。ただし，特に性別に関心がある時は he や she で受ける。また，諺などにおいて習慣的に he や she を用いることがある。

　　I keep a dog. *She* is cute. (私は犬を飼っている。すごくかわいいよ)

　　You may take a horse to the water, but you cannot make *him* drink. (馬を水際まで連れていくことはできるが，水を飲ますことは不可能だ) (諺)

(c) **無生物や抽象物は通例 it で受ける**

　　Japan is famous for *its* scenic beauty. (日本は風光明媚で有名だ) ▶「日本」が「国土」を表す時は中性で受ける。

　ただし，国，都市，船などが擬人化された場合は，通例，女性で受ける。

　　The ship made *her* way through the waves. (船は波を切って進んだ)

(B) **総称を表す we, you, they**

　一般の人をさす場合，主語に we, you, they を使うことがある。これを総称の we, you, they という。ふつう，日本語ではこれらの主語は訳さない。

(a) **we は話し手を含めた1人称の立場からいう場合**

　　We should obey *our* parents. (両親には従わなくてはならない)

(b) **you は聞き手を含む場合**

　　You should obey *your* parents. (両親には従わなくてはならない)

(c) **第三者をさす場合**

　　They speak English in Canada. (カナダでは人々は英語を話す)

　一般の人をさす語に one があるが，これは不定代名詞であり後述する (⇨ 5 代名詞・初級文法 6 (H)(a))。

(C) **it の注意すべき用法**

(a) **形式主語や形式目的語として**

　文中の後部に現れる真主語あるいは真の目的語に先行する。

　　It is good for your health *to get* up early in the morning. (早起きは健康にいい) ▶It は形式主語で，真主語は to get up。

　　It is kind of you *to do* such a thing. (そんなことをしてくれるなんて君は親切だ) ▶It は形式主語で，真主語は to do。

　　I take *it* for granted *that you have known the fact*. (君がその事実を知っていたのを私は当然のことと思う) ▶it は形式目的語で，真の目的語は that 節。

(b) **it is ... that [who, which] ... の強調構文で**（⇨ 20 特殊構文・初級文法 6）

　It was the window that he broke yesterday.（昨日彼が壊したのは窓だった）

　強調したいものを it is ... that ... 構文の is の後の「...」の位置に置く。すなわち，上の文は

　　He broke the window yesterday.（昨日彼は窓を壊した）

の文で the window を強調したもの。強調されるものは名詞および副詞語句である。副詞 yesterday を強調すると，次になる。

　It was yesterday that he broke the window.（彼が窓を壊したのは昨日だった）

　that は，強調されるものが「人」の場合は who，「物」の場合は which になることもある。

　It was Franklin who wrote "God helps them that help themselves."（「天は自ら助くる者を助く」と書いたのはフランクリンだった）

(c) **非人称の it**

　it が特定のものでなく，漠然としたものをさす用法がある。これを「非人称の it」という。つまり，文法上「何」をさすか明白でない it である。「天候」「時間」「距離」「明暗」「事情」などを表す。

(ⅰ) **主語として**

　It looks like rain.（雨になりそうだ）

　It was dark even in the morning.（午前中なのに暗かった）

(ⅱ) **目的語として**

　口語文で使用される（⇨ 2 動詞・中級文法 3 (C) (b)）。

　He made *it* as a violinist.（彼はヴァイオリン奏者として成功した）▶make it には他に「うまくやる」「間に合う」「都合をつける」などの意味がある。

　Go *it* while you are young.（若いうちは突っ走れ）▶自動詞 go が目的語 it をとる。文法上は誤りだが口語では可能。かつては他動詞と自動詞の区別が曖昧であったことを示唆している。

　Let's bus *it*.（バスで行こう）▶名詞を一時的に動詞化する際に，無意味な目的語として使う。it があるので bus が動詞化されていることが理解できる。極端な場合，I cameled *it* yesterday.（私は昨日ラクダに乗って行った）のような文も可能。

(ⅲ) **前置詞の目的語として**

　He had a good time (of *it*).（彼は楽しんだ）▶「of＋it」は省略されることが多い。

　I called her up for the hell (of *it*).（私は面白半分に彼女に電話をしてみた）

以下は「前置詞+it」が省略されない例。この「前置詞+it」は非人称itの古い用法であるが、今日では俗語的表現。

They are *at it* again.（彼らはまた（けんかなどを）やってるよ）
They will be *for it*.（彼らは困ることになるよ）
She is really *with it*.（彼女は本当に時流に通じている）

2 所有代名詞

人称代名詞の所有格の別の形，つまり独立所有格を所有代名詞という。次のものがある。

mine（私のもの），yours（君のもの），his（彼のもの），hers（彼女のもの），its（それのもの），ours（我々のもの），yours（君らのもの），theirs（彼らのもの）

所有代名詞には次の2つの用法がある。

(A) 前後の名詞を受けて代替物になる用法

This is his pen. This pen is *his*.（これは彼のペンだ。このペンは彼のだ）
His is the oldest house in the village.（彼のは村で一番古い家だ）▶His は後ろの house を受けた His house。ふつうの表現なら His house is the oldest in the village. になる。この所有代名詞の用法は文語である。

(B) 独立的な用法

慣用的な用法に多く，前後関係から意味がおのずと決まってくる。

All good wishes to you and *yours*.（ご機嫌よう，皆さんにもよろしく）▶yours は your family の意味。
Thank you for *yours* of the 23rd.（23日付けのあなたの手紙ありがとう）▶yours は your letter の意味。
Yours sincerely.（敬具）▶元来 I am *your* servant sincerely. の意味で，手紙の結びに使う。

(C) 「a friend of mine 型」の表現

He is *a friend of mine*.（彼は私の友達の一人だ）

*a my friend とはいわない。なぜなら，英語では限定詞を2つ以上並べてはいけないから。a も my も限定詞である（⇨1 名詞・中級文法 5 (B)(c)）。

3 再帰代名詞

再帰代名詞とは人称代名詞の所有格あるいは目的格に -self（複数形は -selves）のついた形で，次のものがある。

> myself（私自身），yourself（君自身），himself（彼自身），herself（彼女自身），itself（それ自身），ourselves（我々自身），yourselves（君ら自身），themselves（彼ら自身；それら自身）

次の用法をもつ。

(A) 再帰用法
人あるいは物の動作が人自身あるいは物自体に反映する。

(a) 再帰代名詞が動詞の目的語の場合
> He *raised himself*.（彼は起き上がった）▶raise は他動詞の用法しかないので目的語の himself を省略できない。
>
> Jack killed *himself*.（ジャックは自殺した）▶Jack killed him.（ジャックは彼を殺した）では，him は Jack 以外である。

(b) 再帰代名詞が前置詞の目的語の場合
> Please take care of *yourself*.（どうぞ十分に気をつけてください）

(B) 強調用法
必要不可欠ではないが，つけることで「強調」の働きをもつ。
> He went there *himself*.（彼は自らそこへ行った）▶強勢は再帰代名詞に置く。

(C)「人称代名詞の所有格＋**own**」の型
再帰代名詞の所有格はなく，それに相当する表現として「人称代名詞の所有格＋own」の型が用いられる。それゆえ，再帰代名詞を用いた表現ではないがここで扱う。次の用法がある。

(a) 形容詞用法
所有の意味を強めたり，自分の動作を強める表現。
> Do *your own* thing.（自分のことをやりなさい）
>
> He cooks *his own* meals.（彼は自炊している）
>
> This sweater is of *my aunt's own* making.（このセーターは私の叔母自身のお手製だ）▶必ずしも上の2例のような代名詞の所有格だけでなく，本例のような名詞の所有格の場合もある。

(b) 名詞用法

独立的に名詞として使う。

This house is *my own*. (この家は私自身のものだ)

He has a room *of his own*. (彼はまったく自分だけの部屋を持っている)

(D) 慣用句

再帰代名詞を使った慣用句に次がある。

beside oneself (我を忘れて)

He was *beside himself* with anger. (彼は怒りで逆上していた)

by oneself (一人だけで；独力で；ひとりでに)

He was all *by himself*. (彼はまったく一人ぼっちだった)

He did it *by himself*. (彼は独力でそれをした)

for oneself (自分のために) (=for the benefit of oneself)

He built a house *for himself*. (彼は自分のために家を建てた)

in itself (それ自体は；本質的には；本来は)

The part of the car *in itself* is very good. (その車のその部品自体はすごくよい)

of itself (ひとりでに)

The machine stopped *of itself*. (その機械はひとりでに止まった)

to oneself (自分自身に，自分だけに)

She kept the secret *to herself*. (彼女はその秘密を胸に秘めていた)

4 指示代名詞

「これ」「あれ」と指示するもので this (複数は these) と that (複数は those) があるが，他に such, same, so を加えることもある。指示代名詞は，例えば *this* book (この本) や *the same* book (同じ本) のように指示形容詞にもなる。ここではそれらも共に扱う。

(A) **this** と **that**

this は物理的にも心理的にも近いものをさし，that は遠いものをさす。

(a) **this** は「近くのもの」「現在のもの」「後者」，**that** は「遠くのもの」「過去のもの」「前者」をさす

This is my bicycle and *that* is Jack's. (これは私の自転車で，あれはジャックのだ) ▶this と that は物理的な近さを表す。

Work and play are both necessary to health; *this* gives us rest, and *that* gives us energy.（仕事も遊びも健康には必要だ。後者は休息を，前者は活力を与える）▶"this"と書いている場所からより近いのは"play"のほう。したがって，後者＝this，前者＝that となる。

this morning（今今朝），*that* morning（あの日の朝）

(b) **this は後述する文の内容をさす**

I will say *this*: he is clever.（私はこれは言っておく。彼は利口だよ）

(c) **that は「the＋名詞」の繰り返しを避ける**

The climate of Japan is as mild as *that*(＝the climate) of England.（日本の気候はイギリスのそれと同じくらい温暖だ）

(d) **that ... which や those ... who の形で関係代名詞の先行詞を示すものとして**

これらの that や those は，次に関係代名詞がくるための「予告の that, those」といわれる。

He knows *that* technique of teaching which makes his students learn easily.（彼は学生が容易に学べる教授テクニックを知っている）▶関係代名詞 which の先行詞は直前の teaching でなく technique であることを示している。

Heaven helps *those* who help themselves.（天は自ら助くる者を助く）（諺）▶those は those people の省略されたもの。

(e) **this や that が口語文で副詞になることがある**

He is *this* good.（彼はこんなにいいのよ）

I cannot walk *that* far.（私はそんなに遠くまで歩けない）

(B) **such**

such には代名詞用法と形容詞用法がある。

(a) **代名詞用法**

前の語句，節，文の内容を受ける。

If you act like a child, they will treat you as *such*.（もし君が子供のようにふるまえば，彼らはそんなものとして扱うだろう）▶such は語（child）を受けている。口語では such でなく one を用いる。

You feel lonely, and *such* is the world.（君は寂しく感じているが，世の中とはそんなものさ）▶such は前の節を受けている。

(b) **such as ... と such that ... の相違**

いずれも代名詞用法であり，such as ... は「…のようなもの［こと；人］」の意味で，... の位置には語句および節がくる。such that ... は「…であるそんなもの［こと；人］」の意味で，…の位置には節がくる。

[such as ... の例文]

Mammals, *such as* human beings and monkeys, can generally live longer than insects.（人間や猿のような哺乳類は一般に昆虫より長生きできる）

The sound was *such as* was made by a man.（その音は人間が出したような音だった）▶as は関係代名詞。主語と接続詞の役割を兼ねている。口語では such as の代わりに that which を用いるのがふつう。

Her illness is not *such as* to lose her life.（彼女の病気は命とりになるほどのこともない）▶as の次が句になっている。次に she is が省略されていると考える。

[such that ... の例文]

His condition was *such that* he could not be moved.（彼の状態は動けないようなものだった）

(c) 形容詞用法

I have never seen *such* a man.（私はそのような男を見たことがない）▶形容詞ではあるが冠詞に先行する。

All *such* teachers are useless.（そのような先生はすべて役に立たない）▶such の前に all, another, any, every, few などの語がつくことがある。

(d) 慣用句

such を使う慣用句に次がある。

such and such（これこれのもの）

Go to the store and ask *such and such*.（その店へ行って，これこれしかじかのものを求めなさい）

such as it is（そんな程度のものだが）

You can use my car, *such as it is*.（お粗末なものだが，私の車を使ってください）

(C) same

same には代名詞用法と形容詞用法がある。

(a) 代名詞用法

the same で「同一のもの［こと；人］」の意味。

She will do *the same* again.（彼女はまた同じことをするさ）

(b) 形容詞用法

Father is *the same* age as Mother.（父は母と同じ年齢だ）

(c) **the same ... as ... と the same ... that ... の相違**

ふつう文法書では the same ... as ... は「同じ種類のもの」，the same ... that ... は「同一物」を表すとなっている。

He has *the same* watch *as* I lost.（彼は私がなくしたのと同じ種類の時計を持っている）

He has *the same* watch *that* I lost.（彼は私がなくしたのと同一の時計を持っている）

つまり，後者では「彼は私の時計を盗んだ」ことになる。しかし，近年では the same ... as ... も同一物をさすようになってきた。つまり，今は両者に相違はない。

しかし，

He drinks *the same* coffee *that* you do.（彼は君と同じコーヒーを飲んでいる）

He drinks *the same* coffee *as* you do.（彼は君と同じコーヒーを飲んでいる）

の両文で，従属節の中の動詞が省略される場合には the same ... as ... しか使用できない。

＊He drinks the same coffee that you.（彼は君と同じコーヒーを飲んでいる）

He drinks *the same* coffee *as* you.（彼は君と同じコーヒーを飲んでいる）

(d) 慣用句

same を使う慣用句に次がある。

The same again.（お代わりをください）

The same to you.（君も同様に）

(D) so

一般に so は副詞であるが，代名詞になることもある。動詞の目的語になる時である。

(a) do の目的語として

Jim told her to jump over the brook, and she did *so*.（ジムは彼女に小川を飛び越えるように命じた，そして彼女はそうした）

このように，do so の形で前の動詞句の代用となる。

(b) その他の動詞の目的語として

次の動詞は so を目的語にとる。

believe, call, expect, hope, imagine, say, speak, suppose, think など

"Will it be fine tomorrow?" "I hope *so*."（「明日は晴れるでしょうか」「そう願いたいね」）▶so は that it will be fine tomorrow の目的節と同じ役割をはたす。

5 疑問代名詞

疑問代名詞に属するものは主として，who（誰），which（どれ），what（何）の

3つである。
　who は「人」に使い，主格，所有格，目的格が異なり，who — whose — whom の変化をする。which と what は「人」と「物」に使い，格変化はしない。

(A) who — whose — whom
　who は人の名前・身分・関係などを問う時に使う。
　　"*Who* is he?" "He is Mr. Brown."（「彼は誰ですか」「ブラウンさんです」）▶who は名前を問う。
　whose は「誰のもの」の意味で疑問代名詞。疑問形容詞にもなる。
　　Whose is this house?（この家は誰のものですか）▶whose は疑問代名詞。
　　Whose house is this?（これは誰の家ですか）▶whose は疑問形容詞。
　whom は動詞や前置詞の目的語になり「誰に」「誰を」の意味になる。
　　Whom are you looking at?（君は誰を見ているのですか）▶whom は口語体では who になる。

(B) what
　what は「何」の意味で「もの」や「ことがら」について使うが，「人」に関しても使う。疑問形容詞にもなる。
　　What are you talking about?（何の話ですか）
　　"*What* is he?" "He is a doctor."（「彼は何をしていますか」「彼は医者です」）▶what は職業を問う。
　　What news did you tell her?（何の知らせを君は彼女に話したのだ）▶what は疑問形容詞。

(C) which
　which は2つ以上のものから「どちら」「どれ」と問う時に使う。「人」に関しても使う。不特定の物・人から選択させる場合はそれぞれ what, who である。
　　Which is taller, she or he?（彼女と彼とどちらが背が高いですか）
　　Which Brown were you talking to?（どっちのブラウンさんと話していたのですか）▶which は疑問形容詞。

6　不定代名詞

　不定代名詞は漠然と「人」や「物」をさす。

（A） all
（a） all の用法
　all は 3 つ以上についていう。「人」の場合は複数扱い，「物」の場合は単数扱い。
　　All are silent.（万人は沈黙している）
　　All is not gold that glitters.（輝くもの必ずしも金ならず）（諺）▶all に not がつき否定文になると部分否定。

このように all を単独で使うのは文章体。口語体では「万人」は everyone，「万物」は everything がふつう。
　　All of the money I had is gone.（私が持っていたお金の全部がなくなった）
次は all の同格用法。
　　The apples were *all* bad.（リンゴはすべて腐っていた）
形容詞用法もある。
　　All the money I have is 100 yen.（私が持っている全部の金は 100 円だ）▶all は形容詞の場合，定冠詞，人称代名詞の所有格，指示代名詞に先行する。

（b） 慣用句
　all を含む慣用句には次がある。

above all＝above all things（とりわけ）
　　Above all, you must be careful of your health.（とりわけ，君は健康に注意しなければならない）

after all（結局）
　　After all it was not easy as it had looked.（結局，それは見かけほどやさしくなかった）

all in all（大体において）
　　Though he has some faults, *all in all*, he is a good man.（彼はいくつか欠点を持ってはいるが，大体においてよい男だ）

（B） both
　both は「両者；二者」に関していう。
　　Both of them are happy.（彼らは共に幸福だ）
　　I don't want *both* of the books.（私は両方の本はいらない）▶both に not がつき否定文になると部分否定。

形容詞になると，定冠詞（ただし通例省略される），人称代名詞の所有格，指示代名詞に先行する。
　　Both (the) sisters are dead.（両姉妹は死んだ）

Both his parents are missing.（彼の両親は共に行方不明だ）

(C) **each**

each は 2 つ以上の「物」「人」に関していう。「それぞれ」「めいめい」の意味をもつ。all はすべてを総括的にいうのに対し each は個別にいう。代名詞用法，形容詞用法，副詞用法がある。

Each has a room of his or her own.（めいめいが自分の部屋を持っている）（代名詞用法）

Each student has a room of his or her own.（めいめいの学生が自分の部屋を持っている）（形容詞用法）▶この用法では a, an, the, this, that などの限定詞と共には使用できず，たとえば **The each* student has a room of their own. は不可。ただし *Each of the* students has a room of his or her own.（その学生たちのめいめいは自分の部屋を持っている）は正しい。

The tickets are five dollars *each*.（チケットはそれぞれ 5 ドルです）（副詞用法）

(D) **every**

each と異なり，単独で代名詞にならない。古い英語では独立した不定代名詞であった。「それぞれの」「どの…も」の意味。each より意味が強い。

Every man has his price.（人は皆それぞれ値段がある）（諺）

Every person cannot be a novelist.（すべての人が小説家になれるわけではない）▶every に not がつき否定文になると部分否定。

We have *every* reason to believe that.（我々にはそれを信じるだけの十分な理由がある）▶抽象名詞と共に使うと「十分な」「可能な限りの」の意味になる。

Trash is collected *every three days*.（ゴミは 3 日毎に集められる）▶「every＋基数＋時を表す名詞」の場合，名詞は複数形。

Trash is collected *every third day*.（ゴミは 3 日毎に集められる）▶「every＋序数＋時を表す名詞」の場合，名詞は単数形。

なお，人については everyone, everybody，物については everything の合成語を使う。

(E) **either と neither**

いずれも 2 つの「物」や「人」について用いる。either は「どちらか一方」「どちらも」の意味で neither は「どちらも…でない」の意味。

(a) **either**

either には代名詞用法，形容詞用法，さらに副詞用法がある。

Either of the books is [are] useful for the young.（どちらの本でも若者には役に立つ）（代名詞用法）▶either は単数扱いが原則であるが，口語では複数扱いもある。

　代名詞用法の場合，3つ以上の時は any を使う。*Any* of the three books is useful for the young.（その3冊の本のどれでも若者には役に立つ）のように。

Sit on *either* side.（どちら側でも掛けなさい）（形容詞用法）

If you don't go, I will not go, *either*.（もし君が行かないなら，私も行かない）（副詞用法）▶either は否定文で使用される一方で，肯定文では too を使う。If you go, I will go, too.（もし君が行くなら，私も行く）のように。

(b) **neither**

　neither は not ... either と同じ，つまり「どちらも…でない」の意味。単数扱いが原則であるが，口語では複数扱いもある。代名詞用法，形容詞用法，副詞用法，さらに接続詞用法もある。代名詞用法の場合，3つ以上の時は none を使う。

Neither of the two will do.（どちらもだめです）（代名詞用法）

I know *neither* boy.（私はどちらの少年も知らない）（形容詞用法）

If you don't go, *neither* will I.（もし君が行かないなら，私も行かない）（副詞用法）▶倒置が生じる。

Neither she *nor* I want to go there.（彼女も私もそこへ行きたくない）（接続詞用法）▶neither が nor と相関的に用いられて接続詞扱いされる。この時，動詞は nor の後の(代)名詞に一致する。

(F) other と another

　other は one（1つのもの），some（いくつかのもの）に対応するもので「他の物；他の人」の意味。それに対して another は「もう1つの物；もう一人」「別の物；別の人」の意味。

(a) **other**

　other には代名詞用法，形容詞用法および副詞用法がある。

　特定のものをさす時は the をつけ，不特定の時はつけない。

I don't like this necktie. Show me some *others*.（私はこのネクタイが好きではない。私に他のいくつかを見せてください）

I have ten books to read. I have read some and I have to read the *others*.（私は読むべき10冊の本がある。何冊か読んだし，残りを読まなくてはならない）▶本の数が限定されているから others に the がつく。

I have two books to read. I have read one and I have to read the *other*.（私

は読むべき 2 冊の本がある。1 冊は読み，もう 1 冊読まなくてはならない）▶ 2 冊のうち 1 冊を読むと残りの 1 冊は限定されるから the がつき単数。

Some students are diligent. *Others* are not.（勤勉な学生もいる。そうでない学生もいる）▶ some ..., others ...「…もいれば…もいる」で some と others は対応関係にある。

以上は代名詞用法。

He chose the *other* way.（彼はもう一方の方法を選んだ）（形容詞用法）

I could not do *other* than I did.（私には他のやり方がなかった）（副詞用法）▶ other は otherwise（他の方法で）の意味の副詞。

(b) **another**

another は the other と違い，不定の「もう 1 つの物；もう一人」をいう。代名詞用法と形容詞用法がある。

I don't like this necktie. Show me *another*.（私はこのネクタイが好きではない。別のものを見せてください）（代名詞用法）▶気に入らなければ，最後まで another を繰り返すが，最後の 1 つになれば，限定されるので the other を使う。

Would you please give me *another* cup of coffee?（もう 1 杯コーヒーをいただけますか）（形容詞用法）

(G) **some と any**

共に「いくらか」「いくつかの」の意味である。some は明確にはしないが制限がある数量を意味する。否定文には用いない。any は無差別に漠然とした数量を表す。通例，否定文，疑問文，条件節で使う。共に「物」「人」に使うが「人」に使う時は通例複数扱い。

(a) **some**

some には次の用法がある。

(i)「いくらか」「多少」の意味で数・量の両者に使う

Some of the children could play the piano.（その子供たちの何人かはピアノを弾くことができた）（代名詞用法）

He spilt *some* of the milk on the table.（彼はテーブルの上にミルクを多少こぼした）（代名詞用法）

She keeps *some* dogs.（彼女は何匹かの犬を飼っている）（形容詞用法）

(ii) 単数形の可算名詞を伴い「ある」「誰かの」「どこかの」の意味になる

次の名詞を話し手が知らないか，明確にしたくない時に使われる。

Some member may object to his return.（誰かあるメンバーが彼が戻ることに反対するかもしれない）

(iii) 単数形の可算名詞や不可算名詞を伴い数量が「かなりの…」「相当な…」の意味になる

She kept me waiting for *some* time.（彼女は私をかなりの時間待たせた）

(iv) 疑問文や条件節で使う

yes という肯定の答えを期待する勧誘・依頼の疑問文や条件節で用いる。

Will you please lend me *some* money?（お金を少し貸してくれませんか）▶答えに yes を期待する時に使う。

If you eat *some* spinach, I'll buy you a new toy.（少しでもホウレン草を食べるなら，新しいおもちゃを買ってやろう）▶条件節に相手が「食べる」という前提がある場合に使う。

(b) **any**

any には次の用法がある。

(i) 疑問文・否定文・条件節で，「いくらか」「多少」の意味で数・量の両者に使う

some の(i)の用法に相当する。

I cannot find *any* of the girls.（私は女の子たちの誰も見つけられない）（代名詞用法）

I want some tea. Do you have *any* tea?（私はお茶が欲しい。お茶はありますか）（形容詞用法）

(ii) 肯定文で「誰でも」「何でも」の意味になる

Any person will be able to answer the question.（どんな人でもその質問に答えられるだろう）

なお，漠然と人をさす場合は someone, anyone, somebody, anybody, 物をさす場合は something, anything の合成語を使う。

(H) **one と none**

one は「…の人（物）」をさし，none は「誰も（何も）…ない」の意味。

(a) **one**

(i) **one は不定のものをいう**

one は「a [an]＋前出の普通名詞」の代わりになる。one に対し it は特定のもの，つまり「the＋名詞」を表す。

I don't have a pen. Will you lend me *one*?（ペンがありません。ペンを貸してくれませんか）

Is this your pen? Will you lend *it* to me?（これは君のペンですか。このペンを貸してくれませんか）

(ii) **one** は「人」をさす場合，総称を表す

一般の人をさす we, you, they と同じ意味である。

One must do *one's* best in *one's* day.（人は全盛期には最善を尽くさなくてはならない）▶one で始めたら最後まで one を使う。しかし，アメリカ英語，あるいは古いイギリス英語では he, his, him で受けることがある。

(b) **none**

代名詞用法のみで，不可算名詞をさす時は単数扱い。複数可算名詞をさす時は複数扱い。

None of the money *was* left in the room.（部屋にはお金はまったく残っていなかった）

None are so blind as those who won't see.（見ようとしない者ほど盲目なものはない）（諺）

7 関係代名詞

代名詞と接続詞の2つの役割をはたす性質を有する。主な関係代名詞に who（人），which（物，動物），that（人，物，動物），what（先行詞を含むもの）がある。その他に as, but, than がある。

(A) 関係代名詞の2つの用法

関係代名詞には2つの用法がある。

This is John.（これはジョンです）

He is a singer.（彼は歌手です）

上の2つの文で John と He は共通。後者の He は「人」であるから who に替える。両者を1つの文にすると

This is John *who* is a singer.（これは歌手であるジョンです）

の文ができる。John を先行詞（antecedent）という。この who の用法を制限用法（restrictive use）または限定用法という。

それに対して

This is John, *who* is a singer.（これはジョンで，歌手です）

のように関係代名詞の前にコンマのある場合を非制限用法（non-restrictive use）または継続用法（continuative use）という。

(B) **who**

関係代名詞 who は「人」が先行詞であり，主格 (who)，所有格 (whose)，目的格 (whom) の変化をする。制限用法，非制限用法共にあり。

　The man *who* is reading a book is my uncle. (本を読んでいる男は私の叔父である) (主格)

　The man *whose* head is bald is my uncle. (頭がはげている男は私の叔父である) (所有格)

　The woman *whom* you love is very beautiful. (君が愛している女性はすごく美人である) (目的格)

　The man *for whom* he is looking is over there. (彼が探している男があそこにいる) (前置詞の目的格)

(C) **which**

関係代名詞 which は「物」や「動物」が先行詞であり，主格 (which)，所有格 (whose あるいは of which)，目的格 (which) の変化をする。制限用法，非制限用法共にあり。先行詞が前文の内容であることもある。

　The Thames is a river *which* flows through London. (テームズ川はロンドンを流れている川である) (主格)

　You can see the house *whose* roof is red. (屋根が赤い家が見えますね) (所有格)

　You can see the house the roof *of which* is red. (屋根が赤い家が見えますね) (所有格) ▶他に You can see the house *of which* roof is red. という表現もあるが，口語では使用されなくなりつつある。一般には You can see the house with a red roof. がよいとされている。

　The river *which* you see over there is the Thames. (あそこに見える川はテームズ川だ) (目的格)

先行詞が「人」でも，その「性格」「職業」「地位」などを示す時には which を用いる。

　He looked like a musician, *which* he really is. (彼は音楽家のように見えた，事実そうなのです) (主格) ▶ which は補語で，補語は正式には主格である。口語では目的格の考え方もある。

　He told me to go there by car, *which* advice I followed. (彼は私にそこへ車で行くように言ったが，私はその忠告に従った) ▶先行詞は「彼がそこへ車で行くように」という前節の内容をさす。関係形容詞の用法で，口語体で多く使用さ

れる。文章体では，ややくだけた表現とされる。

I gave him a warning, *to which* he did not listen.（私は彼に警告を与えたが，彼は聞かなかった）（前置詞の目的格）

(D) **that**

関係代名詞 that は「人」「動物」「物」に使用され，主格と目的格を有し，所有格はない。また，that の前に前置詞を置く前置詞の目的語になる用法もなく，前置詞は後ろに置かれる。制限用法のみ。

The old man *that* lived in our neighborhood died yesterday.（近くに住んでいた老いた男が昨日死んだ）（主格）

The man *that* I spoke *of* yesterday is standing over there.（私が昨日話していた男があそこに立っている）（目的格）

He is *the only* man *that* has lived to the age of 120.（彼は 120 歳まで生き長らえた唯一の男だ）

that が好まれるのは，先行詞に最上級の形容詞，the only（唯一の），the first（最初の），the same（同一の），the very（まさにその）のように「唯一」の意味が含まれる時や「すべての」「皆無の」の意味の限定修飾語が含まれる時である（⇨ 5 代名詞・中級文法 8）。

(E) **what**

関係代名詞 what は先行詞を含み，that [those] which，the thing(s) which，the man [woman] who などの意味で「…する物（人）」。つまり，先行詞を含んでいる。

What you did is wrong.（君がやったことは間違っている）（主語の場合）

I am not *what* I used to be.（私は昔の私ではない）（補語の場合）

I don't believe *what* you say.（私は君が言うことを信じない）（目的語の場合）

関係形容詞の用法もある。関係形容詞とは形容詞的に用いられる関係代名詞をいう。

I gave him *what* money I had.（私はあるだけの金を彼にあげた）▶ what money は all the money that … に置きかえられる。

(F) **複合関係代名詞**

いずれも先行詞を含む関係代名詞で，whoever（…する人は誰でも），その所有格 whosever（…する誰のでも），その目的格 whomever（…する人を[に]誰でも），さらに whichever（どっちの…でも；…するものはどれでも），whatever（…するものは何

でも）がある。

> *Whoever* comes will be welcome.＝Anyone who comes will be welcome.（来る人は誰でも歓迎する）
>
> You may choose *whichever* you like.＝You may choose anything that you like.（君は好きなものどれでも選んでいいよ）
>
> I will give you *whatever* you like.＝I will give you anything that you like.（君の好きなもの何でもあげるよ）

（G）関係代名詞の省略

関係代名詞の目的格は省略可能。（ ）内は省略可能。

> The book (*which*) I read yesterday is very interesting.（私が昨日読んだ本はすごく面白い）（動詞の目的語）
>
> That is the hotel (*which*) we stayed *at* two years ago.（あれは2年前に我々が滞在したホテルです）（前置詞の目的語）

●中 級 文 法●

1 代名詞の前置はどこまで可能か

代名詞は名詞の代わりをするものであるから，まず名詞が先行するはずである。例えば，

> *A little girl* is playing house over there. *Her* name is Catherine.（小さな女の子があそこでままごとをしている。彼女の名前はキャサリーンである）

のように。

しかし，実際の英語では代名詞が名詞に先行することも頻繁にある。

> When *he* was young, *Tom* was weak.（トムは若い時，身体が弱かった）
>
> As is often the case with *him*, *Tom* is late today.（トムについてはよくあることだが，今日も遅刻である）▶As 以下は関係代名詞節であるが，関係代名詞の as 節が主節に先行するのもよくある。

次はどうだろう。極端な例であるが，実際の英文である。代名詞と名詞の間が離れすぎている。

> Uzbek authorities shrugged off *his* call for an international probe into a government crack down on protesters that witnesses say killed hundreds,

U.N. Secretary General Kofi Annan said, as the country's Muslim faithful prayed Friday for an end to bloodshed. (ウズベク共和国の忠実なイスラム教徒が流血の終わりを願って金曜日に祈りを捧げた際に, 目撃者が言うには数百人が死んだとされる抗議デモ参加者に対する彼らへの政府の弾圧に対して国際的な調査要求をしたにもかかわらずウズベク当局は拒否をした, と国連事務総長のコフィ・アナンは言った) (AP 電) ▶代名詞 his は後出の U.N. Secretary General Kofi Annan をさす.

2 人称代名詞 we の特別用法

人称代名詞 we には特別な用法がある.

(A) 編集者の we

新聞記者や論文の著者は自分を出しすぎないように, I の代わりに we と言うことがある. これを「編集者の we」(Editorial 'we') という.

We believe that this matter is nothing to do with NHK. (本紙はこの件が NHK とは無関係であると信じている)

(B) 親心の we

親や医者などが, 相手に対して親しみや仲間意識を与えるため, you の代わりに自分を含めて we を使うことがある. これを「親心の we」(Paternal 'we') という.

How are *we* feeling today? (今日は気分はどうですか)

(C) 君主の we

国王や王室の人が公式の場所で I の代わりに we という. これを「君主の we」(Royal 'we') という.

We were born to command. (余は命令するために生まれた)

3 再帰代名詞減少の方向

再帰代名詞を使用すると表現が堅い感じがする.

例えば, 次の文で interest は他動詞で「動作」を表し「興味を起こさせる」の意味であるが, この文は堅い感じがする.

I *interest myself* in French. (私はフランス語に興味がある)

「状態」に重点が置かれる

I *am interested* in French. (私はフランス語に興味がある)

のほうがふつう。後者は interested が形容詞になっていると考えることもできる。同様に次の変化が生じている（⇨ 18 受動態・発展文法 1 ）。

    devote oneself to ... → be devoted to ...（…に一身を捧げる）
    dress oneself in ... → be dressed in ...（…を身につけている）

4 形式目的語 it の省略

形式目的語 it が省略される場合が多々ある（⇨ 2 動詞・中級文法 4 (A)(a)）。省略は口語文に多い。

    Let's make (*it*) clear whether there is a baseball game today.（今日野球の試合があるかどうか確かめよう）
    I take (*it*) for granted that he won the prize.（私は彼が賞をもらったのは当然だと思う）

5 疑問代名詞の注意すべき用法

(A) 疑問代名詞が前置詞の目的語になる場合の注意

疑問代名詞が前置詞の目的語になる際は次のような注意が必要（⇨ 14 前置詞・中級文法 2 ）。

例えば，「君は誰のことを考えているのですか」を英語にすると3つの表現がある。

    (1) *Of whom* are you thinking?
    (2) *Whom* are you thinking *of*?
    (3) *Who* are you thinking *of*?

厳格にいえば，英語の正用法では(1)が正解。Ernest Hemingway の作品にある *For Whom the Bell Tolls?*（『誰がために鐘は鳴る』）のように。しかし，次のような笑い話もある。アメリカのある高等学校で国語（English）の先生が，前置詞の用法を説明する際，次の文を黒板に書いたという。

    A preposition is a word *which* we cannot end a sentence *with*.（前置詞とはそれで文を終えることができない語である）

生徒はそれを見て大笑いだったそうである。先生の説明はもっともであるが，先生自身前置詞を文末に置いている。文法的に厳密に正しい英語だけが実際に使用されるわけではない。

(2)(3)はいずれも前置詞で文を終えている。さらに(3)の who は of の目的語で

あるから目的格 whom にすべき。

　文法的に判断すれば(1)→(2)→(3)の順で正しい。しかし、現実の英語で使用される頻度が最も高いのは最も文法的でない(3)である。疑問詞として whom より who が好まれるのは、文頭は主格の領域であるからである。

(B) 副詞にみえる疑問代名詞
(a) when
　疑問副詞 when が疑問代名詞になることもある。ただし、前置詞 since, till, until の目的語になる時である。
　　Until when are you going to stay at your villa?（いつまであなたは別荘に滞在する予定ですか）▶when は前置詞 until の目的語であるから代名詞と考えざるをえない。この時、until を文末に置けない。
(b) where
　疑問副詞 where が疑問代名詞になることもある。前置詞 from, to などの目的語になる時である。
　　Where do you come *from*?（どこのご出身ですか）▶where は前置詞 from の目的語であるから代名詞と考えざるをえない。古くは wherefrom が使用された。
　　"She is going now." "*Where to*?"（「彼女は今出かけるところだ」「どこへ」）▶古くは whereto が使用された。

6　関係代名詞 when, where

　when と where が関係代名詞になることがある。
(A) 関係代名詞 when
　when が関係代名詞になることがある。
　　He came on Sunday, since *when* the things have been better.（彼は日曜日にやってきたが、その時以来事情が好転した）▶since は前置詞であるから when は代名詞、しかも接続詞との役割を兼ねているので関係代名詞と解釈せざるをえない。ただし、文語表現。

(B) 関係代名詞 where
　where が関係代名詞になることがある。
　　That's the house *where* he lived in.（あれは彼が住んでいた家だ）▶where は前置詞 in の目的語であるから代名詞。しかも接続詞の役割も兼ねているので関

係代名詞と解釈せざるをえない。ただし，非標準表現である。ふつうは which he lived in か where he lived。

7 「人」を先行詞とする関係代名詞 which

関係代名詞 which はかつては先行詞が「人」の場合にも用いられていた。17世紀頃までの話ではあるが。聖書などにこの古い用法が残っている。

Our father *which* art in heaven. (天にまします父なる神) (*Bible*)

8 関係代名詞 that が優先的に使われる場合

関係代名詞 that が who や which より優先的に使用される場合がある。先行詞が次の場合である。

(A) 「唯一」の意味が含まれる修飾語がついている時

最上級の形容詞，the same, the very のように限定形容詞がついている時である。

Shakespeare is one of the *greatest* men *that* ever lived. (シェイクピアはこの世に生まれた最大の偉人の1人である)

This is the *very* room *that* I first met my wife *in*. (これは私が初めて妻に会った部屋である)

(B) 「全部」あるいは「ゼロ」を表す不定代名詞の時

all, anything, everything, nothing などの他，anyone や everybody も含まれる。さらに，much や little も which よりも that になる傾向がある。

All that glitters is not always gold. (輝くもの必ずしも金ならず) (諺) ▶All is not gold that glitters. ともいう (⇨ 5 代名詞・初級文法 6 (A)(a))。

He wants *everything that* I have. (彼は私が持っているものすべてを欲しがる)

(C) 疑問代名詞の時

いずれも語調の関係で，wh- が続くのを避けるためである。

Who that was absent can affirm his innocence? (その場にいなかった誰が彼の無実を断言できるのか)

Which that is on the bench is Jack's dog? (ベンチの上にいるどっちがジャックの犬か)

（D）「人」と「人以外のもの」の時

Do you know *the man and his dog that* crossed the river yesterday?（君は昨日川を渡った人と犬を知っていますか）

9 関係代名詞 what の特別用法

関係代名詞 what には次の特別な用法がある。

（A）**anything that ...**「…するものは何でも」「…だけのことはすべて」の意味

I will do *what* I can for him.（私は彼のためにできることはすべてやる）

（B）副詞節を作ることもある

He is a good man, and *what is more*, a good teacher.（彼はよい人であり，さらに，優れた先生だ）

Palestine is *what you call* a self-governing country.（パレスチナはいわゆる自治国家である）▶慣用句 what you call は「いわゆる」の意味で，what we call や what they call に代わることもある。また，主体を表したくない時は what is called の受動態にしてもよい。

10 関係代名詞の主格の省略

関係代名詞の省略は一般に目的格の省略に限られる。しかし，主格が省略されることもある。

（A）関係代名詞が補語の時

関係代名詞が関係節中で be 動詞の補語になる場合，関係代名詞は that が使われる。補語になるのは主格であるのが正式の英語であるが，省略される場合が多い。

I am not the man (*that*) I was.（私は以前のような人間ではない）

（B）**there is ..., it is ...** 構文の時

この 2 つの構文の他，口語では Who is ...?, That is ..., で始まる文, Here is .... 構文でも省略できる。

There is a gentleman at the door (*who*) wants to see you.（君に会いたがっている紳士が玄関のところにいます）▶この場合の主格省略は今日ではやや古語用法とされる。アイルランド英語ではふつうに省略される。

It was you (*who*) told it to me.（君が私にそう言ったのです）▶強調構文とも考えられる。

(C) 関係代名詞の次が there is ... 構文の時
　　He taught me the difference (*which*) *there is* between the two.（彼は私に両者の違いを教えてくれた）

(D) 挿入的な **I think, we know** などがある時
　　I think が「関係代名詞＋I think＋(助)動詞」の型になる時は挿入的な使用と考える。
　　She is just the woman (*who*) I think would attract men.（彼女はまさに男性を惹きつけると私が思うような女性だ）
　このように挿入的に使われる動詞には他に believe, hope, imagine, say, suppose などがある。

11 関係代名詞の二重限定

　1つの先行詞を and, but, or などの接続詞で結合せず、2つの関係代名詞で修飾する場合がある。最初の関係代名詞は省略されることがある。
　Is there anything (*that*) you wish to do *which* you cannot do with ease?（君がしたいことで簡単にできないことがあるかい）

12 疑似関係代名詞

　ふつうは接続詞でありながら、時に関係代名詞と同じ役割をはたすものがあり、これを疑似関係代名詞（quasi-relative pronoun）という。as, but, than がそれに属する。

(A) **as**

(a) **as, such, so, the same と相関的に使用される場合**
　as が as ... as ...、such ... as ...、so ... as ...、the same ... as ... の形で相関的に使用される場合は制限用法。
　He is *such* a man *as* is honest.（彼は正直な男だ）▶as は a man を先行詞とし、is の主語になっている。つまり、代名詞と接続詞の役割を兼ねている。
　She is *as* beautiful a woman *as* ever lived.（彼女はかつて存在しなかったほどの美しい女性だ）▶後ろの as は a woman を先行詞とし、lived の主語になっている。
　He is given just *so* much food *as* will keep the breath.（彼は息ができるだけの

量の食べ物しか与えられていない)
(b) **単独で用いられる場合**

as が単独で使用される場合は非制限用法。

He is late, *as* is often the case with him. (彼は遅刻だが，これは彼に関してはよくあることだ) ▶この文で as は and it の役割，つまり接続詞と代名詞（主語）の役割をはたしている。よって，関係代名詞。先行詞は前の節の He is late. である。*As* is often the case with him, he is late. (彼に関してはよくあることだが，彼は遅刻だ) のように，関係節が先行詞より前にきてもよく，このケースは頻繁に生じている。

先行詞は前の節全体ではなく，節中の語句のこともある。

The sunset, *as* was seen from the top of the mountain, was wonderful. (日没は山頂から見られると，素晴らしいものだった) ▶先行詞は the sunset の語句である。

（B）**but**

関係代名詞 but は主節が否定あるいは否定に準ずる場合に使用され，but 自体も that [which, who] ... not「…でない物（人）」の否定的意味になる。つまり必ず二重否定の文になる。一般に文章体である。

There is *no* rule *but* has some exceptions. (例外のない規則はない) ▶この文は There is *no* rule *that* [*which*] does *not* have some exceptions. の意味である。but は接続詞と代名詞(主語)の役割をはたすので関係代名詞。

There is *scarcely* a man *but* has his weak side. (弱点を持たない人はほとんどいない)

（C）**than**

「比較級＋than ...」の構文で than 以下に主語や目的語がない時，than は関係代名詞の役割をはたしているといえる。

He is *more* cruel *than* can be imagined. (彼は想像できる以上に残虐だ) (主格) ▶can be の主語は関係代名詞 than。先行詞は cruel という前の節の一部。

He received *more* money *than* he really needed. (彼は実際に必要とした以上のお金を受け取った) (目的格) ▶needed の目的語は関係代名詞 than。先行詞は money。

● 発 展 文 法 ●

1 人称代名詞使用の例外

　通例，人称代名詞の所有格を用いるべきところに「of＋目的格」を使うことがある。古期英語の属格（genitive case）と今日の英語の所有格（possessive case）の相違から生じた現象である。

　例えば，in my stead の代わりに in stead of me を使うケースである。「…の代わりに」は今は instead of ... であるが，古い形は in stead of ... である。さらに古い形は in the stead of ... であった。in the stead of me の形は今日でもスコットランドの南部で使用されている。この変化はドイツ語の変化に一致している。英語がゲルマン語の一種といわれる所以である。ドイツ語では「anstatt＋属格」で，「私の代わりに」は anstatt meiner で meiner は属格。英語でいえば in stead of me になる。ドイツ語でも meiner の位置を替え an meiner Statt（英語の in my stead に相当する）もある。つまり，ドイツ語では英語でいう in stead of me も in my stead も可能ではあるが，英語では前者の in stead of me がふつう。やがて in stead of ... が instead of ... に短縮され，今日の形ができた。

　in place of me（私の代わりに）についても同様のことがいえる。in place of ... はフランス語の à la place de ... から発達した。つまり，in place of ... は in the place of ... から発達した。in my place でもよいが。

　in lieu of me（私の代わりに）もまったく同様。in lieu of ... はフランス語の au lieu de ... から発達した。英語流入時は in the lieu of ... とも表現した。

2 人称代名詞の増加傾向

　英語は「自意識過剰の言語」といわれる。別の表現を使えば「人称代名詞重視の言語」と言い換えてもよい。

　例えば，「彼は自分の手に本を1冊持っている」を英語，および英語以外のヨーロッパ言語で表現しよう。

　　He has a book in *his* hand.（英語）
　　Hij heeft een boek in *de* hand.（オランダ語）
　　He hett en Book in *de* Hand.（低地ドイツ語）
　　Er hat ein Buch in *der* Hand.（標準ドイツ語）

Il a un livre dans *la* main.（フランス語）

英語では「自分の手の中に」は in *his* hand と人称代名詞が使われるが，他のヨーロッパ言語では，英語でいう in *the* hand になる。「彼」が持っているのは「自分の手」に決まっている。2度目に出てくる「彼」の手であるから his hand ではなく the hand を使う。ヨーロッパ言語各語からすれば，英語の He has a book in *his* hand. では「彼は本を1冊持っているが，本は別の彼の手にある」つまり「他人である別の彼の手の中にある」の意味に解釈できる。英語は奇妙な言語ということになる。

別の例をあげる。例えば，「私は朝食を自分の部屋で食べてよいですか」を英語，および英語以外のヨーロッパ言語で表現しよう。

　　Can I have breakfast in *my* room?（英語）
　　Pouvez-vous me servir le petit déjeuner dans *la* chambre?（フランス語）
　　¿Puedo tomar el desayuno en *la* habitación?（スペイン語）

英語では「自分の部屋で」は in my room であるが，他のヨーロッパ言語では，英語でいう in the room である。「自分の部屋」は主語の部屋であるから，人称代名詞を繰り返す必要はない。英語だけが「自分」を強く出している。

このように英語は，the を使う代わりに「自分の」や「彼の」のような人称代名詞を多く使う言語である。

3 it の位置

「S+V+IO+DO」の文型では，通例，IO（間接目的語）には人称代名詞，DO（直接目的語）には名詞がくる。

　　I gave him *a book*.（私は彼に本をあげた）

DO に人称代名詞がくることはあまりない。

　　I gave him *it*.（私は彼にそれをあげた）▶it ではなく that なら正しい文。

とは通常いわない。アメリカ英語では時折使用されるが。it が him, them, you のような人称代名詞より短い語であるのがその理由だという。代わりに

　　I gave *it him*.

が使われる。しかし，これも一般的ではない。ふつうは，「S+V+IO+DO」を使わず

　　I gave *it to him*.

という。こちらのほうが一般的。なお，IO が名詞の場合は必ずこの形を使う。

　　*I gave my brother it.

I gave it to my brother.（私は弟にそれをあげた）

4 非人称 it の消滅

　英語における非人称の it は消滅の過程にあるといっても過言ではない。
　もっとも一般的な非人称の it は「天候」「明暗」「時間」などの it である。

　　It is fine.（天気がよい）
　　It is fine today.（今日は天気がよい）
　　It is blowing hard.（風が強く吹いている）
　　It is clearing up.（晴れてきた）
　　It strikes eight.（8時を打っている）

　これらの例ではすべて非人称の it を使っているが，英語ではより具体的な主語を求める傾向が強いため，以下の表現がより使われつつある。

　　The weather is fine.（天気がよい）
　　Today is fine.（今日は天気がよい）
　　The wind is blowing hard.（風が強く吹いている）
　　The sky is clearing up.（空は晴れてきた）
　　The clock strikes eight.（時計が8時を打っている）

　非人称の it の用法は今日では自然現象を表す場合に多いが，かつては感情や感覚を表現する際にも多用されていた。
　他のヨーロッパ言語と比較するとよく理解できる。
　例えば，ドイツ語で「私はあなたに会えてうれしい」は次のように変化した。

　　Es freut mich, Sie zu sehen.（英語の *It* pleases me to see you. に相当）
　　→ *Ich* freue mich, Sie zu sehen.（英語の *I* please myself to see you. に相当）

　英語では，さらに

　　I am pleased to see you.

の形になり再帰代名詞も消滅する（⇨ 5 代名詞・中級文法 3 および 18 受動態・発展文法 1）。ドイツ語では非人称の es（英語の it に相当）は人称代名詞の ich（英語の I に相当）に変わり，人称化が図られた。
　また，フランス語の「どうぞ」は

　　s'*il* vous plaît（英語の if *it* please you に相当）

である。フランス語では非人称の it に相当するものを今日でも残している。
　英語の

　　if *it* please you

は，さらに非人称の it が消滅し，人称代名詞を前に移動し，

  if you please

の慣用句が生じた。つまり，主語の位置に目的格の you がきた。if you please の you を主格と考える読者が多いかもしれないが，実は目的格である。一見して文法規則に合わないので慣用句といい，どの辞書にも掲載されている。

 同様に，古い表現であるが，

  meseems（…のように見える），methinks（…のように思える）

もそれぞれ，実はこれらは

  it seems (to) me …（私には…のように見える），*it* thinks (to) me …（私には…のように思える）

の it が消滅して主語の位置に目的格の me がきたものである。*OED* による使用は 1400 年頃からである。当然 meseems や methinks は今日では古語であり，it seems (to) me … や it thinks (to) me … の受動態 it is thought (by me) … と平行して使用されてきた。今日では後者が標準語法として残った。

 ここで，(to) me となっている理由を説明しておこう。古期英語の時代には主格，属格，与格，対格の 4 つの格が存在していたが，今日では主格，所有格，目的格の 3 つになった。結果的に古期英語の与格（to me に相当する格）も対格（me に相当する格）も，今日では me で表せるからである。さらに，meseems は 1 人称・単数・現在であるにもかかわらず，-s がついている。今日でも俗語・方言では頻繁に使われる。そして，かつては me seems, me thinks のように使用した。やがて，meseems, methinks と 1 語となり，さらに me→I の変化が生じ，I seems, I thinks が誕生した。漫画 *Popeye* の主人公が話す英語はすべて I seems, I thinks である。当然，俗語でのみ使用する。同様に I is や You is が英語の方言で使われる。

 これで理解できたであろう。I でも me でもどちらでもいい。だから次の両者の表現が生じる。

  He is taller than *I* (am).（彼は私より背が高い）

  He is taller than *me*.（彼は私より背が高い） ▶*He is taller than me is tall. の意味であるが，この文は非文法文。

後者は主格の位置に me という目的格がある。俗語表現。しかし，ふつうは後者が一般的。

5 関係代名詞の発生過程

　関係代名詞は日本語に存在しないので，初めて関係代名詞に出会った時は仰天したことと思う。英語とはなんと厄介な言語か，と。しかし，関係代名詞の発生過程は非常に原始的である。

　例えば「私の父の家」は英語で my father's house。ドイツ語でも英語の my father's house に相当する meines Vaters Haus という。両者の相違は father が所有格になるか属格になるかだけ。あるいは英語の the house of my father に相当する das Haus meines Vaters である。しかし，英語が多大な影響を受けた低地ドイツ語では mien Vadder sien Huus という。これは英語の my father his house に相当する。my father と his が共通になる。関係代名詞を使用する今日の英語でいえば，まさに my father whose house になり，関係代名詞の基礎が成り立つ。英語の俗語・方言としては my father his house のような表現は今日でも残っている。なぜなら俗語や方言は昔の言葉の名残であるから。特に黒人英語として残っている。つまり，英語の最も原始的な形である。

　すなわち，関係代名詞の成立は次の過程を経て発達した。
　　You can see two *girls*. （君は2人の女の子が見えるよね）
　　Their house is very big. （あの子らの家はすごく大きいよ）
　上の2つの文を単純にくっつけて1つの文にする。
　　You can see two *girls their house* is very big.
　共通の girls と their を考慮して their を whose に替えるだけ。
　　You can see two *girls whose house* is very big.
　非制限用法にして
　　You can see two girls, *whose house* is very big.
とすれば，さらに文意はなめらかになる。

6 関係代名詞 that に非制限用法がない理由

　関係代名詞 that に非制限用法は存在しない。なぜか。「女の子が見えますね，あの子は私の妹です」を3通りの英語で書いてみる。
　　(1) You can see a girl, *who* is my sister.
　　(2) You can see a girl; *that* is my sister.
　　(3)*You can see a girl, *that* is my sister.
　(1)は関係代名詞 who の非制限用法で正しい。(2)はセミコロンを使用している。

セミコロンはコンマより前後の節の独立性は強く，一種の接続詞の役目をはたすので正しい。ただし that は指示代名詞。(3)は文法上不正解。なぜなら「並列」(parataxis) になっているととられるから。並列とは，接続詞なしで節を2つ並べることである。(2)と(3)を比べればわかるだろう。関係代名詞の that を使ったつもりでも，その that は指示代名詞と解釈される恐れがある。

   You can see a girl, and that is my sister. (女の子が見えますね，それであの子は私の妹です)

なら，2つの節が接続詞 and でつながれていて正しい文である。

   You can see a girl. That is my sister. (女の子が見えますね。あの子は私の妹です)

は当然正しい。2つの別の文だから。

6　冠　詞

　冠詞は英文を読みこなすにはさして重要ではない。しかし，文章の微妙なニュアンスを肌で感じるためには重要である。まして英文を自ら書く際，冠詞は非常に大切になる。
　冠詞には(1)不定冠詞のaおよびan（母音で始まる語の前に置く）と(2)定冠詞のtheがある。

●初 級 文 法●

1　不定冠詞の基本用法

　不定冠詞aはoneから派生した。その証拠に，親類語であるドイツ語では，不定冠詞のeinとoneに相当するeinが一致する。したがって，不定冠詞aの基本的意味は「1つの」である。

(A)「1つの」(one) の意味

　Rome was not built in *a* day.（ローマは1日にしてならず）（諺）▶人によってはRome was not made in *one* day. という。人により諺も変わるという実例であるが，aもoneに変化している。

　a cup and saucer（受け皿付き茶碗1つ）▶*a* cup and a saucer では「茶碗1つと受け皿1枚」の意味。

(B)「(特定の) ある」(certain) の意味

　In *a* sense he is intelligent.（ある意味では彼はインテリだ）

(C)「いずれの」「どの」(any) の意味

　There is not *a* soul to be seen on the street.（通りには人っ子一人見えない）
　A house built of wood is more easily burnt than *a* house of stone.（木造の家はどんな家でも石造りの家よりは燃えやすい）

(D)「同じ」(the same) の意味

　Birds of *a* feather flock together.（同じ羽毛をもつ鳥は群れをなす＝類は友を呼ぶ）(諺)

　We are of *an* age.（我々は同じ歳だ）

(E)「おのおの」「各」(each) の意味

　I go to hospital once *a* week.（私は週に1度病院へ行く）

2 定冠詞の基本用法

　元来，定冠詞の the は指示代名詞 that と同一の意味をもっていた。that より意味が弱くなったものが the である。つまり，「その」の意味の強弱に that と the がある。定冠詞 the は聞き手（読み手）がそれと認識，あるいは特定できるものにつく。

(A) 既述の名詞をさす

　Once there was a pony in my yard. I thought *the* pony very lovely.（昔，私の庭にポニーがいた。私はそのポニーを非常にかわいいと思っていた）

(B) 周囲の状況からそれと理解できる場合

　Please open *the* window. It is very hot.（窓を開けてください。すごく暑いから）

(C) 常識的に「唯一」のものである場合

　the earth（地球），*the* sun（太陽），*the* world（世界），*the* east（東），*the* right（右），*the* Bible（聖書），*the* President（大統領）

(D) 形容詞の最上級や序数などで限定される場合

　the youngest boy（最も若い少年），*the* first time（初めて），*the* only thing（唯一の物）

　ただし，*a* second time（もう1回），*a* third person（第三者）のように，同じ種類の物が他にある場合には不定冠詞がつく。

　なお，「the＋最上級の形容詞」だけで，次の名詞が示されないことがある。

　He is *the* tallest of us all.（彼は我々すべての中で一番背が高い）

(E) 修飾語句・節を伴う名詞につく場合

　これも修飾語句により名詞が限定されるからである。

　This is *the* picture which he took yesterday.（これは彼が昨日撮った写真だ）▶

これは彼が撮った写真が1枚しかない場合である。複数枚ある場合は These are *the* pictures which he took yesterday. になる。複数枚ある場合に1枚だけ取り出していうなら This is *a* picture which he took yesterday. のように不定冠詞がつく。この場合の a picture は one of the pictures (何枚か撮った写真のうちの1枚)の意味であるのがふつうである。修飾語句・節があるからといって必ず the がつくわけではないのである。

This is *the* house where he was born. (これは彼が生まれた家だ) ▶上と同じ理由から *This is *a* house where he was born. の文は不可能。なぜなら、「これは彼が生まれた家のうちの1つだ」の意味になり、「彼が生まれた家がいろいろある」ことになってしまうから。

●中 級 文 法●

1 不定冠詞の特別用法

不定冠詞の特別な用法には次がある (⇨ 1 名詞・中級文法 2 3)。

(A) 総称用法

「a+普通名詞」の形で「…というもの」と総称を表す。

 A dog is a useful animal. (犬は役に立つ動物である)

(B) 固有名詞について「…という」「…のよう(に偉大)な」の意味

 A Mr. White is waiting for you. (ホワイトさんという人がお待ちです) ▶Mr. White なる男性はこの世に複数いる。そのうちの1人ということなので、可算名詞扱いで不定冠詞がつく。既知の Mr. White なら、不定冠詞はつかない。客を取り次ぐ場合には、軽蔑の気持ちが含まれることがある。

 He is *an* Edison. (彼はエジソンのような(大)発明家だ) ▶固有名詞の人柄や性質、Edison なら「偉大な発明家であること」が別の形で具体化されていることを表すので、不定冠詞がつく。

(C) 抽象名詞につく場合

 抽象名詞はふつう不可算名詞である。しかし、具体的な行為や事例になると可算名詞となり不定冠詞がつく。特に形容詞と共に用いられると、具体化されて不定冠詞がつく傾向がある。

 a close friendship of ten years (10年来の親密な友情) ▶friendship は close が

ついて具体性が増す。さらに of ten years に修飾され，より具体的になる。
I have *a* slight fever.（私は微熱がある）▶I have (*a*) fever.（私は熱がある）の場合には，不定冠詞はついてもつかなくてもよい。

さらに，「a＋抽象名詞」で「抽象名詞の性質をもった物(人)」の意味にもなる。
She is *a* beauty.（彼女は美人だ）▶「美」という抽象概念ではなく，美が具現化された個体を表している。
He knew his deed was *a* stupidity.（彼は自分の行為が愚行だと知っていた）▶「愚かさ」という抽象概念でなく，愚かさが具現化された行動を表している。

（D）ふつうは定冠詞がつく名詞の場合

a scorching sun（焼けつくような太陽）▶sun は通例定冠詞 the がつくが，意味の特殊化のために不定冠詞がつく。
The medieval world was *a* rural world.（中世社会は農村社会であった）▶world は通例 the がつくが，意味の特殊化のために不定冠詞がつく。

（E）「いくらか」（some）の意味をもつ

He couldn't speak for *a* time.（彼はしばらく話すことができなかった）
He viewed it at *a* distance.（彼は少し離れてそれを見た）

（F）前置詞からなる副詞句において

このケースでは頻繁に不定冠詞が使用される。
He went there for *a* change.（彼は気分転換にそこへ行った）
He was in *a* hurry.（彼は急いでいた）
He spoke for hours without *a* break.（彼は何時間も間断なく話し続けた）
この不定冠詞の用法は，物を具体化し，生き生きと描写する役割をはたしている。

2 定冠詞の特別用法

定冠詞の特別な用法には次がある。

（A）総称用法（⇨1 名詞・中級文法 3 （A））

「the＋普通名詞」の形で「…というもの」と総称を表す。「a＋普通名詞」や普通名詞の複数形よりやや堅い。

The dog is a useful animal.（犬は役に立つ動物である）

（B）抽象的用法

「the＋普通名詞」で抽象名詞の役割をはたす場合がある。

She felt *the* mother rise in her breast.（彼女は母性が胸にわき上がるのを感じた）
　　Necessity is *the* mother of invention.（必要は発明の母）（諺）

(C) 代表を表す用法
　　He is *the* violinist of the day.（彼は当代随一のバイオリニストだ）

(D) 単位を表す用法
　　They sell sugar by *the* pound.（砂糖をポンド単位で売っている）

(E) 人体を表す用法
　　既出の人の体の一部をさす時，その前に定冠詞を置く（⇨6 冠詞・発展文法 5 ）。
　　He patted me on *the* shoulder.（彼は私の肩を叩いた）

3 冠詞の省略

　普通名詞や集合名詞は初出の場合，不定冠詞がつくのが原則であるが，次の場合は省略する。

(A) 「称号」などが固有名詞の一部になる場合
　　Dr. Johnson（ジョンソン博士），*King* Lear（リア王）

(B) 呼びかけの場合
　　Uncle, will you come to my house tonight?（叔父さん，今晩家に来てくれますか）
　　When can I go home, *doctor*?（いつ退院できますか，先生）

(C) 同格の場合
　　Natsume Soseki, *author* of *Botchan*, is a scholar of English literature.（『坊っちゃん』の作者夏目漱石は英文学者である）

(D) 日常生活に関係が深く，習慣的に冠詞を省略しても支障のない場合
(a) 「家族関係」「親類関係」を表す語
　一種の固有名詞と考える。大文字で書き始める。
　　Mother went shopping yesterday.（母は昨日買い物に行った）
(b) 「食事」「病気」「季節」「曜日」「月」の名前を表す語
　ただし「曜日」と「月」の名前は固有名詞のように大文字で書き始める。固有名詞に準ずる扱いである。「昼夜」「朝夕」も一般的な場合には無冠詞にする。
　　After *lunch* we played tennis.（昼食後我々はテニスをした）

He died of stomach *cancer*. (彼は胃癌で死んだ)
　　　Spring is gone. (春は去った)
　　　Today is *Sunday*. (今日は日曜日だ)
　　　He was born in *May*. (彼は5月に生まれた)
　　　Night came. (夜になった)
(c)「建物」「道具」「場所」などが本来の目的・機能などを表す場合
　　　She goes to *church* every Sunday. (彼女は日曜日毎に教会に行く) ▶She goes to *the church* every Sunday. のように the をつけると「礼拝」以外の目的で「(単に建物としての) 教会に行く」ことになる。
　　他の例をあげる。
　　　go to bed (就寝する), go to court (出廷する), go to hospital (診察を受けに病院へ行く), go to market (市場に買い物に行く), go to prison (刑期をおさめに刑務所へ行く), go to school (勉強に学校へ行く), go to sea (船乗りになる), enter school (入学する), leave school (卒業する；退学する), be at table (食事中である) など
(d)「遊び」や「スポーツ」をする場合
　　動詞と目的語の関係が緊密で, 一種の複合動詞のように考えられるからである。
　　　play basketball (バスケットボールをする), play volleyball (バレーボールをする), play house (ままごとをする), play tag (鬼ごっこをする) など

(E) 一般的に無冠詞の場合
(a) **man** や **woman** が総称的に「男」と「女」をさす場合や **man** が「(動物と区別して) 人間」をさす場合
　　　Woman is fickle. (女とは移り気なものだ)
　　　Man is mortal. (人間は死ぬものである) ▶man は「人間」の意味であるが, 潜在的には「男」を暗示するので最近は避ける傾向にある。代わりに humans, human beings などを使う。いわば, 古期英語の名残である。
(b) **town** が「(住み慣れた) 町」や「(話題となっている) 町」をさす場合
　　　I am going to be out of *town* for two weeks. (私は2週間町を出る予定だ)
(c) 構文上無冠詞になる場合
(i) 名詞が形容詞化されている時 (⇨1 名詞・中級文法 6 (C))
　　譲歩あるいは原因・理由を表す
　　　Child as he is, he can do it. (彼はほんの子供だけれども [ほんの子供だから] それができる)

の構文を考える，これは，child as he is がアメリカ英語では as child as he is と表現されることからわかるように，分詞構文の being の省略。分詞構文を使わずに節で表せば

> Though [Because] he is as *child* as he is, he can do it.

になる。すなわち as ... as の同等比較である。as ... as の間にくる品詞は，原則として形容詞か副詞である。child は普通名詞で本来 a がつくはずだがこれをつけないことで抽象名詞化，極論すれば形容詞化していると考えざるをえない。

(ii) 役職・官職・身分などを表す語の場合

役職・官職・身分などを表す名詞が補語などとして用いられると，それらの名詞は (i) と同様，形容詞的意味合いを帯びるので無冠詞になる。

> They elected him *mayor* of that city. (彼はその市の市長に選ばれた)

また，前置詞 as の後に来る名詞が公の役職・官職あるいは資格を示す時も無冠詞になる。

> Jian Zemin had been expected to step down as *party chief* this fall at the five-yearly Communist Party Congress. (江沢民はこの秋，5年毎に開催される共産党大会で党総書記を辞任すると考えられていた) (Reuters 電)

前置詞 as の後に来る名詞が個人的資格の時は，冠詞はつける時とつけない時がある。

> He acted as (*a*) *host* at the party. (彼はパーティーでホスト役を務めた)

(F) 慣用表現

次の慣用表現では，冠詞は省略される。

(a) 対句をなす場合

> They walked *hour after hour*. (彼らは何時間も歩き続けた)

他に次がある。

arm in arm (仲よく腕を組んで)，day and night (昼夜兼行で)，face to face (面と向かって)，from hand to mouth (その日暮らしで)，from beginning to end (終始)，from door to door (家から家へ)，man and wife (夫婦)，to right and left (左右に)，rich and poor (金持ちと貧乏人)，side by side (横に並んで) など

(b) 「前置詞＋名詞」で

> He flew to London *by way* of New York. (彼はニューヨーク経由でロンドンに飛んだ)
>
> They stayed *at home* for two days. (彼らは2日間家にいた)

(c) 「他動詞＋名詞」で

　　He *lost sight* of the deer.（彼は鹿を見失った）
　　He *took part* in the picnic.（彼はピクニックに参加した）

4 新聞の見出し，掲示，広告，諺などにおける冠詞の省略

　紙面の都合上，あるいは，読者の視覚に強く訴えるために冠詞を省略することが多い。次の例文中の（　）は筆者が加えたものである。
　　(*A*) Poll shows 75% of Taiwanese (are) willing to fight（ある世論調査によると，台湾人の75パーセントは戦う意志をもっている）(AP電) ▶新聞の見出しでは冠詞や自明のbe動詞は省略する。
　　(*A*) Housemaid (is) Wanted（お手伝いさん募集）
　　(*The*) Truth will out.（真実は必ず明らかになる）（諺）▶完全な文にすれば *The truth will come out*. である。前後関係から意味が明白である場合には動詞goやcomeが省略される（⇨ 2 動詞・発展文法 5 (A)）。

5 冠詞の位置

　冠詞は，例えばa very beautiful flower（すごく美しい花）のように，名詞を修飾する形容詞やその形容詞を修飾する副詞に先行するが，次の例外がある。

（A）「**all [both]＋the＋名詞**」，「**half a [an]＋名詞**」，「**double＋the＋名詞**」
　　all the good books（すべての良書）
　　both the women（両方の女性）
　　half an hour（30分）▶アメリカ英語では *a half* hour もある。
　　He paid *double the* price.（彼は倍額を払った）

（B）「**such＋a [an]＋名詞**」
　　I don't like *such a* man.（私はそんな男は好きではない）

（C）「**so [as, too]＋形容詞＋a [an]＋名詞**」
　　I have never seen *so good a* man.（私はそんな善良な男にお目にかかったことがない）▶形容詞goodが副詞soに引きずられた結果，aが後置される。

●発展文法●

1 不定冠詞省略の傾向

「役職・官職・身分などを表す語が補語などとして使われる場合は不定冠詞は省略する」ことを述べた（⇨ 6 冠詞・中級文法 3 (E) (c) (ii)）が，「職業」でも不定冠詞は省略する傾向が強まっている。英語における冠詞減少の一環といえる。

例えば，「私は大学教授である」を英語，ドイツ語，フランス語にする。

　　I am *a professor*.（英語）
　　Ich bin *Professor*.（ドイツ語）
　　Je suis *professeur*.（フランス語）

一般に英語以外のヨーロッパ語では職業を表す名詞が補語として使用される場合には無冠詞。英語だけが特殊である。しかし，英語でも冠詞省略が始まっている。

　　She worked as (a) *maid*.（彼女はメイドとして働いた）

「メイド」は明らかに「職業」である。このように英語でもこの種の不定冠詞は省略する時代がくると考えられる。

さらに，以下は人間の属性に無関係ではあるが，確実に不定冠詞省略の傾向は続いている。不定冠詞の省略はいろいろな場合に生じている。

　　I would like a room *with a bath*.（私は風呂付きの部屋がよいのですが）

が正式の表現であるが，実際の会話文では，他のヨーロッパ言語と同様に不定冠詞を省略する。

　　I would like a room *with bath*.（英語）
　　Ich möchte ein Zimmer *mit Bad*.（ドイツ語）▶mit Bad は英語の with bath に相当する。
　　Je voudrais une chambre *avec salle de bains*.（フランス語）▶avec salle de bains は英語の with bathroom に相当する。

なぜこのような不定冠詞省略の傾向は生じるのであろうか。もともと名詞の格は冠詞の格の支配を受けてきた。すなわち冠詞の格により自動的に名詞の格が決まっていた。英語は今日では語順を一定にすることにより格の支配をなくしてきた。その結果，冠詞の格は不要になった。つまり，冠詞の役割は形式的なものになり，重要性も減ってきた。冠詞の減少は必定である。

その他，次のように不定冠詞は省略される傾向にある。

　　(a) part of ...（…の一部）▶中期英語の時代から a は省略されていた。今日の

英語では，part の前に形容詞が来る時に a がつくことが多い。
　　make (an) answer（返事をする），make (a) confession（告白する），take (an) interest in ...（…に興味をもつ），with (an) effort（努力して）
ただし，不定冠詞の有無により意味が異なる場合もある。
　　take a note [notes] of ...（…のメモをとる）
　　take note of ...（…に注目する）

2 定冠詞省略の傾向

　不定冠詞と同様に定冠詞も省略傾向にある。例えば「私は学校へ勉強に行く」を各ヨーロッパ言語で表現する。
　　I go *to* school.（英語）
　　Ich gehe *zur* Schule.（ドイツ語）▶zur は zu der（英語の to the に相当する）の短縮形で，I go to *the* school. に相当する。
　　Je vais à l'école.（フランス語）▶à l'école は à la école の省略で，英語の I go to *the* school. に相当する。
　すなわち，英語以外のドイツ語やフランス語では，定冠詞が残存している。英語では「勉強目的以外で学校へ行く」時には the が残り，I go to *the* school. というが，「勉強目的」ならば the は消滅する。
　さらに，「私は入院している」をヨーロッパ言語で表現する。
　　He is *in* hospital.（英語）
　　Ich bin *im* Krankenhaus.（ドイツ語）▶im は in dem（英語の in the に相当する）の短縮形で，I am in *the* hospital. に相当する。
　　Je suis à l'hôpital.（フランス語）▶à l' は英語の in the に相当し，I am in *the* hospital. に相当する。
　すなわち，英語以外のドイツ語やフランス語では，定冠詞が残存している。英語では「治療目的以外で病院にいる」時には I am in *the* hospital. というが，「治療目的」ならば the は消滅する。
　しかし，アメリカ英語では，ドイツ語やフランス語などのヨーロッパ言語と同様に「治療目的」でも the が残っている。アメリカ英語の古さを象徴する表現である。
　　I am in *the* hospotal.（私は入院している）（アメリカ英語）
　この事実は「病院」に関する他の表現すべてに適用される。次の表現で the が使用されるのは，すべてアメリカ英語である。つまり，アメリカへの移民が盛んであ

った時代の the をつけた表現が残っている。

    enter (the) hospital（入院する）, go into (the) hospital（入院する）, go to (the) hospital（入院する）, leave (the) hospital（退院する）, be taken to (the) hospital（入院させられる）

結論として，英語の冠詞は使用を減少させる途上にあるといえる。

3 定冠詞省略の過程

定冠詞省略の傾向は前項で見たが，ではどのような歴史的過程により省略されたのであろうか。

例えば，instead of（…の代わりに）という表現がある。これは元来は定冠詞が入り in *the* stead of であった。of 以下で限定されるから stead に the がついていた。しかし in *the* stead of の *OED* 最終表示例は 1734 年。それ以降は the が消滅して in stead of に変わり，さらに in と stead が結合して instead of が完成した（⇨ 5 代名詞・発展文法 1 ）。

in *the* case of …（…の場合には）と in case of …（…の場合には）に関しても同様のことがいえる。英語の原則からいえば，in case of … は奇妙である。なぜなら，case は of 以下で限定されるので in *the* case of … であるべきだからだ。ところが「事故の場合には」を英語にすると，in *the* case of an accident と in case of accident の両者ともに正しい。前者は英語の文法通りの考え方によるものであるが，後者はフランス語の en cas d'accident（英語の in case of accident に相当する）やスペイン語の en caso de accidente（英語の in case of accident に相当する）にならい成立した表現である。in case of … は 18 世紀になって使用された。

その他の例をあげる。

in view of …（…を考慮して）は 19 世紀半ばまで in *the* view of … の形で使用されていた。

on *the* condition that …（…という条件で）は最近は on condition that … がふつうである。

同様に，「…に鑑みて」の意味の in light of … は元来は in the light of … であった。*OED* によると，*Times*（1893）の記事に次の例がある。

    In *the* light of all that has been said and done（言われ，かつ，なされてきたすべてのことに照らして）

しかし，最近は in light of … もふつうである。

    In light of North Korea's admission of a uranium enrichment program for nuclear weapons purpose, we are consulting with allies and friends to consider next step. (核兵器目的のウラン濃縮計画を北朝鮮が認めたことに鑑み、我々は同盟国や友好国と次の段階を考慮するために相談している)(Reuters 電)

全般的に、今日では the は減少する傾向であることを示している。

4 定冠詞省略の新傾向

ふつう「the＋形容詞＝名詞」つまり the rich＝rich people で複数扱いであるのはよく知られている。

次の例文は従来の英文法を逸脱する記述である。

Shocked government officials spoke of the calamity and said hospitals were struggling to cope with the flood of *dead and wounded* from the crash site. (衝撃を受けた政府職員は惨事について話し、さらに、各病院は衝突現場から搬送される多くの死者と負傷者に懸命に対処していると語った)(AP 電)

この文で dead and wounded は、例えば rich and poor（富者も貧者も）のように対句関係にあるから the を省略してもよい。

また

China has two-thirds of *Asia's* poor. (中国はアジアの貧困者の 3 分の 2 を有している)(AP 電)

も正しい。なぜなら the の代わりに Asia's という限定詞があるからである。

しかし次はどうだろうか。

What is the number of poor *in China*? (中国の貧困者の数はどのくらいか)

「中国の貧困者」、つまり in China が poor を限定していると考えると正しい文。ただし、疑問は残る。

There is a lot of *wounded*. (多くの負傷者がいる)(AP 電)

The Israeli media put the number of *wounded* at more than 70, with several of them in critical condition. (イスラエルのメディアは、負傷者数は 70 人を上回り、うち数人は危篤の状態にあると見積もっている)(AP 電)

I picked up four *dead* myself. (私は自ら 4 人の死者を拾い上げた)(AP 電)

これらの文では、対句でないのに the なしで wounded（負傷者）と dead（死者）を使用している。「the＋形容詞＝名詞」（つまり the wounded＝wounded people）の形を無視している。この種の現象はかつては見られなかったものである。上例はいずれもメディア英語からの引用であるが、このように前後関係から明白な形容詞を the なしで名詞化する可能性は、今後ますます高くなるといえよう。

5 定冠詞のゲルマン語的特別用法

英語は非人称的な the を人間的な人称代名詞に変えて発展した部分がある（⇨ 5 代名詞・発展文法 ②）。

「彼は私の顔を殴った」の文を英語にしてみよう。

(1) He struck *my face.*
(2) *He struck *me in my face.*
(3) He struck *me in the face.*

が考えられるが, (2)は非標準文である。私を殴ったのだから, 殴った身体部位の顔は「私の顔」に決まっている。

(1)の表現も文法上は正しいが, 一般には(3)の表現が使われる。その説明として従来の文法では,「人間の身体の一部を叩いたり, つかんだり, 蹴ったりする場合, まず対象となる人間を明示し, 次に適当な前置詞（叩く場合は on, つかむ場合は by, 殴る・蹴る場合は in）を置き, 次に定冠詞 the, さらに身体の一部を述べる」といわれる。

I patted *him on the shoulder.*（私は彼の肩を叩いた）
I caught *him by the arm.*（私は彼の腕をつかんだ）
I kicked *him in the stomach.*（私は彼の腹を蹴った）

しかし, この説明はナンセンス。定冠詞の the は 2 回目に出てくる the だ。例えば(3)の例文の the face（その顔）は, 前に me があるので「私の顔」であるのは当然である。

このように複雑怪奇な表現を英語はなぜ好むのか。これも英語のゲルマン性に由来する。

He kissed *her lips.*（彼は彼女の唇にキスをした）▶直接的・理性的・散文的表現である。
He kissed *her on the lips.*（彼は彼女の唇にキスをした）▶間接的・感情的・印象的表現である。

つまり, 間接的・感情的・印象的表現にするために, 後者の表現が好まれる。

さらに,

He struck *me in the face.*（彼は私の顔を殴った）

に相当するドイツ語表現は

Er shlug *mich ins Gesicht.*（彼は私の顔を殴った）▶この mich ins は mich in das の短縮表現で, 英語の me in the に相当する。

つまり, この表現はドイツ語そのものを英語に適用しただけの現象である。この

目的格はドイツ語では「対象の4格」といわれる。英語では「対象の目的格」というべきものである。

7　形容詞

　　形容詞は名詞または代名詞を直接あるいは間接的に修飾する働きをもつ。英語では adjective という。フランス語の古語に由来し，「…に投げかけられる性質をもつ」も意味。
　　形容詞の形には kind, long のような単一語の他に，help*ful*（役立つ），poet*ic*（詩的な）のように接尾辞を加えたもの，*after-dinner* speech（テーブルスピーチ），my *next-door* neighbor（隣りの人）のような複合語がある。

● 初 級 文 法 ●

1 形容詞の種類

　形容詞の種類には次がある。
（A）性質形容詞
　「人」や「事物」の性質，状態，形状などを表す形容詞で，tall, white, honest などがある。

（B）数量形容詞
　数，量，程度などを表す形容詞で，few, many, little, much などがある。

（C）形容詞になりうる品詞あるいは形容詞相当語句
　上の性質形容詞，数量形容詞のような本来の形容詞の他に，文中では次のものが形容詞相当語句になりうる。
(a) 代名詞
　次の代名詞は形容詞になりうる。代名形容詞ということもある。
　　　人称代名詞　　*my* room（私の部屋），*your* book（君の本）
　　　指示代名詞　　*this* book（この本），*those* books（それらの本）
　　　不定代名詞　　*some* girls（何人かの女の子たち），*such* a case（そのような場合）

疑問代名詞　*What* tickets did you buy?（何の切符を君は買ったのですか）
　　　関係代名詞　Lend me *what* money you can.（君の都合できるだけのお金を私に貸してくれ）
(b) **冠詞**
　　不定冠詞も定冠詞も形容詞の一種といえる。
　　　a person（ある人）, *the* song（その歌）
(c) **分詞**
　　現在分詞も過去分詞も形容詞の一種といえる。
　　　a *sleeping* cat（寝ている猫）, *lost* memory（失われた記憶）
(d) **名詞**
　　名詞が名詞の前に置かれると前の名詞は形容詞になる。
　　　stone bridge（石橋）, *stock* market（株式市場）
(e) **前置詞句**
　　前置詞句が形容詞になる。
　　　a boy *in the house*（その家にいる少年）
(f) **副詞**
　　時や場所を表す副詞が形容詞になることもある。
　　　The United States of America *now* is in depression.（現在のアメリカ合衆国は不況である）
　　　He belongs to the *now* generation.（彼は新人類世代に属する）
(g) **関係詞節**
　　関係詞節は元来形容詞節である。
　　　a boy *whom he brought up in Japan*（彼が日本で育てた少年）

2 形容詞の用法

　形容詞の用法には，名詞の前（あるいは後）に置かれて直接的に名詞を修飾する限定用法と，動詞の補語となり間接的に名詞に係る叙述用法がある。

(A) **限定用法**（attributive use）
(a) **名詞の前に置く場合**
　　形容詞が単独で名詞を修飾する場合は名詞の前に置く。
　　　He is a *strange* person.（彼は変わった人だ）
　　2つ以上の形容詞を並べる時は and やコンマをつけない。
　　　A *tall young* man is standing over there.（1人の背の高い若者があそこに立って

いる）

ただし，色を表す形容詞が2つ以上ある時は and を使う。

    a *red and white* flag（赤と白の旗）

(b) **名詞の後に置く場合**

形容詞が他の要素と結合して2語以上になる場合は名詞の後に置く。

    He is a person *strange in his manner*.（彼は態度がおかしい人だ）
    He climbed over a wall *about ten feet high*.（彼は約10フィートの高さの塀を乗り越えた）

(c) **限定用法のみの形容詞**

大方の形容詞は限定用法と叙述用法の両方をもつが，限定用法しかない形容詞もある。

    a *live* fish（生きている魚），a *lone* wolf（一匹狼），a *mere* child（ほんの子供）

他に次がある。

    elder（年長の），former（前者の），inner（内なる），latter（後者の），sheer（全くの），thorough（完全な），upper（上の），utter（全くの），very（まさにその）など

(B) **叙述用法**（predicative use）

(a) **主格補語の場合**

自動詞の補語になる場合は動詞の後に置く。

    He is *strange*.（彼は変わっている）

(b) **目的格補語の場合**

他動詞の場合は目的語の後に置くのが原則。

    He found her *dead* in the morning.（彼は朝彼女が死んでいるのを見つけた）

(c) **叙述用法のみの形容詞**

叙述用法しかない形容詞もある。

    She is *alive*.（彼女は生きている）

他に次がある。

    content（満足した），glad（うれしい），sorry（残念な），unable（不可能な），worth（価値がある）など

その他，接頭辞 a- のつく語は叙述用法のみである。

    afraid（心配している），alike（似ている），ashamed（恥ずかしい），asleep（寝入っている）など

3 形容詞の限定用法における位置

限定用法において，形容詞は名詞の前に置くのが原則であるが，時には後置されることがある。

(A) 慣用的なもの

多くはフランス語あるいはラテン語由来のもので，政治や法律に関係する表現が多い。

> the body *politic*（国家），consul *general*（総領事），heir *apparent*（法定相続人），from time *immemorial*（大昔から），Japan *proper*（日本本土），poet *laureate*（桂冠詩人），the sum *total*（総額），things *Japanese*（日本の風物），the people *present*（出席者）など

(B) **something, anything, nothing** などを修飾する形容詞は後置する

> something *beautiful*（何かきれいなもの），anything *interesting*（面白いもの何でも）

(C) -able, -ible（可能な）などの語尾をもつ形容詞が最上級の語，all, any, every などの語と共に使われる場合

> the highest speed *possible*（可能な限りのハイスピード），every means *imaginable*（考えられる限りのあらゆる手段）

(D) 時や場所を表す副詞が形容詞として使われる場合

必ず後置というわけではない。

> The house *there* is my aunt's.（あそこの家は叔母のです）

(E) 付帯状況を示す with と共に使われる形容詞の場合

> He was sleeping with his mouth *open*.（彼は口を開いて寝入っていた）

4 形容詞が多数ある場合の順序

形容詞が多数ある場合は次の順序に従って配置する。日本語は英語ほど順番は厳密ではないが，英語では，名詞との関係が緊密であるものほど名詞の近くに置く。

> (1)冠詞などの限定詞，(2)序数，(3)数量，(4)大小や形，(5)色や性状，
> (6)新旧，(7)材料や所属

の順序。例で示せば，次の通り。

the first three big red new plastic balloons（最初の3個の大きな赤い新しいビニールの風船）

すなわち，異なる形容詞間では，例えば the three young boys のように「the, a などの限定詞あるいは any, some, those などの代名詞」＋「数量の形容詞」＋「性状あるいは形状の形容詞」＋「名詞」の順になる。

また，例えば an interesting Japanese novel のように「性状あるいは形状の形容詞」＋「名詞」の場合には，関係が緊密なもの，修飾する度合いが強いものを名詞のより近くに置く。

5 数量形容詞

数量形容詞にはいろいろなものがある。それぞれの用法を説明する。数量形容詞には all, both, any, some, each, every などもあるが，別の箇所で説明している（⇨ 5 代名詞・初級文法 6 ）ので，ここでは省略する。

（A） **many**

many は「たくさんの」の意味で多数を表し，可算名詞の複数形と共に用いる。

He has *many* friends.（彼は友人が多い）

He doesn't have *many* friends.（彼はあまり友人がいない）▶否定文における many の用法には注意。not ... many ... は「あまり…ない」の意味。

many を用いた表現には次がある。

a good many（かなりたくさんの），a great many（非常にたくさんの），as many（同数の）

（B） **much**

much は「たくさんの」の意味で多量を表し，物質名詞や抽象名詞などの不可算名詞と共に用いる。

I have *much* money.（私はお金をたくさん持っている）

I don't have *much* money.（私はお金をあまり持っていない）▶否定文における much の用法には注意。not ... much ... は「あまり…ない」の意味。

much を用いた表現には次がある。

do much to ...（…に大いに尽くす），make much of ...（…を重んじる），not much of a ...（大した…ではない），not so much as ...（…すらしない）

（C） **few と a few**

few は many の反対語で否定の気持ちが強く「ほとんど…ない」，a few は肯定

的に「少し(は)…だ」の意味。
> He has *few* friends.（彼には友人がほとんどいない）
> He has *a few* friends.（彼には友人が少しいる）

few を用いた表現には次がある。
> not a few（少なからぬ；たくさんの），quite a few（少なからぬ）▶ただし反語的に用いる。

(D) little と a little

little は much の反対語で否定の気持ちが強く「ほとんど…ない」，a little は肯定的に「少し(は)…だ」の意味。
> I have *little* money.（私はお金をほとんど持っていない）
> I have *a little* money.（私はお金を少し持っている）

little を用いた表現には次がある。
> not a little（少なからぬ；たくさんの），quite a little（少なからぬ）▶ただし反語的に用いる。

(E) several

「いくつかの」の意味で，few よりは多いが many よりは少ない。some と同じ程度。
> I met her *several* times.（私は彼女に何回か会ったことがある）

(F) enough

「十分な」の意味で，修飾する名詞の前にも後にもくるが，前に置くほうが強調的。
> I have *enough* time to call him.（私には彼に電話をする十分な時間がある）
> I have time *enough* to call him.（私には彼に電話をする十分な時間がある）
> He has *enough* money *for Mary* to buy a car.（メアリーが車を買うだけのお金が彼にある）▶不定詞の意味上の主語は for ... で示す。

(G) no

no は not any（少しも…ない）の意味。数・量がゼロであることを示す。
> I have *no* money.（私は少しもお金がない）
> He is *no* scholar.（彼は断じて学者ではない）▶「be＋no＋名詞」で強い否定を表すこともある。

●中級文法●

1 限定用法と叙述用法で意味が異なる形容詞

限定用法と叙述用法で意味が違う形容詞がある。

(A) **ill**

限定用法では「まずい；不徳な；邪悪な」などの意味，叙述用法では「病気の」の意味。

Ill news runs fast.（悪事千里を走る）（諺）

He is *ill*.（彼は病気である）

(B) **certain**

限定用法では「ある；さる；一定の」の意味，叙述用法では「確信している；確かである」の意味。

I was told it by a *certain* man.（私はそのことをさる男から言われた）

It is *certain* that he is ill.（彼が病気であるのは確かだ）

(C) **sure**

限定用法では「確実な；安全な；信頼できる」の意味，叙述用法では「確信している；確かである；必ず…する」の意味。

That is a *sure* method.（それは確実な方法だ）

I am *sure* that he will come.（私は彼が来ると確信している）

(D) **present**

限定用法では「現在の；今の」の意味，叙述用法では「出席している」の意味。

the *present* address（現住所）

He was *present*.（彼は出席していた）

(E) **late**

限定用法では「前の；故…」の意味，叙述用法では「遅い；遅れた」の意味。

my *late* father（私の亡き父）

He was *late* for work.（彼は仕事に遅れた）

2 限定用法における形容詞の後置

　形容詞は名詞の前に置くのが原則であるが，時には後に置くこともある。すでに述べたが（⇨ 7 形容詞・初級文法 3），ここではその他の例をあげる。

(A) 強意やリズムのため

　強意やリズムの関係で，形容詞が名詞の後に置かれることがある。

　　He lives in the house *opposite*. (彼は向かい側の家に住んでいる)

　　I can see the similarities, *mental or physical*, of the two person. (私は2人について類似性を，精神的にも肉体的にも，見ることができる) ▶形容詞が後置され，コンマで区切る場合。

　　In the United States, antiwar activists marched in the streets of cities *big and small*. (合衆国では，反戦活動家が大小の都市の街頭でデモ行進をした) (AP電) ▶形容詞が後置され，コンマで区切らない場合。

　　We retain the right and the obligation to protect our soldiers by any means *necessary*. (我々は必要ないかなる手段を講じてでも兵士を守る権利と義務を留保する) (Reuters 電)

(B) there is 構文において

　there is 構文において，単独の形容詞が後置されることがある。

　　There are a few students *ill*. (病気の学生が数人いる)

　　There's no discussion *necessary*. (必要な議論はない) (Reuters 電)

こうした事例は，形容詞に準ずる現在分詞や過去分詞の場合に特に多く見られる。

　　There is a page *missing*. (1ページ抜けている)

　　There was a jeweller's wife *smashed*. (宝石商の妻が打ちのめされた)

　there is 構文でなくても形容詞の後置は見られる。慣用的とも考えられるが，必ずしもそうとは言い切れない。圧倒的に過去分詞の場合が多い。

　　the limited time *allowed* (許された限定時間)

　　the authorities *concerned* (関係当局)

　　the people *involved* (関係者たち)

　　Return it in the envelope *provided*. (それを添付の封筒に入れて返送してください)

　形容詞の後置は主にロマンス語の影響。中期英語の時代にフランス語の影響が強くなるにつれ，形容詞の後置も盛んになってきた。そして，現代英語でもその傾向が続いている。

3 形容詞の他の品詞への転化

形容詞は他の品詞に転化することがある。

(A) 名詞に
(a) 「the＋形容詞」
「the＋形容詞」で「…な人」あるいは「…な物」の意味。「人」の場合は一般に複数扱いだが，単数扱いのこともある。「物」の場合は単数扱い。

The young should respect *the old*. (若者は老人を敬うべきである) ▶the young は「若者」の意味で，複数扱い。the old に関しても同様。

The accused was [were] silent. (被告は沈黙していた) ▶the accused はひとかたまりの集団と考える時は単数扱い，個々の人を考える時は複数扱い。同様に the deceased (故人) も，ひとかたまりの集団と考える時は単数扱い，個々の人を考える時は複数扱い。

She is *the beloved*. (彼女は最愛の人だ) ▶She is *my beloved*. (彼女は私の最愛の人だ) のように，the の代わりに人称代名詞がくることもある。

The deceased has made a will. (故人は遺言を残していた)

He always demands *the impossible*. (彼はいつも不可能なことを要求する)

(b) 複数形になる場合
通例 one's をつけて使う。

one's betters (目上の人々)，one's elders (先輩たち) など

(c) 慣用句を作る
be on the defensive (守勢にたつ)，at large (一般の)，in short (手短にいえば)，for certain (確かに)，make the most of … (…を最大限に利用する) など

(B) 副詞に
There were a *great* many people in the park. (その公園には非常に多くの人たちがいた) ▶本来形容詞である great が「非常に」の意味の副詞に用いられている。

It is *bitter* cold today. (今日はひどく寒い) ▶本来形容詞である bitter が「ひどく；とても」の意味の副詞に用いられている。

(C) 動詞的用法
動詞のように目的語をとる形容詞がある。「形容詞が目的語をとる」の表現は読者に違和感があるかもしれないが，古期英語では形容詞が次にくる名詞の格を支配したのである。これも英語のもつゲルマン性の名残である。like (似ている)，near

（近い），worth（価値がある）など。

　　The book is *worth* ten dollars.（この本は 10 ドルの価値がある）▶形容詞 worth は two dollars を目的語にしている。一般にイギリスの辞書は形容詞扱い，アメリカの辞書は前置詞扱いしている。

●発 展 文 法●

1 形容詞の主語化・目的語化

　形容詞が主語や前置詞の目的語になることがある。
（A）主語になる場合
　日本語で「シンプル・イズ・ベスト」という。英語でも Simple is best. は正しいのだろうか。形容詞が主語になっている例を見てみよう。
　　Slow and steady wins the race.（遅くても着実なのが競走に勝つ）（諺）
　この例では 2 つの語がまとまって同一の人や物をさしている。slow and steady は a person who is slow and steady の意味。形容詞が対になっている。
　他の例をあげる。
　　Quieter has got to be better.（より静かであるのはよりよいことに違いない）
　この例の quieter は being quieter の省略と考えていい。しかし，形態上はやはり形容詞の比較級が単独で主語になっている。
　これらを見ると *Simple* is best. は正しい英語ということになる。

（B）前置詞の目的語になる場合
　　She is far from *beautiful*.（彼女は美しいどころではない）
　　He always runs like *mad*.（彼はいつも狂ったように走る）
　両例とも前置詞 from，like の目的語。特に後者は口語で使用される。一般に形容詞の前に being を補って解釈すべきであるといわれるが，品詞の性質が十分に確立される以前の英語の慣用的な表現方法ではなかったかと推測される。

2 many a ... の表現

　many が a を伴い単数扱いされることがある。ただし，意味は複数形。
　　Many a man was killed in the accident.（多くの人がその事故で死んだ）

この表現は一般に文語表現といわれる。発生が非常に古いという意味の文語表現。アメリカ英語で比較的多く使用される。むしろ古語表現というほうが適切。なぜなら 13 世紀から使用されているというから。a many の句もあり，イギリス中部地方の方言に残るという。ドイツ語でも many a に相当する manch ein がふつうに使われる。

8 数　　詞

　数を表す形容詞を特に数詞（numeral）という。数詞には one, two, three のように個数を示す基数（cardinal number）と, first, second, third のように順序を示す序数（ordinal number）がある。さらに, half, double のように倍数を示す倍数詞（multiplicative）がある。

●初級文法●

1 数字の読み方

(A) 一般数字

　　123＝a [one] hundred (and) twenty-three ▶アメリカ英語では百の位と十の位の間の and は入れないのがふつう。

　　1,234＝a [one] thousand, two hundred (and) thirty-four ▶thousand や hundred は複数形にしない。

　　12,345＝twelve thousand, three hundred (and) forty-five

　　123,456＝a [one] hundred (and) twenty-three thousand, four hundred (and) fifty-six

　　1,234,567＝a [one] million, two hundred (and) thirty-four thousand, five hundred (and) sixty-seven

　　1,234,567,890＝a [one] billion, two hundred (and) thirty-four million, five hundred (and) sixty-seven thousand, eight hundred (and) ninety

　1,000 から 9,999 までの読み方は 2 通りある。

　　1,989＝a [one] thousand, nine hundred (and) eighty-nine ; nineteen hundred (and) eighty-nine

(B) hundreds of ... (何百という…) の表現

数字を使う漠然とした表現に

　　hundreds of ... (何百という…), thousands of ... (何千という…)

などがある。一般の数字をいう時は複数形にしないが，漠然と「何百」「何千」の時は複数形にする。

　　Hundreds of people were gathered there. (何百人もの人々がそこに集められていた)

　　Thousands of people were killed there. (何千人もの人々がそこで殺された)

(C) 年号と月日

年号は，後ろから2桁ずつ区切った上で，前から読む。

　　1998年＝nineteen ninety-eight ▶nineteen hundred (and) ninety-eight の読み方もある。and を入れるのは改まった言い方。

　　1900年＝nineteen hundred

　　2006年＝two thousand and six

　　紀元794年＝seven ninety-four A.D.[éidí:] ▶seven hundred (and) ninety-four の読み方もある。and を入れるのは改まった言い方。A.D. は Anno Domini の省略形。A.D. は B.C. と対照して用いる以外は省略するのがふつう。

　　紀元前230年＝two thirty B.C.[bí:sí:] ▶two hundred (and) thirty の読み方もある。B.C. は before Christ の省略形。

　　平成18年＝the eighteenth of Heisei

　　9月16日＝September (the) sixteenth (アメリカ式)；the sixteenth of September (イギリス式)

　　1960年代＝1960's＝nineteen (hundred and) sixties ▶最近は 1960's ではなく 1960s の表記がふつうになっている。

(D) 時刻

　　9時17分＝seventeen (minutes) past nine；seventeen (minutes) after nine (アメリカ式)；nine seventeen

　　午前9時17分過ぎ＝seventeen (minutes) past nine a.m.[éiém]；seventeen (minutes) after nine a.m. (アメリカ式)

　　午後9時17分前＝seventeen (minutes) to nine p.m.[pí:ém]；seventeen (minutes) before [of] nine p.m. (アメリカ式)

　　午前9時15分＝a quarter past nine a.m.；a quarter after nine a.m. (アメリカ式)

午前9時30分＝a half past nine a.m.；a half after nine a.m.（アメリカ式）

午前9時45分＝a quarter to ten a.m.；a quarter before [of] ten a.m.（アメリカ式）

17分前＝seventeen minutes before the hour（ラジオなどでの時刻放送に使用）

午後9時30分発の急行列車＝the nine thirty p.m. express train

(E) 電話番号

03-3245-6654＝O[óu], three, three, two, four, five, six, six, five, four ▶アメリカ英語では0はzeroという。発音はハイフンのところで小休止する。また，66のように同じ数字が並ぶ時はイギリス英語ではdouble sixのようにいう。

(F) 金額

5ペンス＝5 p＝five pence ▶金額の単位を表す時はpenceを使うが，個々の貨幣を示す時はpennyを使う。つまり，five pennies（ペニー硬貨5枚）という。

4.35ポンド＝£4.35＝four (pounds) (and) thirty-five (pence)

1セント＝1¢＝one cent, 5セント＝5¢＝five cents

5ドル35セント＝$5.35＝five (dollars) (and) thirty-five (cents)

31ユーロ34セント＝€31.34＝thirty-one (euros) (and) thirty-four (cents)

35,600円＝¥35,600＝thirty-five thousand (and) six hundred yen ▶日本の円 (yen) は複数でも -s をつけない。

(G) 身長・体重

身長は，feet と inch で表す。

1 yard＝3 feet＝36 inches, つまり 1 yard≒91.44 centimeters, 1 foot≒30.48 centimeters, 1 inch≒2.54 centimeters である。

I am five feet eight inches.（私の身長は5フィート8インチだ）

メートル法に換算すると

I am one meter seventy-three (centimeters).（私の身長は1メートル73センチだ）

体重は pound を用いるが，イギリスでは stone を使うこともある。

1 pound＝453 grams, 1 stone＝6.35 kilograms である。つまり，1 stone≒14 pounds である。

I weigh one hundred ninety-two pounds.（私の体重は192ポンドだ）

I weigh fourteen stone ten pounds. (私の体重は 14 ストーン 10 ポンドだ) ▶ stone は複数でも -s をつけない。
I weigh seventy-two kilos. (私の体重は 72 キロだ)

(H) 分数と小数

分数の読み方は以下の通りである。分子は基数で最初に読み，分母は序数で後に読む。分子が 2 以上ならば，分母を複数形にする。

$\frac{1}{2}$＝a [one] half, $\frac{1}{4}$＝a [one] quarter ▶アメリカ式では a [one] fourth。

$\frac{1}{3}$＝a [one] third, $\frac{3}{5}$＝three fifths, $\frac{3}{4}$＝three quarters [fourths]

$2\frac{3}{7}$＝two and three sevenths

分子・分母ともに数が多い分数は，分子を読んだ後に over か upon を入れてから分母を読む。

$\frac{234}{567}$＝two hundred (and) thirty-four over [upon] five hundred (and) sixty-seven

小数の読み方は以下の通りである。小数点は point と読む。小数点以下は 1 字ずつ基数で読む。数字の 0 はイギリスでは nought と読み，アメリカでは naught または zero である。アメリカ，イギリスともに oh で [óu] と読むこともある。

2.45＝two point four five

0.34＝nought point three four ▶アメリカ式では zero point three four

(I) 数式

(a) 足し算 (addition)

数が小さい時は，「＋」を plus または and，「＝」を is または are，あるいは make(s) と読む。

2＋3＝5 Two plus [and] three is [are, make(s)] five.

数が大きい時，または小さい時でも正式な場合には，「＋」を plus，「＝」を equals と読む。

343＋453＝796 Three hundred (and) forty-three plus four hundred (and) fifty-three equals seven hundred (and) ninety-six.

(b) 引き算 (subtraction)

数が小さい時は，「－」を from または take away，「＝」を is または leaves と読む。

5−3=2　Three from five is [leaves] two. あるいは Five take away three is [leaves] two. ▶ from を用いる時の数の順番に注意。

　数が大きい時，または小さい時でも正式な場合には，「−」を minus,「＝」を equals と読む。

744−231=513　Seven hundred (and) forty-four minus two hundred (and) thirty-one equals five hundred (and) thirteen.

(c)　掛け算 (multiplication)

　数が小さい時は，「×数字」は「数字 s」にするか，または最初の数字に times をつけ，「＝」は are と読む。

8×3=24　Eight threes are twenty-four. あるいは Eight times three are twenty-four.

　数が大きい時，または小さい時でも正式な場合には，「×」を multiplied by,「＝」を equals と読む。

112×243=27,216　A [One] hundred (and) twelve multiplied by two hundred (and) forty-three equals twenty-seven thousand, two hundred (and) sixteen.

(d)　割り算 (division)

　数が小さい時は，「÷数字」は「数字 into」にし，「＝」を goes と読む。

8÷4=2　Four into eight goes two. ▶「4が8の中には2入る」の考え方。数の順番に注意。

　数が大きい時，または小さい時でも正式の場合には，「÷」を divided by,「＝」を equals または is と読む。

320÷80=4　Three hundred (and) twenty divided by eighty equals [is] four.

(J)　その他

　　34ページ＝p. 34＝page thirty-four

　　4～6ページ＝pp. 4-6＝pages (from) four to six

　　3ページの6行目＝p. 3, l. 6＝page three, line six

　　2番＝No. 2＝number two

　　第3章＝Chap. 3＝chapter three；the third chapter

　　第3節＝§3＝section three

　　第2幕第3場＝Act II. Scene iii.＝act two, scene three

　　第3巻＝Vol. III＝volume three

　　14パーセント＝14%＝fourteen percent　▶イギリス英語では per cent と2語

で表記される。
第二次世界大戦＝World War II＝the Second World War；World War Two

●中 級 文 法●

1 基数を含む表現

基数を使った慣用表現をあげておく。
They came to school *by twos and threes*. (彼らは三々五々学校へやってきた)
They came to school *by[in] ones and twos*. (彼らは1人，そして2人と学校へやってきた) ▶「1人」でも複数扱いで ones となる。
It's *ten to one* that she will forget it. (十中八九，彼女はそれを忘れるだろう) ▶ 10まで1足りないということ。時刻の「…分前」の表し方と同じ。

2 序数を含む表現

例えば，序数 second は「順序」「位置」「時間」などで「第2番目の」の意味の時は the をつける（▷ 6 冠詞・初級文法 2 (D)）。
Yokohama is *the second* largest city in Japan. (横浜は日本で2番目に大きな都市だ)
しかし，不定冠詞 a がつくこともある。「もう1つの」の意味の時。
I met her *a second* time the other day. (私は先日彼女にもう1回会った)
叙述用法では無冠詞になる。
She was *second* in the race. (彼女は競走で2着だった)
She is *second to none* in French. (彼女はフランス語では誰にも劣らない)
また，副詞用法でも無冠詞。
He came *second*. (彼は2番になった)

3 数詞を含む表現と動詞の数

時間・距離・量に関する表現が，まとまった単位を表す時は単数扱い（▷ 2 動詞・初級文法 5 (B) (a)），個々のものを表す時は複数扱いが原則である。
Four years is too long to wait. (4年は待つには長すぎる) ▶ 4年をまとめて考

えている。
Four years have passed since he left home. （彼が故郷を出てから4年が過ぎた）
▶まとまって4年が過ぎるのではなく，1年1年が個々に過ぎていくので複数扱い。
Three-fourths of the surface of the earth is the sea. （地球の表面の4分の3は海だ）▶「地球の表面の4分の3」はまとまったもの。金額・期間・面積など，一括して不可分のものと考えられる時は動詞は単数扱い。
Three-fourths of my men are wounded. （私の部下の4分の3は負傷している）
▶「私の部下」は人間の集団であり，例えば12人いるならその4分の3では9人で複数扱い。

4 数字で表すか文字で表すか

例えば1,234,567,890の数字を one billion, two hundred and thirty-four million, five hundred and sixty-seven thousand, eight hundred and ninety と文字で表すと紙面と時間を浪費することになる。このような長い表現は無駄としかいいようがない。それよりも視覚に訴えて，数字で表現するほうが効果的である。

しかし，正式の文では，例えば5は five と表現するのがよいとされている。

では，数字で表すか文字で表すかの境界はどこにあるのか。一般的な傾向を述べる。

新聞や雑誌のように迅速性を要する表現の場合には

　　three, ten, 13, 70, 121

のように，1～10は文字で表す。それ以上は数字で表す。

公文書のような正式表現の場合には

　　three, ten, thirteen, seventy, 121

のように，1～100は数字で表す。それ以上は数字で表すのがよいとされている。

5 倍数の表し方

倍数の表し方には次がある。

(A) 倍数の表し方

He is *double* [*twice*] my age. （彼は私の倍の年齢だ）▶double my age は double of my age の of が省略されたもの。He is *twice* as old as I (am). と同じ意味になる。

He has *three times* as much money as I have.（彼は私の3倍のお金を持っている）▶3倍は three times であり，thrice とはふつういわない。thrice は古い英語であり，今日ではインドの英語などに使われている。

This ball is *half* as large as that one.（このボールはあのボールの半分の大きさだ）▶半分の大きさは half as ... as ... を使う。

This ball is *one-third* as large as that one.（このボールはあのボールの3分の1の大きさだ）

（B）half の用法

half には次の用法がある。

She walked *half* a mile in an hour.（彼女は1時間で半マイル歩いた）▶half a mile は half of a mile の of が省略されたもの。アメリカ英語では a half mile ということもある。

● 発 展 文 法 ●

1 数字の読み方がアメリカ英語とイギリス英語で違う

例えば，billion はアメリカ英語では「10億」であるが，イギリス英語では「1兆」になる。同様に trillion も，アメリカ英語では「1兆」であるが，イギリス英語では「100万兆」になる。ややこしいが仕方ない。ただ，今日ではイギリス英語でも，アメリカ英語にならい billion が「10億」，trillion が「1兆」になっている。

2 「何万の」などの表現

漠然と「何百の」「何千の」はそれぞれ hundreds of ..., thousands of ... である（⇨ 8 数詞・初級文法 1 (B)）。ここではそれ以外の表現をあげる。

　　tens of thousands of ...（何万の…）
　　hundreds of thousands of ...（何十万の…）
　　millions of ...（何百万の…）

の順で数が多くなる。この規則でいけば tens of ...（何十もの…）もありそうである。しかし，現実にはこれは使わない。なぜか。

英語は原則的に十進法ではない。いや，なかった。1971年2月までは。

その理由は，考えればすぐ分かる。鉛筆はなぜ10本入りでなく，12本入りで売っているのか。つまり，英語における数の基本は，12や20なのである。この原因は貨幣制度にある。

今日では

1 pound＝100 pence

である。1971年に法律が改正された。それまでは1066年のthe Norman Conquest（ノルマンコンクエスト＝William the Conquerorが率いたイギリス征服）以来約900年以上もの間

1 pound＝20 shillings

1 shilling＝12 pence

すなわち，

1 pound＝240 pence

であった。英語において重要なのは，12の数（dozen）と20の数（score）であったのである。この原則が当然今も残っている。だから，tens of ... ではなく

dozens of ...（何十もの…）

scores of ...（何十もの…）

が使われる。そんなわけで，鉛筆も12本入りでないと1本あたりの単価を計算できない。

3 温度の表し方

イギリス英語，アメリカ英語ともに「華氏」（Fahrenheit）を使う。Fahrenheitはドイツの物理学者で，氷点を32度，沸点を212度に定めた。一方，「摂氏」（CelsiusあるいはCentigrade）が近年，イギリスでもアメリカでも使われ始めている。Celsiusはスウェーデンの天文学者で，氷点を0度，沸点を100度に定めた。すなわち，摂氏と華氏との間には次の関係が生じる。

$$華氏 = 摂氏の温度 \times \left(\frac{180}{100} \text{ つまり } \frac{9}{5}\right) + 32$$

仮に現在，摂氏30度とすれば，華氏86度になる。読み方は次の通り。

86°F＝eighty-six degrees Fahrenheit

30℃＝thirty degrees Centigrade

0°でもdegreeには -s がつくので注意。

0℃＝nought [zero] degrees Centigrade

−10℃ = ten degrees below zero Centigrade　▶氷点下の場合には nought は使わない。

4　古風な数表現

　人の年齢を表す表現を考える。
「彼は 45 歳だ」を英語にする。
　　　He is *forty-five* years old.
が一般的である。しかし，
　　　He is *five and forty*.
もある。後者は古風な表現，あるいは方言で多く用いられている。これはドイツ語式の数の表現である。ドイツ語では今日でも 45 は「5＋40」の表現を使っている。

9 副詞

　副詞（adverb）は「動詞（verb）につく（ad-）語」の意味。つまり，原義は動詞を修飾する語の意味であるが，他に形容詞，他の副詞，またはそれらに相当する句や節，あるいは文を修飾するなどの働きをする。
　一般の副詞は単純副詞（simple adverb）という。他に疑問副詞（interrogative adverb）と関係副詞（relative adverb）がある。

● 初 級 文 法 ●

1 副詞の形

　副詞の形はいろいろある。基本は「形容詞＋ -ly」であるが，その他もある。
（A）「形容詞＋ -ly」の形
(a) 原則として「形容詞＋ -ly」の形
　　diligent（勤勉な）→ diligently（勤勉に），slow（遅い）→ slowly（遅く）など
(b)「子音＋ -y」で終わる形容詞は y を i に換えて -ly をつける
　　happy（幸福な）→ happily（幸福に），lucky（運がいい）→ luckily（運よく）など
　しかし，次は例外。
　　dry（乾燥した）→ dryly（乾燥して）▶drily もある。
(c) -le で終わる語は e を除いて -y をつける
　　gentle（温和な）→ gently（温和に），idle（怠惰な）→ idly（怠惰に）など
　しかし，次は例外。
　　sole（単独の）→ solely（単独に），whole（全体の）→ wholly（全体に）
(d) -ue で終わる語は e を除いて -ly をつける
　　due（当然の）→ duly（当然に），true（本当の）→ truly（本当に）など

(e) **-ll で終わる語は -y をつける**
dull（鈍い）→ dully（鈍く），full（十分な）→ fully（十分に）など

(f) **-ic で終わる語は -ically にする**
comic（こっけいな）→ comically（こっけいに），dramatic（劇的な）→ dramatically（劇的に）など
しかし，次は例外。
public（公の）→ publicly（公に）

(B) **形容詞と同形**
形容詞と同形の副詞を単純形副詞（flat adverb）という。
He saw *bright* stars in the sky.（彼は空に明るく輝く星を見た）▶bright は形容詞。
The sun shines *bright* in my old Kentucky home.（太陽は私の故郷のケンタッキーではギラギラと輝く）▶bright は動詞を修飾する副詞。
単純形副詞と「形容詞＋ -ly」の副詞とで意味が異なることがある。
He came *late*.（彼は遅く来た）▶late は「遅く；遅れて」の意味の副詞。
I have not seen him *lately*.（私は最近彼に会っていない）▶lately は「最近は」の意味の副詞。
同様のものに次がある。
hard（一生懸命に）→ hardly（ほとんど…ない），high（[物理的に] 高く）→ highly（[技術的に] 高度に），just（ちょうど）→ justly（正当に），most（一番）→ mostly（大部分），near（近くに）→ nearly（ほとんど），pretty（かなり）→ prettily（美しく），clean（すっかり）→ cleanly（見事に）など

(C) **「現在分詞や過去分詞＋ -ly」の形**
She did the work in a *surprisingly* short time.（彼女はその仕事を驚くほど短時間でした）
He is *supposedly* eighty-five years old.（彼はたぶん 85 歳だ）

(D) **前置詞と同形**
He went *in*.（彼は中へ入って行った）▶These boots go *in* this box.（この長靴はこの箱に入る）では in は前置詞である。

(E) **名詞・代名詞と同形**
He came *home* yesterday.（彼は昨日家に戻った）▶home は to his home（彼の家へ）の意味の副詞。

The ship sailed *north*. (その船は北へ向かって航行した) ▶north は to the north (北へ) の意味の副詞。

She was dressed *all* in red. (彼女は赤一色の服装だった) ▶all は不定代名詞から副詞に転じている。

2 副詞の種類

副詞は意味上，次のように分類できる。

(A) 「時」を表す

He came *now*. (彼は今来た)

他に次がある。

ago (…前に), always (いつも), before (前に), daily (毎日), early ([時間的に]早く), ever (かつて), first (最初に), formerly (以前に), next (次に), once (かつて), since (以来), soon (まもなく), then (その時), today (今日), tomorrow (明日), yesterday (昨日), yet (まだ) など

(B) 「場所」「方向」を表す

He went *away*. (彼は立ち去った)

他に次がある。

above (上方に), backwards (後方に), below (下に), down (下に), far (遠くに), here (ここに), near (近くに), there (そこに) など

(C) 「原因」「結果」を表す

The villa is near the sea and *consequently* you can enjoy a healthy life. (その別荘は海辺にあり，結果として健全な生活を楽しめる)

他に次がある。

accordingly (それゆえ), hence (このゆえに), so (そんなわけで), therefore (それゆえ), thus (こんなわけで) など

(D) 「様態」を表す

He did it *carefully*. (彼は注意深くそれをした)

他に次がある。

cleverly (如才なく), honestly (正直に), well (十分に), wisely (賢く) など

(E) 「程度」「数量」を表す

I am *quite* well. (私は非常にいい状態だ)

他に次がある。
　almost（ほとんど），enough（十分に），hardly（ほとんど…ない），little（少し），much（たくさん），nearly（ほとんど），only（ただ…だけ），rather（いくぶん），scarcely（ほとんど…ない），very（すごく）など

(F)「頻度」を表す
　He has *never* been to Africa.（彼は今までアフリカに行ったことがない）
他に次がある。
　always（いつも），frequently（頻繁に），occasionally（時折），often（度々），rarely（めったに…ない），seldom（めったに…ない）など

(G)「肯定」「否定」の副詞
　"Do you know her?" "*Yes*, of course."（「彼女を知っていますか」「はい，もちろんです」）
他に次がある。
　no（いいえ），not（…なく）など

3 副詞の用法

(A) 動詞を修飾する
　You should do it *carefully*.（君は注意してそれをすべきだ）

(B) 形容詞を修飾する
　You are *very* tall.（君はとても背が高い）

(C) 他の副詞を修飾する
　You have to work *very* hard.（君はすごく真面目に働かなくてはならない）

(D) 名詞や代名詞を修飾する
　He is *quite* a gentleman.（彼は全くの紳士だ）
　Even he cannot solve the problem.（彼でさえその問題を解くことができない）

(E) 句や節を修飾する
　He came *just* in time.（彼はちょうど間に合って到着した）▶副詞 just は句（in time）を修飾。
　I did it *simply* because I like him.（私は彼を好きだからこそ，それをやった）▶副詞 simply は節（because I like him）を修飾。

(F) 文を修飾する

Happily, he did not die. (幸いにも彼は死ななかった) ▶happily の後で休止をして読む。文修飾の場合は It was a happy thing that he did not die. (彼は死ななかったのは幸いだ) のような形に換えられる。*It was happy that he did not die. には換えられない。happy のような感情を表す語は人間が主語になる。He did not die *happily*. (彼は幸せな死に方をしなかった) の副詞 happily は動詞 die を修飾する語修飾。読み方も die happily と続けて読む。ただし、happily が文末にきても He did not die, *happily*. となると文修飾の副詞で「幸いにも彼は死ななかった」の意味になる。

Overall, the atmosphere of the talks was heavy but sincere. (全体的に、会談の雰囲気は重くも心はこもっていた) (AP電)

文修飾の副詞には他に次がある。

certainly (確かに), clearly (明らかに), evidently (明らかに), fortunately (幸運にも) など

(G) それだけで文になる

"Are you coming tonight?" "*Sure*." (「今晩来るかい」「当然」)

(H) 接続詞の役割

He was very tired; *nevertheless* he had to work on. (彼は非常に疲れていたが、それでも働き続けなくてはならなかった) ▶nevertheless の前にセミコロンがある。コンマなら nevertheless は完全な接続詞になるが、その用法はない。つまり、接続詞と副詞の中間的な役割をはたしているといえる。このような副詞を接続副詞 (conjunctive adverb) という。他に次がある。

accordingly (それに応じて), consequently (その結果として), however (しかしながら), notwithstanding (それにもかかわらず) など。

(I) 補語になる

School was *over* at four. (学校は4時に終わった)

4 副詞の位置

副詞の位置は明確には決まっていない。以下に述べる位置は慣例的なもので、絶対的ではない。

（A）動詞を修飾する場合
（a）様態を表す副詞の場合
自動詞の時は動詞の後，他動詞の時は目的語の後に置く。
　　He answered *quietly*.（彼は落ち着いて答えた）
　　He answered the question *quietly*.（彼は落ち着いて質問に答えた）
ただし，他動詞の時は動詞の前に置くことも可能。
　　He *quietly* answered the question.（彼は落ち着いて質問に答えた）
（b）頻度を表す副詞の場合
always, frequently, often などの頻度を表す副詞は，be 動詞がある時は be 動詞の後，一般動詞の時は前に置く。助動詞がある時は助動詞と動詞の間に置く。
　　He is *always* an early riser.（彼はいつも早起きだ）
　　He *always* gets up early in the morning.（彼はいつも朝早く起きる）
　　He should *often* visit his mother.（彼は度々母親を訪ねるべきだ）

（B）形容詞（句・節），副詞（句・節）を修飾する場合
修飾される語句や節の前に置く。
　　The concert was *very* exciting.（そのコンサートはとても興奮するものだった）
　　▶副詞 very は形容詞（exciting）を修飾している。
　　He arrived *soon* after she went away.（彼女が去った後すぐに彼は到着した）▶
　　副詞 soon は副詞節（after she went away）を修飾している。

（C）名詞や代名詞を修飾する場合
修飾される品詞の前あるいは後に置く。
　　He tries to hide *even* the fact.（彼は事実すら隠そうとする）
　　Only he did the work.（彼だけがその仕事をやった）

（D）文修飾の場合
文修飾の副詞は文頭にくるのがふつうであるが，文中や文末にくる場合もある。
　　Certainly you are right.（確かに君は正しい）（文頭）▶読む時は副詞の後で少し休止する。
　　Strangely, he knew everything about it.（不思議なことに彼はそれについてすべてを知っていた）（文頭）▶文頭の場合，コンマを使うことがある。その理由は，少々の休止をコンマで表現するためである。
　　She *naturally* got angry.（彼女が腹を立てたのは当然だ）（文中）
　　He could not go to school, *unfortunately*.（彼は学校へ行くことができなかった，

運悪く）〔文末〕▶文末に置く場合は，ある種の追加表現で，後から思いついた気持ちを表す。

(E) 倒置の場合

副詞が強調のため文頭にくることがある。この場合，倒置が生じる。

Never was night so still.（こんな静かな夜はかつてなかった）▶be動詞の場合には，主語と動詞の位置が逆になる。

Little did I think that we could meet again.（我々が再び会えるなんて少しも考えたことがなかった）▶もともとは I *little* thought that we could meet again. の文であるが，little を強調して文頭に出すと強調の助動詞が入り，倒置になる。

5 副詞(句・節)の順序

「時」や「場所」の副詞(句・節)を並べる順序は，通例日本語と逆で，小さい単位のものを先に述べる。さらに，「場所」の副詞が「時」の副詞の前にくる。

(A) 時の場合

The atomic bomb flashed *at fifteen minutes past eight o'clock in the morning on August 6, in 1945*.（原子爆弾は1945年8月6日午前8時15分に炸裂した）▶「8時15分に」「午前」「8月6日」「1945年」の小さい単位の順に表現される。

(B) 場所の場合

He spent the vacation *in a cottage in the mountains in Switzerland*.（彼はスイスで，山中で，ある山小屋で休暇を過ごした）▶「ある山小屋で」「山中で」「スイスで」の小さい単位の順に表現される。

(C) 時と場所の場合

I usually walk *in the park before breakfast*.（私はふつう，朝食前に公園で散歩する）▶場所を表す副詞句 in the park が，時間を表す副詞句 before breakfast に先行する。

6 疑問副詞

疑問詞 when, where, why, how は「時」「場所」「理由」「方法」を尋ねる語

であるが，文中で副詞の働きをする。このような副詞を疑問副詞という。

(A) **where**

「どこへ；どこに；どこで」の意味で，場所を尋ねる時に使う。

　　Where does he live?（彼はどこに住んでいますか）

(B) **when**

「いつ」の意味で，時間を尋ねる時に使う。「何時」と時刻を尋ねる時は what time を使う。

　　When did you go there?（君はいつそこへ行ったのですか）

(C) **why**

「なぜ；どうして」の意味で，理由を尋ねる時に使う。

　　Why did he give up smoking?（彼はどうしてタバコをやめたの）▶答える時は because で始めるのが原則である。

　アメリカ英語の会話では，*How come* he gave up smoking?（彼はどうしてタバコをやめたの）のように why の代わりに how come を多く使用する。以下は平叙文の語順をとる。

　　Why don't you have a drink?（一杯飲むのはどうだい）▶Why don't you ...?は疑問文の形式ではあるが，実は「勧誘」「提案」をしている。

　　"Let's have a drink." "*Why not*?"（「一杯飲もうよ」「いいとも」）▶Why not?は「いいとも；喜んで」の意味になる。

(D) **how**

「どのように」「どのくらい」の意味で，方法，手段，状態，程度などを尋ねる時に使う。

　　How did you come here?（君はどのようにしてここへ来たの）

　　How is your mother?（君のお母さんの具合はいかがですか）

　　How far is it to the station?（駅までどのくらい距離がありますか）

7 関係副詞

　関係副詞には when, where, why, how があり，さらに that がある。関係副詞は「接続詞＋副詞」の働きをする。

　　This is a house.（これは家だ）

　　My uncle lives in it.（私の叔父はそこに住んでいる）

の2文を考える。両者の共通部分は house＝it だ。house は「物」ゆえ，関係代名詞を使用すると

　This is the house *in which* my uncle lives.（これは私の叔父が住んでいる家だ）
となる。in which は in it つまり in the house の意味で，「前置詞＋(代)名詞」の副詞句である。したがって，in which の「前置詞＋関係代名詞」は関係副詞の where に変えられる。

　This is the house *where* my uncle lives.
「前置詞＋関係代名詞」を使うのは文章体である。もちろん関係副詞節は形容詞の働きをする。

(A) **where**
関係副詞 where には制限用法と非制限用法がある。

　This is the place *where*（＝in which）George Washington was born.（ここはジョージ・ワシントンが生まれた場所だ）（制限用法）▶先行詞が place と具体的でないので，この文は This is where George Washington was born. のように先行詞を省略することができる。先行詞が省略されると関係節は名詞節になる。

　I went to Hawaii, *where*（＝and there）I found him.（私はハワイに行った，そしてそこで彼を見つけた）（非制限用法）▶where は「そしてそこで」の意味になる。

(B) **when**
関係副詞 when には制限用法と非制限用法がある。

　Tell me the time *when*（＝at which）you came back home.（君が家に帰って来た時間を私に言いなさい）（制限用法）▶先行詞が time と具体的でないので，この文は Tell me when you came back home. のように先行詞を省略することができる。先行詞が省略されると関係節は名詞節になる。

　I came back before noon, *when*（＝and then）a piece of sad news arrived.（私は昼前に帰って来た，その時悲しい知らせが届いた）（非制限用法）▶先行詞は主節の内容をさす。

(C) **why**
制限用法だけで，非制限用法はない。先行詞は reason。

　Tell me the reason *why* you were absent yesterday.（君が昨日休んだ理由を私に言いなさい）▶この文は Tell me why you were absent yesterday. のように先行詞を省略することができる。先行詞が省略されると関係節は名詞節にな

る。why を省略して Tell me the reason you were absent yesterday. にすることもある。

(D) how
制限用法だけで，非制限用法はない。先行詞は the way だが，how は先行詞 the way と共にはほとんど用いない。つまり the way how は現在ではまれな用法。the way, how のどちらかのみを使うか，the way that ... あるいは the way in which ... の形で用いられる。

 Tell me *how* you got out of the room. (君がどのように部屋から抜け出たかを私に言いなさい)

(E) that
関係副詞 that は関係副詞 where, when, why, how の代わりとなる。関係副詞 that を使うのは口語体に多いが，よく省略される。

 Tell me the way (*that*) you got out of the room. (君が部屋から抜け出た方法を私に言いなさい)

 The moment (*that*) he came, she ran away. (彼が来るや否や，彼女は逃げ出した)

 That is the reason (*that*) he got angry. (それが彼が腹を立てた理由だ)

(F) 複合関係副詞 wherever, whenever, however
関係副詞に -ever のついたものを複合関係副詞という。2つの用法がある。

(a) 譲歩の節を作る
 I will follow you *wherever* you (may) go. (君がどこへ行こうとも，私は君について行く) ▶no matter where ... (may) ... を使い，I will follow you no matter *where* you (may) go. でもよい。こちらのほうが口語的。

 I will follow you *whenever* you (may) go. (君がいつ行こうとも，私は君について行く) ▶no matter when ... (may) ... を使い，I will follow you no matter *when* you (may) go. でもよい。こちらのほうが口語的。

 You cannot succeed *however* hard you (may) try. (君はどんなに一生懸命やろうともうまくはいかない) ▶no matter how ... (may) ... を使い，You cannot succeed no matter *how* hard you (may) try. でもよい。こちらのほうが口語的。

(b) 譲歩以外の節を作る
 He went after her *wherever* she went. (彼は彼女が行くところはどこへでも追い

かけて行った）▶wherever は at [in, to] any place where ... に置き換えられ，He went after her to any place *where* she went. でもよい。
Go *whenever* it is convenient for you. （君は都合のよい時にいつでも行きなさい）
▶whenever は at any time when ... に置き換えられ，Go at any time *when* it is convenient for you. でもよい。
You will find it difficult *however* you do it. （君はどんなやり方でやろうと，それが難しいのが分かるだろう）▶however は by whatever means に置き換えられ，You will find it difficult by *whatever* means you do it. でもよい。

● 中 級 文 法 ●

1 副詞の注意すべき用法

注意すべき副詞の用法を，類似するもの同士を比較しながら述べる。

（A）ago と before

共に「以前に」の意味であるが，ago は「現在を基準にした過去」を示す。必ず過去の期間を示す語句を伴い，単独では用いられない。過去時制の動詞と共に使用される。過去の一時点を表す語なので，過去から現在までの時間の幅を表す完了形では使えない。一方 before は「ある時点を基準にして，以前に」の意味。つまり，現在完了，過去完了で用いられる。過去時制でも使用されるが，それは once などと共に使用され「経験」の意味の時である。ago と違って単独でも用いられる。

My uncle died five years *ago*. （私の叔父は5年前に死んだ）
I told him that my uncle had died five years *before*. （私は彼に，叔父は5年前に死んだと言った）
I have seen my uncle *before*. （私は叔父に以前会ったことがある）
I met my uncle once *before*. （私は叔父に一度会ったことがある）

（B） hardly, scarcely, barely, seldom, rarely

hardly と scarcely は共に「ほとんど…ない」の準否定語で，ほぼ区別なく使用される。hardly は「能力」，scarcely は「数量」について用いることが多いともいわれる。barely は両者より否定的要素は弱いといわれるが，やはり，hardly や scarcely と大差なく使用される。hardly, scarcely, barely の順番でよく用いられる。seldom も準否定語だが，「頻度の少ない」ことを表す。rarely は seldom よ

り口語的表現。

I can *hardly* believe what he says. (彼の言うことはほとんど信じられない)
He *scarcely* knew what to say. (彼は何を言うべきかほとんど分からなかった)
He *barely* spoke to his father. (彼は父にやっとのことで話しかけた)
He *seldom* goes to church. (彼はめったに教会に行かない)

(C) **already, yet, still**

already と yet は共に完了の意味を表す。already は肯定文で「既に(…した)」の意味，疑問文では「驚き」を表し「もう(…したのか)」の意味。yet は否定文で「まだ(…しない)」の意味，疑問文では「既に(…したか)」の意味になる。still は継続を示し「まだ(…だ)」の意味。

The bell has *already* rung. (ベルは既に鳴った) ▶already を文末におき The bell has rung *already*. とすると，「既に」を強調することになる。
Has the bell *already* rung? (ベルはもう鳴ったのかい)
The bell has not rung *yet*. (ベルはまだ鳴っていない)
Has the bell rung *yet*? (ベルはもう鳴ったかい)
Is the bell *still* ringing? (ベルはまだ鳴っているかい)

(D) **very と much**

(a) **very は形容詞と副詞を修飾し，much は動詞を修飾する**

He is *very* fond of music. (彼は音楽が大好きだ)
He runs *very* fast. (彼はすごく速く走る)
He does not like music *much*. (彼は音楽をあまり好きではない)

(b) **very は現在分詞を修飾し，much は過去分詞を修飾する**

The game was *very* exciting. (その試合にはすごくわくわくした)
He was *much* neglected by her. (彼は彼女にずいぶん無視された)

ただし，動詞としての性質を失い形容詞化している過去分詞には，昨今は much ではなく very を使う。much を使うのは今日では形式ばった表現。

I am *very*[*much*] interested in the game. (私はその試合にすごく興味がある)
以下，過去分詞の形でありながら，very が使われるものを一部あげておく。
amazed (びっくりした), amused (面白がっている) ▶much を使うと文語的,
anguished (苦渋にみちた), ashamed (恥じている) ▶much を使うと文語的,
bored (うんざりした), confounded (困惑した), confused (混乱した),
contended (満足した), delighted (喜んでいる) ▶正式表現では very much を使う, depressed (意気消沈した), disappointed (がっかりした) ▶very much

も much も使う，disgusted（愛想が尽きた），distressed（苦しんでいる），disturbed（心乱れた），excited（胸躍る），frightened（おびえた），irritated（いらいらした），perplexed（困った），pleased（喜んだ），puzzled（当惑した） ▶ much も使う，satisfied（満足した），terrified（おびえた），worried（心配している）など

(c) **much は形容詞や副詞句を修飾することがある**

He is *much* afraid of the dog.（彼はその犬をとても怖がっている）

much が afraid（怖がって），alike（似て），aware（気がついて）などの叙述形容詞や different（異なって），like（似て）などの比較の意味をもつ形容詞を修飾するのは形式的な表現で，一般的には very を使用する。

Much to my surprise, he was sent to prison.（私がとても驚いたことに，彼は刑務所に送られた）

(d) **very は原級，much は比較級と最上級を修飾する**

The building was *very* large.（その建物はすごく大きかった）

The building was *much* larger than I had expected.（その建物は思っていたよりずっと大きかった）

The building was *much* the largest.（その建物はずばぬけて一番大きかった）

very を形容詞の最上級や the same（同じ），the last（最後の），the opposite（反対の），one's own（自分の）などの前に置くことがある。この場合，「十分に」「全く」の意味の強調用法。

He is the *very* best person in the group.（彼はそのグループで本当に一番の人だ）

You can keep the TV set for your *very* own.（君は君自身のものとしてそのテレビを持っていていいよ）

(E) **far と by far**

far は本来「距離」を表すが，「程度」を表すこともある。

He was awake *far* into the night.（彼は夜遅くまで起きていた）

far, by far 共に比較級，最上級を修飾することができる。far は比較級，by far は最上級を修飾することが多い。

This is *far* better than that.（これはあれよりずっといい）

He is *by far* the most popular man.（彼はずばぬけて一番人気のある男だ）

(F) **too**

too は「あまりにも…だ」という意味で，程度を超えていることを表す。

He is *too* fond of play.（彼は遊びが度を超えている）

too ... to ... で「あまりに…すぎて…できない；…するには…すぎる」の意味。
　This book is *too* difficult for me to read.（この本は私が読むには難しすぎる）▶ この文は単文（主語と動詞が1つの文）で，他動詞 read の意味上の目的語は This book なので，*This book is too difficult for me to read *it*. としないこと。この文は This book is so difficult that I cannot read it.（この本はすごく難しいので私には読めない）に書き換えられる。こちらは複文（主語と動詞が2つ以上あり，従位接続詞で結合している文）であり，接続詞 that で2つの全く別の節がつながっている。したがって，文の要素として必要である that 節内の it を省略することはできない。省略すると，何を読むのか定かでなくなる。

2 単純形副詞と「単純形＋ -ly」型の副詞の相違

次の文を比較する。
　　He drives *slow*.（彼はゆっくり運転する）
　　He drives *slowly*.（彼はゆっくり運転する）
意味は同じであるが，前者は口語文で使用し，後者は文章語で使用する。道路標識で「スピードを落とせ」は Drive Slow! である。単純形副詞を使っている。

なぜ同じ意味の副詞が2種存在するのか。現代英語では形容詞に接尾辞 -ly をつけて副詞を作るが，古期英語では形容詞に副詞語尾 -e をつけて副詞を作っていた。その後，中期英語の時代に -e は消失して形容詞と同形になった。その後2種の副詞の一方が駆逐されずに残っている。

3 副詞的目的格

例えば
　　He did not go to school *on that day*.（彼はその日学校へ行かなかった）
の文で on that day は「前置詞＋名詞」の副詞句。しかし，
　　He did not go to school *that day*.
も正しい英語とされる。このように前置詞を省略して，前置詞の目的語を副詞とする形を副詞的目的格（adverbial objective）という。元来は古期英語の対格（accusative），つまり今日の英語でいう直接目的格から発生したものであるので，副詞的対格（adverbial accusative）ともいう。次のようなものがある。

(A) **時間**
　　He left school *last year*.（彼は昨年退学した）

(B) 距離

He walked *ten miles* yesterday. (彼は昨日 10 マイル歩いた)

(C) 方法

I would like to fly *business class*. (私はビジネス・クラスで飛びたい) ▶最近では fly business なる表現も生まれている。
Do it *your own way*. (自分の好きなようにやれ)
Put *another way*, she is handsome. (別の言い方をすると彼女はキリッとしている)

(D) 方向

Come *this way*. (こちらへ来てください)
He looked *the other way*. (彼は見て見ぬふりをした) ▶look the other way は「見て見ぬふりをする」の慣用句であるが, look at the other way なら「別の方を見る」の意味でふつうの表現。

(E) 数量

I have met her *several times*. (私は彼女に会ったことが数回ある)

(F) 程度

I don't care *a pin* what he thinks. (彼が何を考えているかなんて私は少しも気にしない)

● 発 展 文 法 ●

1 副詞的属格あるいは副詞的語尾

古期英語の属格, つまり今日の英語でいう所有格が, 前置詞なしで副詞になることがある。これを副詞的属格 (adverbial genitive) という。

(1) He went to church *on Sundays*. (彼は日曜日毎に教会へ行った)
(2) He went to church *Sundays*. (彼は日曜日毎に教会へ行った)
(3) He went to church *of a Sunday*. (彼は日曜日毎に教会へ行った)

(2)の文の Sundays は(1)の Sundays と区別しなくてはならない。on Sundays の Sundays は複数形であるが, (2)の Sundays は名詞 Sunday の属格である。無生物の場合, 今日の英語では原則的には所有格にはなりえない。しかし古期英語で

はすべての名詞に属格があった。つまり今日の英語でいえば of a Sunday になる。Sundays より of a Sunday のほうが新しい表現ではあるが，いずれも今日では古い英語といえる。

  mornings（毎朝），afternoons（いつも午後），evenings（毎夕），nights（毎夜），Sundays（毎日曜日）

などの副詞的属格は今日でもアメリカ英語の口語で使用されている。

  afterwards（後で），always（いつも），besides（その上），forwards（前へ），needs（どうしても），nowadays（現今では），overseas（海外で），sometimes（時々），someways（何とかして）

などの -s も同起源。古い表現ではあるが，これらは副詞語尾ともいわれ，今日でもふつうに使われていることはご存じだろう。これらの -s は複数形の -s ではない。

2 副詞が主語になることがある

 副詞が主語になることがある，というと仰天する人がいるかもしれないが，事実である。

  Slowly does it.（ゆっくりやるのが肝心である）

では副詞 slowly が主語になっている。口語ではこのように，非人称の it が目的語に使われることがある。つまり，非人称の it を目的語として置くことにより，語順を重視する英語では slowly が主語になることが理解できる。

 また，

  There is a book on the desk.（机の上に 1 冊の本がある）

の文で，一般には文の主語は a book と考えられているが，副詞 there を主語とみる人もいる。なぜなら主語の位置に there があるから。この場合 there は形式主語（formal subject）で a book が真主語（real subject）と考える。

10 比　　較

　形容詞や副詞にはそれぞれが表す性質・状態・分量などの程度の差を示す語形変化がある。この変化を比較 (comparison) という。比較には，他と比較しない絶対の状態を表す原級 (positive degree)，2 つのものを比べて，一方が他方より程度が高い，あるいは低いことを表す比較級 (comparative degree)，および 3 つ以上のものを比べて，あるものが最も程度が高い，あるいは低いことを表す最上級 (superlative degree) がある。

● 初 級 文 法 ●

1 比較級および最上級の作り方

　比較級および最上級の作り方には 2 通りある。

(A) 規則比較変化

　原級に -er をつけて比較級，-est をつけて最上級を作るのが原則だが，次の点に注意。

(a) 語尾が -e の語は e を省略する

　　large（大きい）― larger ― largest，wise（賢い）― wiser ― wisest

(b) 語尾が「子音+短母音+1 つの子音」の語は語尾の子音字を重ねる

　　big（大きい）― bigger ― biggest，fat（太った）― fatter ― fattest

(c) 語尾が「子音字+ -y」の語は y を i に変える

　　busy（忙しい）― busier ― busiest，easy（易しい）― easier ― easiest

(d) 一般に 2 音節以上の語の比較級は more，最上級は most をつける

　　useful（有用な）― more useful ― most useful

　　selfish（勝手な）― more selfish ― most selfish

(e) 2 音節でも語尾が -er, -le, -y, -ow, -some の語は -er, -est をつける

　　clever（頭がいい）― cleverer ― cleverest

10 比　較

gentle（優しい）— gentler — gentlest

(f) -er, -est と more, most の両方をとる語がある

common（ふつうの）— { commoner — commonest / more common — most common }

(B) 不規則比較変化

good（よい＝形容詞）— better — best
well（健康な＝形容詞, よく＝副詞）— better — best
bad（悪い＝形容詞）— worse — worst
ill（病気の＝形容詞, 悪く＝副詞）— worse — worst
many（多数の＝形容詞）— more — most
much（多量の＝形容詞, 大いに＝副詞）— more — most
little（少量の＝形容詞, ほとんど…ない＝副詞）— less — least

{ old（年齢の順序が上の）— older — oldest ▶規則変化である。
old（家族関係において年長の）— elder — eldest }

{ late（時間が遅い）— later — latest ▶規則変化である。
late（順序が後の）— latter — last }

{ far（距離が遠い）— farther — farthest
far（程度が大きい）— further — furthest }

② 原級による比較

原級を使った比較について述べる。

(A) as ... as ...（…と同じくらい…だ）

He is *as* tall *as* I.（彼は私と同じ背の高さだ）

　上の文は He is *as* tall *as* I (am).（彼は私の背の高さと同じ背の高さだ）の省略であるが、口語体では He is *as* tall *as* me. の文がふつう。後者は *He is as tall as me (is). の省略。主格と目的格が混同されている（⇨ 5 代名詞・発展文法 ④ ）。

　She likes you *as* much *as* I.（彼女は私が君を好きなのと同じくらい君のことも好きだ）▶She likes you as much as I (like you). の（　）内省略である。

　She likes you *as* much *as* me.（彼女は私を好きなのと同じくらい君のことも好きだ）▶She likes you *as* much *as* (she likes) me. の（　）内省略である。俗語では She likes you as much as me (likes you). ともとれるが、ふつうではない。

(B) **not as [so] ... as ...** (…ほど…ではない)

She is *not as* bright *as* you. (彼女は君ほど利発ではない)

not so ... as ... は，かつてはイギリス英語といわれており，形式的な表現。今日では not as ... as ... が多く使われる。これは元来はアメリカ英語。

(C) **x times as ... as ...** (…の x 倍…である)

倍数表現という (⇨ 8 数詞・中級文法 5 (A))。

He is *three times as* heavy *as* his son (is). (彼は息子の3倍の体重がある) ▶ 2倍は two times も用いられるが twice がふつう。

(D) **as ... as possible＝as ... as one can** (できるだけ…)

He ran away *as* fast *as possible.*＝He ran away *as* fast *as* he *could*. (彼は可能な限り速く逃げた)

(E) **原級を使った慣用表現**

上の表現の他に次の慣用表現がある。

as ... as any (どれにも負けず劣らず)，as ... as ever (相変わらず)，as good as ... (…も同然)，as long as ... (…もの間ずっと；…の限り)，as many (同数の)，as many as ... (…もの数の)，as much (同量の)，as much as ... (…もの量の)，not so much A as B (A というよりはむしろ B)，as much as to say ... (…といわんばかりに)，A as well as B (B ばかりでなく A も) など

さらに as ... as＋数詞 (…と同じほども) も重要な慣用表現。

as early *as* the 13th century (早くも13世紀には)，*as* often *as* six times a week (週に6回も)

3 比較級による比較

比較級を使う表現を述べる。

(A) 「**比較級＋than ...**」の形で「…より…だ」の意味

この比較を優勢比較という。

The population of Tokyo is larg*er than* that of Osaka. (東京の人口は大阪より多い) ▶比較の対象を明確にすること。つまり，「東京の人口」と「大阪の人口」を比較するのだから，*The population of Tokyo is larger than Osaka. としないこと。これでは「東京の人口」と「大阪」を比較することになる。

(B) ラテン系語源語の比較級

語尾に -ior がつくラテン系語源語には than でなく to を用いる。次がその例。

superior（優れた）, inferior（劣った）, senior（年上の）, junior（年下の）, prior（先だって）など

He is two years *senior to* me.（彼は私より2歳年上だ）▶He is *senior to* me by two years. ともいう。

また prefer（…の方を好む）, preferable（…より望ましい）にも to を用いる。

I *prefer* mathematics *to* chemistry.（私は化学より数学のほうが好きだ）▶prefer は動詞であるが、比較の範疇に入れておく。

Poverty is *preferable to* poor health.（貧しさは不健康よりましだ）

(C) 比較級の強調

比較級の強調には a great deal, much, far, even, still を使う。いずれも「はるかに」「ずっと」の意味。by far（はるかに）も用いるが、これは最上級の強調に使うことが多い（⇨9 副詞・中級文法①(D)(E)）。

The population of Tokyo is *much* larg*er than* that of Osaka.（東京の人口は大阪よりはるかに多い）

(D) **more A than B**（B よりむしろ A）

同一物（人）の比較では -er 型の比較級を用いずに必ずこの形を使う。

He is *more* wise *than* intelligent.（彼はインテリというよりは賢明である）

つまり

He is *rather* wise *than* intelligent.

の文と同じ意味。

(E) 劣勢比較は「**less＋原級＋than ...**」の形

劣勢比較とは「…ほど…ではない」の意味。

He is *less* courageous *than* I.（彼は私より勇気がない）

(F) 比較級の重複

比較級を重ねると「ますます…だ」の意味になる。

The day is getting short*er and* short*er*.（昼間はますます短くなっている）

(G) 比較級と定冠詞 the の関係

比較級に the がつくのは次の3つの構文に限られる。

(a)「**the＋比較級(A) ..., the＋比較級(B) ...**」で「…(A)すればするほど、ま

すます…(B)だ」の意味

　The high*er* we go up a mountain, *the* cold*er* it becomes.（山に高く登れば登るほど寒くなる）

(b)「**the**＋比較級＋理由を表す句や節」で「…のゆえにますます」「…だがそれでもなお」の意味

　I like him *all the better for* his faults.（彼の欠点のゆえに私は彼をますます好きだ）

　I like him *all the better because* he has faults.（彼が欠点をもっているゆえに私は彼をますます好きだ）

　I love him *none the less* for his faults.（彼は欠点をもっているが、それでもなお私は彼を好きだ）

　I love him *none the less* because he has faults.（彼は欠点をもっているが、それでもなお私は彼を好きだ）

(c) 二者の比較の場合

　最上級の the と同様、「限定」の the がつく。つまり、文中あるいは文外に「二者のうち…だ」の意味の時。

　He is *the* old*er of the two*.（彼はその2人のうち歳をとったほうだ）

(H) 比較級を使った慣用表現

　その他の比較級を使った慣用表現に次のものがある。

(a) **no more than ...**「たった…（＝only）」と **not more than ...**「せいぜい…（＝at most）」

　She has *no more than* ten books.（彼女はたった10冊しか本を持っていない）

　She has *not more than* ten books.（彼女はせいぜい10冊しか本を持っていない）

　同様に no less than ... は「…も（＝as much as）」、not less than ... は「少なくとも…（＝at least）」の意味。

　She has *no less than* 200 dollars.（彼女は200ドルも持っている）

　She has *not less than* 200 dollars.（彼女は少なくとも200ドルは持っている）

(b) **no more A than B**「B でないのと同じように A でない（＝not A any more than B）」

　no more A than B の B の部分で明らかに事実でないことの例をあげ、それと同様に A は事実でないと述べる表現である。

　A whale is *no more* a fish *than* a horse is.（馬が魚でないのと同様に鯨も魚でない）

I am *no more* mad *than* you are.（君と同様私も気が狂っていない）▶I am *not* mad *any more than* you (are). と同じ意味。

no less A than B は「B と同じようにA である」の意味。

no less A than B の B の部分で明らかな事実の例をあげ，それと同様に A は事実であると述べる表現である。

A whale is *no less* a mammal *than a* horse is.（馬が哺乳類であるのと同様に鯨も哺乳類だ）

(c) **A is not more ... than B**「A は B ほど…ではない」

Hanako is *not more* beautiful *than* Jane.（花子はジェーンほど美しくない）

A is not less ... than B は「A は B に優るとも劣らず…である」の意味。

Hanako is *not less* beautiful *than* Jane.（花子はジェーンに優るとも劣らず美しい）

(d) **much more ... と still more ... は肯定文で「まして…だ」の意味，much less ... と still less ... は否定文で「まして…ない」の意味**

He can speak German, *much more* English.（彼はドイツ語が話せる，まして英語はなおさらだ）

He cannot speak English, *much less* German.（彼は英語が話せない，ましてドイツ語はなおさらだ）

(e) その他

上に述べた慣用表現の他に次がある。

had better（…するほうがよい），know better than（…するほど馬鹿ではない），more likely than not（きっと），more often than not（たいてい），more or less（多かれ少なかれ），more than likely（きっと），no better than（…も同然），no longer（もはや…ない），no sooner A than B（A するとすぐに B だ），the better part（大部分）など

4 最上級による比較

最上級の用法は次の通り。

(A)「**the＋最上級＋in＋単数名詞**」あるいは「**(the)＋最上級＋of＋複数名詞**」で「…の中で最も…」の意味

He is *the most* diligent student in our class.（彼は我々のクラスの中で最も勤勉な学生だ）▶形容詞の最上級には the をつける。

He can run (the) fast*est* of our classmates.（彼は我々の級友の中で最も速く走れ

る）▶副詞の最上級には原則として the をつけない。しかし，アメリカ英語では the をつけることも多い（⇨ 10 比較・発展文法 2 ）。

(B) 最上級の強調

最上級の強調には much, by far などを使う（⇨ 9 副詞・中級文法 1 (D)(E)）。いずれも「ずばぬけて」の意味。

    This melon is *by far* the sweetest of the lot.（このメロンは全ての中でずばぬけて最も甘い）

very は意味上最上級を強めるが，実際は形式的には名詞を修飾する形容詞で「まさにその」の意味である。

    He is the *very* last man that I want to see.（彼は私が最も会いたくないまさにそんな奴だ）

(C) 最上級には even（…でさえも）の意味が含まれることがある

    The wis*est* man sometimes makes a mistake.（どんな賢者でさえも誤りを犯すことがある）

(D) 最上級と冠詞の関係

(a) 形容詞の最上級に the がつかない場合

形容詞の最上級には定冠詞 the がつくのが原則だが，次の場合は特別につかない。

(i) 同一物(人)内での比較では無冠詞

    Lake Tazawa is deep*est* here.（田沢湖はこの場所が一番深い）▶「田沢湖」は日本で一番深い湖であるが「その中でもこの場所が一番深い」と，田沢湖内での比較をしている。

    Lake Tazawa is *the* deep*est* (lake) in Japan.（田沢湖は日本で一番深い湖だ）▶「田沢湖」と他の日本の湖との比較であるから the がつく。

(ii) the の代わりに名詞や代名詞の所有格がくることがある

    She breathed *her last* (breath) yesterday.（彼女は昨日息を引き取った）

(b) most が very の意味で使われる場合

形態上は最上級である most が very の意味で使われることがある。これを絶対最上級といい（⇨ 8 比較・中級文法 3 ），「a＋most＋単数名詞」「most＋複数名詞」の形になる。

    She is *a most* efficient editor.（彼女は非常に有能な編集者だ）

    They were *most* beautiful ladies.（彼女らはとても美しい女性たちだった）

（E）最上級を使った慣用表現

最上級を使った慣用表現に次のものがある。

at (the) best（せいぜい），at (the) least（少なくとも；せめて），at (the) most（せいぜい），for the most part（たいてい），had best ...（…するのが一番いい），least of all（最も…でない），make the best of（[不十分なもの] を最大限に利用する），make the most of（[十分なもの] を最大限に利用する），not ... in the least（少しも…でない），to say the least (of it)（どんなに控えめにいっても），to the best of one's ability（力の限り），to the best of one's knowledge（…の知っている限り）など

● 中 級 文 法 ●

1 原級，比較級，最上級の相互書き換え関係

原級，比較級，最上級は文意の上で，次のように相互に書き換えることができる。

No other student in his class is as [so] clever as Yuto.（祐人ほど頭のよい学生はクラスにいない）〔原級〕

Yuto is clever*er than any other* student in his class.（祐人はクラスの中の他のどんな学生よりも頭がよい）〔比較級〕

Yuto is clever*er than* (*all*) *the* other students in his class.（祐人はクラスの中のすべての他の学生よりも頭がよい）〔比較級〕

Yuto is *the* clever*est* of all the students in his class.（祐人はクラスの中のすべての学生の中で一番頭がよい）〔最上級〕

Yuto is *the* clever*est* student in his class.（祐人はクラスの中で一番頭がよい学生だ）〔最上級〕

上の原級・比較級の文で other を使うのは，同じ種類のもの（学生なら学生の間）の比較だからである。具体的にいえば，「祐人のクラスの学生」にはもちろん祐人も含まれるので，他の学生と祐人の比較ということにしなくてはならないからである。other がないと，祐人と「祐人を含めた学生全員」を比べるというおかしなことになる。異なるものの比較の場合には other は不要である。

No building in Japan is high*er than* Mt. Takao.（日本のどの建物も高尾山ほど高くない）

「山」と「山」の比較なら「他の山」といえるが,「建物」と「山」の比較になると「他の」(other) の表現は奇妙になる。

2 比較級の特別用法

(A) 絶対比較級

比較するものがないのに比較級を使うことがある。これを絶対比較級という。「どちらかといえば…だ」「比較的…だ」と漠然と比較をする方法。

　　He belongs to the low*er* class.（彼は下層階級に属する）

　　The great*er* part of the attendants are women.（出席者の大半は女性だ）

他に high*er* education（高等教育）, young*er* generation（若者世代）などがある。

(B)「than ...」の注意点

「than ...」以下の部分では文の要素が省略されることがある。

　　He is tall*er* *than* I.（彼は私より背が高い）

では

　　He is tall*er* *than* I (am).（彼は私の背の高さより背が高い）

の am が省略されている。

このように比較の文において省略自体は珍しいことではない。この現象は不要なものは省くという傾向をもつ英語においては当然のことで,重複部分を避けようとする理に基づいたものである。

　　He did the work bett*er* *than* last year.（彼はその仕事を昨年よりよくやった）▶ He did the work bett*er* *than* (he had done the work) last year. の ( ) 内の省略されたもの。

　　I am not *less* anxious *than* you to be an actress.（あなたに劣らず私は女優になりたいと思っています）▶ I am not *less* anxious *than* you (are anxious) to be an actress. の ( ) 内の省略されたもの。

(C)「than ...」の省略

「than ...」全体が省略されることがある。文脈上の問題で自明のことゆえ省略される。

　　He is clever, but she is clever*er*.（彼は利口だが,彼女はもっと利口だ）▶当然, He is clever, but she is clever*er* (*than* he is). の ( ) 内の省略。

3 絶対最上級

　最上級が何かと比べて「最も」や「一番」の意味を表すのでなく強意のため，つまり単に「程度」の強さを示すことがある。これを絶対最上級という。
　　It was *a most* lovely flower.（それは非常にかわいい花だった）▶most は「非常に」と単に程度を強めているだけで，very と同じ意味になっている。
　　Please give my *best* regards to your parents.（ご両親へはくれぐれもよろしくお伝えください）▶best regards は「敬意」の意味の強め。他に my dear*est* mother（母上），with deep*est* tenderness（親愛なる優しさで）などがある。

● 発 展 文 法 ●

1 比較級の形容詞や副詞がないのに比較級

　一見した限りでは比較級が見当たらないのに比較級が隠れている場合がある。
（A）**rather ... than ...**
　　I would *rather* die *than* live.（私は生きているより死にたい）
の英文には比較級がないにもかかわらず than が使われている。rather（むしろ）は今日では比較級ではないが，-er の形から推測できるように，古期英語の時代には比較級であった。原級は rathe（早い）である。つまり rather ... than ... は古期英語の名残で，上の文は
　　I would *sooner* die *than* live.
と同じ意味である。

（B）**different than ... あるいは different to ...**
　　He is *different than* her.（彼は彼女とは違う）
の英文も比較級がないのに than が使われる。通例は
　　He is *different from* her.
と from を使うが，アメリカ英語では different than もきわめてふつうに使用される。最近はイギリス英語でも増えてきている。different の綴り字には -er が含まれるゆえ，比較級と解釈するのである。
　また different to ... もある。なぜか。関連した例をあげる。
　　I *prefer* wine *to* beer.（私はビールよりワインが好きだ）

これもある種の比較で，

　　I like wine bett*er* *than* beer.（私はビールよりワインが好きだ）

と同じ意味である。prefer の形容詞 preferable も元来，比較の意味をもつから

　　Wine is *preferable to* beer.（ワインはビールより望ましい）

の文もある。preferable の綴り字には -er が含まれている。different の綴り字に -er が含まれているのと同様に。したがって

　　He is *different to* her.（彼は彼女とは違う）

も生じる。

　さて，そうなれば，動詞 differ にも比較の用法があってもいい。あくまで differ from がふつうであることに変わりはないが，differ than があっても不思議ではない。

　　Her opinion *differs than* his.（彼女の意見は彼のとは違っている）

2 副詞の最上級に the がつく理由

　ふつう副詞の最上級には the をつけないが，アメリカ英語では the がつくことが多い。

　　He did the work *the best*.（彼はその仕事を一番よくやった）

　この現象はアメリカ英語の古さを物語る典型的な例である。

　なぜ副詞の最上級に，形容詞と同じように the をつけるのか。それは，元来，英語には形容詞と副詞の区別はなかったからである。その当時の名残が，たとえば

　　He walks *slow*.（彼は歩くのが遅い）

などのいわゆる単純形副詞（flat adverb）に残っている（⇨ 9 副詞・中級文法 2）。古期英語の時代は形容詞に -e をつけて副詞を作っていた。中期英語の時代に副詞語尾 -e がとれ，形容詞と副詞が同形になった。すなわち，形態上，形容詞と副詞の区別がつかなくなった。その後，15 世紀頃から形容詞に -ly をつけて副詞化する技法が始まった。この頃の英語がアメリカに渡り始めていた。

　現在，英語が属するゲルマン語の中で，形容詞と副詞を区別しているのは英語だけであり，他のゲルマン語はすべて，形容詞と副詞は同形である。イギリス英語とアメリカ英語を比較すれば，アメリカ英語は，よりゲルマン性を維持しているといえる。昔から，形容詞の最上級には the をつけていた。つまり，形容詞と副詞の区別がつかない時代に副詞の最上級に the をつけることに何の違和感も生じなかったのは当然の結果である。それが今でも残っている。

11 不定詞

　不定詞 (infinitive), 動名詞 (gerund), 分詞 (participle) の3つを準動詞 (verbal) という。それぞれ動詞に準ずる性質を有するから，その名がつく。ここでは不定詞を扱う。

　不定詞には「to＋動詞の原形」の形の「to 不定詞」(to-infinitive) と to をつけない「原形不定詞」(root infinitive あるいは bare infinitive) の2種類がある。

　「to 不定詞」は動詞的性質をもちながら，名詞・形容詞・副詞などの働きをする。一方，原形不定詞は助動詞と共に述語動詞になったり，使役動詞・知覚動詞などの目的格補語になったりする。一般に単に不定詞という時は「to 不定詞」をさすことが多い。

● 初 級 文 法 ●

1 「to 不定詞」の基本用法

　「to 不定詞」は動詞的性質としては，目的語・補語をとり，副詞語句に修飾され，能動態や受動態を作り，かつ時制的働きをする。名詞的性質としては，主語・目的語・補語になる。形容詞的性質としては，名詞・代名詞を修飾・限定したり，補語になる。副詞的性質としては，動詞・形容詞・他の副詞を修飾・限定する。なお「to 不定詞」の否定は not や never を「to 不定詞」の直前に置く。

　Not to sleep tonight is very important.（今晩は眠らないことが非常に大切だ）
のように。

(A) 名詞用法
(a) 主語として
　To sleep well is very important.（十分睡眠をとることは非常に重要である）
　It is very important *to sleep* well.（十分睡眠をとることは非常に重要である）▶

It は形式主語，真主語は to sleep well。

(b) **補語として**

To know him is *to love* him.（彼を知ることは彼を愛することになる）▶主格補語として。

I consider him *to be* honest.（私は彼を正直だと考える）▶目的格補語として。

(c) **目的語として**

She agreed *to go* with him.（彼女は彼と一緒に行くことに同意した）▶動詞の目的語として。

He had no choice but *to study* French.（彼はフランス語を勉強する他に選択の余地がなかった）▶前置詞の目的語として。ただし，これはまれな例で，but や except を除けば，不定詞が前置詞の目的語になることはほとんどない。

(B) **形容詞用法**

限定用法と叙述用法がある。

(a) **限定用法**

She has no friends *to help* her.（彼女は自分を助けてくれる友人がいない）▶ friends は help の意味上の主語。

She has no friends *to help*.（彼女は助けてやる友人がいない）▶ friends は help の意味上の目的語。

He has no house *to live* in.（彼には住むべき家がない）▶ house は前置詞 in の目的語。

関係代名詞が間に入る場合もある。

He has no house in *which to live*.（彼には住むべき家がない）▶元来は He has no house in *which* (he is) *to live*. の（　）内が省略されたもの。

(b) **叙述用法**

「to 不定詞」が補語になる場合。

He seems *to be* ill.（彼は病気のように見える）＝It seems that he is ill.

他に次がある。

appear＋「to 不定詞」（…のように見える），turn out＋「to 不定詞」（…だとわかる）など

次は厳密には補語かどうかの問題はあるが，少なくとも形の上では補語的に使用されている。

chance＋「to 不定詞」（はからずも…する），happen＋「to 不定詞」（たまたま…する）など

(C) 副詞用法

動詞, 形容詞, 他の副詞や文を修飾する。

(a) 動詞を修飾し「目的」「結果」「理由」「条件」などを表す

He went out *to take* a walk.（彼は散歩をするために外出した）▶「目的」を表す。

She grew up *to be* a beautiful lady.（彼女は成長して美しい女性になった）▶「結果」を表す。

He is a fool *to reject* her offer.（彼女の申し出を拒否するなんて彼は馬鹿だ）▶「理由」を表す。

To hear him speak English, you would think he is an American.（彼が英語を話すのを聞けば, 君は彼をアメリカ人だと思うだろう）▶「条件」を表す。

(b) 形容詞を修飾する

We are ready *to start*.（我々は出発の用意ができている）

Is this food good *to eat*?（この食べ物は食べるのによいですか）

(c) 副詞を修飾する

He ran too fast *to follow*.（彼は追いつけないくらい速く走った）

(d) 独立不定詞として

独立して文全体を修飾する。多くは「条件」や「譲歩」を表し, イディオムになっている。

To tell the truth, he is a very good man.（本当のことをいえば, 彼は非常によい男だ）

他に次がある。

to be frank with you（あからさまにいえば）, to begin with（まず第一に）, to be sure（確かに）, to do ... justice（…を公平に言って）, to make the matter worse（さらに悪いことには）, to say nothing of ...（…はいうまでもなく；…はさておき）, to start with（まず第一に）, not to mention ...（…はいうまでもなく）, not to say ...（…とはいえないまでも）, so to speak（いわば）, strange to say（不思議なことだが）など

(D) 慣用的な用法

(a) 「be+to 不定詞」

用法でいえば形容詞の叙述用法であるが, 特別なものとして扱う。英語発生当時から存在する用法で,「予定」「運命」「義務」「可能」「命令」「当然」「意志」などを表す。

He *is to go* to Europe this summer.（彼はこの夏ヨーロッパに行く予定である）▶「予定」を表す。

He *was* never *to see* his motherland again.（彼は再び母国の土を踏むことはなかった）▶「運命」を表す。

You *are to obey* the school regulations.（君は校則に従うべきだ）▶「義務」を表す。

Not a soul *was to be* seen on the street.（路上には人っ子一人見られなかった）▶「可能」を表す。

If you *are to remain* here, you have to be quiet.（もし君がここにいようとするなら、静かにしなくてはならない）▶「意志」を表す。

(b) 「**get＋to 不定詞**」（…するようになる），「**come＋to 不定詞**」（…するようになる）

They *got to know* each other.（彼らは互いに知り合いになった）▶「get＋to 不定詞」は口語体で使う。

How did you *come to know* it?（君はどうしてそのことを知っているのか）

(c) 「**in order＋to 不定詞**」（…するために），「**so as＋to 不定詞**」（…するために）

単に「to 不定詞」でも「目的」を表せるが、これらの表現のほうがより鮮明に「目的」であることを表せる。

He has gone to England *in order to study* English.（彼は英語を勉強するためにイギリスへ行った）

否定は「in order not＋to 不定詞」「so as not＋to 不定詞」の形になる。

(d) 「**have (got)＋to 不定詞**」（…しなければならない）

You *have (got) to go* to school.（君は学校へ行かなくてはならない）

(e) 「**too＋形容詞あるいは副詞＋to 不定詞**」（あまりに…すぎて…できない；…するには…すぎる）

He walks *too* fast *to* follow.（彼は追いつけないくらい速く歩く）

(f) 「**the last ... ＋to 不定詞**」（決して…しない…）

He is *the last* man *to tell* a lie.（彼は決して嘘をつかない男だ）

(g) その他

「so ... as＋to 不定詞」（…するほど…だ；…なので…する）

「... enough＋to 不定詞」（…するほど…だ）　など

2 「疑問詞＋to 不定詞」の用法

what, which などの疑問代名詞や where, when などの疑問副詞が、「疑問詞＋

to 不定詞」の形になることがある。「…すべき」の意味になる。

What to say is more important than *how to say*. (何を言うべきかはどう言うべきかより重要だ) ▶主語になる。

The question is *when to start* it. (問題はいつそれを始めるべきかだ) ▶補語になる。

I don't know *where to go*. (私はどこへ行くべきか知らない) ▶目的語になる。

この形式は「疑問詞＋文の主語＋be 動詞＋to 不定詞」における「文の主語＋be 動詞」の省略である。なぜなら，疑問詞は接続詞の一部であり，従属節では主語が「主節の主語」と一致すれば，「主語＋be 動詞」は省略されるから。つまり，最後の例文でいえば

I don't know *where I am* to go.

の I am が省略されたと考えればよい。

3 原形不定詞の用法

既に「2 動詞」で説明したので復習の意味で形式だけ述べる。

(A) 知覚動詞と共に使用される

I heard him *sing*. (私は彼が歌うのが聞こえた)

ただし，受動態には「to 不定詞」を用いる。

He was heard *to sing* by me. (彼は歌うのを私に聞かれた)

(B) 使役動詞と共に使用される

He made her *go* to work. (彼は彼女を仕事に行かせた)

ただし，受動態には「to 不定詞」を用いる。

She was made *to go* to work by him. (彼女は彼に仕事に行かされた)

(C) 原形不定詞を含む慣用表現

He *cannot but cry*. (彼は泣かざるをえなかった)

他に次がある。

「do nothing but＋原形不定詞」(…してばかりいる)

「had better＋原形不定詞」(…したほうがいい) ▶否定は「had better not＋原形不定詞」の形になる。

「would [had] rather＋原形不定詞（＋than＋原形不定詞）」((…するくらいなら) …するほうがましだ) など

● 中 級 文 法 ●

1 不定詞の形容詞用法の主語と述語関係

（A）名詞が不定詞の意味上の主語になる

　　　He has no friends *to help* him.（彼は自分を助けてくれる友人がいない）
　つまり friends to help him には friends help him（友人が彼を助けてくれる）の主語と述語の関係がある。この主語と述語の関係を「ネクサス」（nexus）という。関係代名詞を使えば He has no friends who help him. になる。

（B）名詞が不定詞の意味上の目的語になる

　　　He has no friends *to help*.（彼は助けてやる友人がいない）
　つまり friends to help には helps friends（彼が友人を助ける）の目的関係がある。関係代名詞を使えば He has no friends whom he helps. になる。

（C）不定詞が名詞を説明する

　　　He made a decision *to retire*.（彼は引退する決意をした）
　つまり a decision to retire は a decision of retiring（引退の決意）あるいは a decision that he will retire（彼が引退するという決意）という説明的同格関係になっている。

2 完了不定詞

　「to have＋過去分詞」の型で表される不定詞の完了形を完了不定詞（perfect infinitive）という。次の用法がある。

（A）述語動詞より「以前の時」を表す

　　　He seems *to have been* ill.（彼は病気であったように見える）＝It seems that he was ill. または It seems that he has been ill. ▶to have been の表す「時」は seems（現在）より前。He seems to be ill.（彼は病気であるように見える）＝It seems that he is ill. では，to be と seems の「時」は同時で，現在である。
　　　He seemed *to have been* ill.（彼は病気であったように見えた）＝It seemed that he had been ill. ▶to have been の表す「時」は seemed（過去）より前。He seemed to be ill.（彼は病気であるように見えた）＝It seemed that he was ill. では，to be と seemed の「時」は同時で，過去である。

（B）未来完了の代用

完了不定詞が未来完了の代用をすることがある。

I hope *to have written* a letter to her by the end of this month.＝I hope that I shall have written a letter to her by the end of this month.（私は今月の終わりまでに彼女に手紙を書き終えてしまっておきたい）

3 代不定詞

「to＋動詞の原形」を使用せず to のみを使うことがある。重複を避けるための現象で、口語に多く見られる。これを代不定詞（pro-infinitive）という。

Don't read the book unless you want *to*.（読みたくない限り、その本は読むな）

当然，Don't read the book unless you want *to read it*.
の省略で、文末の to は to read it（＝the book）のことである。

4 不定詞の主語

不定詞には意味上の主語（sense subject）がある。不定詞は動詞に準ずるものであるから、必ず動作をする主体がある。これを表すものを不定詞の意味上の主語という。一般に for をつけて示す。例えば，

It is difficult for *him* to read the book.（その本を彼が読むのは困難だ）

の文で不定詞 to read の動作の主体は、for him の him である。

For *a child* to talk to his father like that was a thing unheard of.（子供が父親に向かってあんな口をきくなんて、前代未聞のことであった）

も同様。to talk の意味上の主語は a child。

不定詞の意味上の主語には動詞の目的格がなることも多い。

I believe *him* to be honest.（私は彼が正直であることを信じている）

I warned *him* not to cheat.（私は彼がカンニングをしないように警告した）

しかし、文によっては意味上の主語がない場合もある。

To see is *to believe*.（見ることは信じることだ＝百聞は一見に如かず）

このように意味上の主語が示されていない時、主語は「人間」あるいは「その場にふさわしい当面の人」と考える。

また、意味上の主語が of ... で表されることもある。

It is very kind of *you* to give me the book.（その本を私にくれるなんて君はすごく親切だね）

上の文は不定詞の意味上の主語を文の主語にして

　You are very kind to give me the book.（君は私にその本をくれてすごく親切だね）

といい換えることができる。前者は「行為」が親切であるのに対して，後者は「人」が親切であるというニュアンスの違いがある。

　なお，

　　It is difficult for *him* to read the book.

のような for 型の文は，不定詞の意味上の主語を文の主語にして

　　*He is difficult to read the book.

といい換えることはできない。for 型か of 型かは形容詞の性質による。その形容詞の内容が人にも行為にもあてはまるなら of 型である。意味上の主語が of ... で表される形容詞は次のようなものである。

　　bold（大胆な），brave（勇敢な），careful（注意深い），clever（利発な），cruel（残酷な），foolish（馬鹿な），good（よい），honest（正直な），nice（よい），polite（丁寧な），rude（粗野な），silly（馬鹿げた），thoughtful（思いやりのある），wicked（邪悪な），wise（賢明な），wrong（誤った）など

● 発 展 文 法 ●

1 不定詞の形式上の主語

　不定詞には，形式上の主語と見なさなくてはならない主語がある。

　　I expect *there* to be no room for doubt.（私は疑いの余地はないと思う）▶there は場所の観念を表しておらず，単に存在を示す形式的な主語の役割をはたす。expect は他動詞だが副詞 there が目的語になっている。

　　I think it is a pity for *there* to be any dissatisfaction between us.（我々の間に不満があるのが残念であると私は思う）▶「for ...＋to 不定詞」の場合でも，「...」の位置に意味上の主語として there が入ることがある。前置詞の目的語は名詞がなるはずだが。

2 分離不定詞

　「to 不定詞」の「to」と「動詞の原形」の間に副詞が入る形を「分離不定詞」あ

るいは「分裂不定詞」(split infinitive) という。「程度」「時」「様態」を表す副詞の場合に多く使用される。分離不定詞が流行し始めたのは 19 世紀後半からで，正式の文法では使用しないほうがよいとされてきたが，現実には非常に多く使われる。

 She advised me *to write* a letter to her parents *carefully*.

の文は，副詞 carefully が write に係るのか advised に係るのか明確でない。形の上からは「彼女は私が彼女の両親に手紙を注意深く書くようにアドバイスをしてくれた」と「彼女は私が彼女の両親に手紙を書くように注意深くアドバイスをしてくれた」の両者に解釈できる。なぜなら，副詞の位置に絶対的な決まりはないからである。

 carefully が advised に係ることを明確にするのは簡単である。carefully を advised の直前に置けばよい。

 She *carefully* advised me to *write* a letter to her parents.（彼女は私が彼女の両親に手紙を書くように注意深くアドバイスをしてくれた）

 では，carefully が write に係ることを明確に示すにはどうすればよいか。write の直後に置くと目的語の letter が離れてしまうのでそれはできない。したがって，write の直前，つまり to と write の間に置くことになる。

 She advised me *to carefully write* a letter to her parents.（彼女は私が彼女の両親に手紙を注意深く書くようにアドバイスをしてくれた）

とすれば，carefully が to write を修飾するのは一目瞭然である。

 今日の英語では，文意を明確にするため，ますます多く分離不定詞が使われるようになってきている。次は副詞 visibly を「to」と「動詞の原形」の間に置いて，「目に見える形で遵守する」と述べている。

 We call upon the DPRK (North Korea) *to visibly honor* its commitment to give up nuclear weapons programs and reaffirm our commitment to ensure a peaceful resolution of this issue.（我々は DPRK（北朝鮮）が核兵器計画を放棄するという約束を目に見える形で遵守し，この問題の平和的解決を保証するという合意事項を再度確約するのを要求する）（Reuters 電）

3 He has no house *to live.* は正しいか

結論としては，口語では正しい。しかし，文法上は

 He has no house *to live in.*（彼には住むべき家がない）

が正しい。この文は，元来は，

 (1) He has no house *in which* he is *to live.*（彼には住むべき家がない）（文章

(2) He has no house *which* he is *to live in*.（彼には住むべき家がない）（口語体）▶前置詞が後置されているので口語体である。

のいずれかだと考えられる。

　これら2つの文ともに，従属節の主語は主節の主語に一致するので，従属節の「主語+be 動詞」は省略可能であり，また関係代名詞も目的格であるので省略できる。

　つまり，

(3) He has no house *to live in*.

となる。しかし，(1)において関係代名詞を省略する際に，関係代名詞のみならず「前置詞＋関係代名詞」を省略したらどうなるか。

(4) He has no house *to live*.

となる。嘘のような話であるが，事実だ。これは 17 世紀特有の省略である。つまり，17 世紀においては，くだけた文体では前置詞の目的語である関係代名詞は，時折前置詞と共に省略されたのである。

4 「be＋to 不定詞」の特別用法

　「be＋to 不定詞」は「予定」「運命」「義務」「可能」「命令」「当然」「意志」などを表す。しかし，次の文はどうか。

　　TO LET　▶イギリス英語で「貸家あり」「貸間あり」の意味の看板あるいは貼り紙の文言。

これは

　　This house *is to let*. あるいは This room *is to let*.

の省略形。しかし不定詞の用法からすれば

　　TO BE LET

ではないのか。つまり，

　　This house *is to be let*. あるいは This room *is to be let*.

でなくてはネクサスが成立しない。今，後者を例にとると，

　　This room is for *me to let*.

ならば，to let の意味上の主語は me である。for me がないと意味上の主語は文の主語に一致するので this room になる。つまり「部屋」が「何か」を貸すことになってしまう。

　ここで考え方を変える。「be＋to 不定詞」には「受動」の意味があったのでは，

と。

　その通り。古い英語では「be+to 不定詞」に「可能・当然の意味を含む受動」の意味があった。ところが，14世紀頃から「be+過去分詞」で受動が表現されるようになり，「be+to 不定詞」から「受動」の意味が消滅した。

　次がその名残。

　　He *is to blame* for the delay.（彼は遅れに対して非難されるべきだ）

今日の英語で表現するなら

　　He *is to be blamed* for the delay.

とすべきだ。

他の例をあげる。

　　What *is to do*?（何がされなくてはならないか）＝What *is to be done*?

　　There is no *time to lose*.（無駄にする時間はない）＝There is no *time to be lost*.

ドイツ語では，今日でも「sein+zu 不定詞」（英語の「be+to 不定詞」に相当）で「受動」の意味になる。

　　Sie *ist zu loben.*（彼女は賞賛されるべきだ）▶形式的には英語の She *is to praise.* に相当するが，意味の上では She *is to be praised.* になる。

12 分　　詞

　　分詞には現在分詞（present participle）と過去分詞（past participle）がある。動詞と形容詞の両方の性質を分かち合っているので分詞という。
　　現在分詞には単純形と完了形がある。そのそれぞれに能動形と受動形がある。例えば send には sending（単純形），having sent（完了形），being sent（単純形の受動態），having been sent（完了形の受動態）というように。過去分詞は動詞の原形に -ed をつけるのがふつうであるが，不規則変化をするものも多い。

● 初 級 文 法 ●

1 分詞の基本用法

　現在分詞は動詞の原形に -ing をつけた形で，be 動詞と結びついて進行形を作る。他動詞の過去分詞は be 動詞と結びついて受動態を作る。さらに「have＋過去分詞」で完了形を作る。現在分詞も過去分詞も共に，形容詞として名詞を修飾するという役割も大きい。なお，分詞の否定は not や never を分詞の前に置く。
　　Not knowing him, I could not speak to him.（彼を知らなかったので，私は彼に話しかけられなかった）
のように。

2 分詞の動詞的性質

　分詞の動詞的性質には 3 つある。
（A）「**be＋現在分詞**」で進行形を作る
　　The dog *is sleeping*.（その犬は眠っている）

(B) 「**be**＋他動詞の過去分詞」で受動態を作る

The window *was broken* by him.（その窓は彼に割られた）

(C) 「**have**＋過去分詞」で完了形を作る

I *have* just *written* my letter.（私はちょうど手紙を書き終えたところだ）

3 現在分詞の形容詞用法

現在分詞の形容詞用法は2つある。限定用法と叙述用法である。

(A) 現在分詞の限定用法

名詞の前後について名詞を修飾する。現在分詞の表す意味は「能動」や「進行」である。

単独で使われる時はふつう名詞の前に置く。

the *rising* sun（昇る太陽）

他の修飾語を伴う時はふつう名詞の後に置く。

the sun *rising* in a red glow（真っ赤に燃えて昇る太陽）

(B) 現在分詞の叙述用法

(a) **主格補語として**

The scene was very *pleasing* to us.（その場面は我々を非常に楽しませてくれた）
▶動詞が be 動詞の不完全自動詞の場合。

He came *running* towards me.（彼は私のほうへ走ってきた）▶動詞は完全自動詞ではあるが，be 動詞に準ずる性質をもつ。

He kept *standing* for three hours.（彼は3時間立ち続けていた）▶上の例文と同じ範疇であるが，be 動詞に準ずる動詞には他に sit（座る），lie（横になる），stand（…の状態でいる），go（行く）などがある。

(b) **目的格補語として**

I saw him *swimming* in the river.（私は彼が川で泳いでいるのを見た）▶「see（知覚動詞）＋目的語＋現在分詞」の文型の補語として。

He kept me *waiting* for a long time.（彼は長い間私を待たせた）▶「keep［leave など］＋目的語＋現在分詞」の文型の補語として。

I have my friend *staying* at my house.（私は友人を家に泊めている）▶「have（使役動詞）＋目的語＋現在分詞」（「人」「物」を…しておく）の文型の補語として。

She got the clock *going* again.（彼女は時計を再び動くようにさせた）▶「get＋

目的語＋現在分詞」(「人」「物」を…させる)の文型の補語として。

(C) 副詞用法
形容詞用法ではないが，現在分詞を使っているので便宜上ここで扱う。

He was caught in a shower and was *dripping* wet to the skin.（彼はにわか雨にあい，ずぶ濡れになった）▶dripping は現在分詞から転じた形容詞であるが，さらに副詞に転化したと考える。一種の強調表現である。

(D) 現在分詞の慣用表現
現在分詞を使った慣用表現には次がある。

(a) **be busy ...ing**（…するのに忙しい）
He is busy *taking* care of his children.（彼は自分の子供たちの世話に忙しい）▶やや古い用法では「be busy in ...ing」としていたが，in が入ると ...ing は動名詞になる。

(b) **「spend＋時間やお金＋...ing」**（…に「時間やお金」を費やす）
He spent much money *buying* books.（彼は本を買うのに大金を使った）▶やや古い用法では「spend＋時間やお金＋in [on] ...ing」としていたが，in や on が入ると ...ing は動名詞になる。

(c) **have difficuty [trouble] ...ing**（…するのに骨が折れる）
I had some difficulty *reading* the book.（私はその本を読むのに多少苦労した）▶やや古い用法では「have difficulty in ...ing」としていたが，in が入ると ...ing は動名詞になる。difficulty の代わりに trouble が使われることもある。

(d) **lose no time ...ing**（早速…する）
She lost no time *doing* it.（彼女は早速それをした）▶やや古い用法では「lose no time in ...ing」としていたが，in が入ると ...ing は動名詞になる。

(e) **feel guilty ...ing**（…するのに気がとがめる）
They feel guilty *taking* a vacation.（彼らは休暇をとるのに気がとがめる）▶やや古い用法では「feel guilty about ...ing」としていたが，about が入ると ...ing は動名詞になる。

(f) **be comfortable ...ing**（気楽に…する）
Bush is comfortable *making* decisions.（ブッシュは気楽に意思決定をする）▶やや古い用法では「be comfortable about ...ing」としていたが，about が入ると ...ing は動名詞になる。

(g) **be careful ...ing**（注意して…する）
You should be careful *crossing* the street.（君は注意して道路を渡らなくてはな

らない）▶やや古い用法では「be careful in[about] ...ing」としていたが，in [about] が入ると ...ing は動名詞になる。

4 過去分詞の形容詞用法

過去分詞にも限定用法と叙述用法がある。

(A) 過去分詞の限定用法

名詞の前後について名詞を修飾する。過去分詞の表す意味は，他動詞の場合は「受動」，自動詞の場合は「完了」または「結果」である。

単独で使われる時はふつう名詞の前に置く。

spoken English（口語英語），*fallen* trees（倒れた木）

他の修飾語を伴う時はふつう名詞の後に置く。

English *spoken* in India（インドで話される英語）

the authorities *concerned*（関係当局）▶単独で名詞の後に置く場合もある（⇨ 7 形容詞・中級文法 2 (B)）。

(B) 過去分詞の叙述用法

(a) **主格補語として**

The street was *deserted*.（通りは人けがなかった）▶通例，過去分詞は形容詞化していると考える。

He appeared *shocked*.（彼はショックを受けているように見えた）▶動詞は be 動詞に準ずる性質をもつ。他に feel（感じる），lie（横たわる），remain（…のままでいる）などがある。

(b) **目的格補語として**

I saw a dog *run* over by a car.（私は犬が車に轢かれるのを見た）▶「see（知覚動詞）＋目的語＋過去分詞」の文型の補語として。

I made myself *understood* in French.（私はフランス語で自分の言うことを分からせた）▶「make（使役動詞）＋目的語＋過去分詞」の文型の補語として。

I had my purse *stolen* yesterday.（私は昨日財布を盗まれた）▶「have（使役動詞）＋目的語＋過去分詞」（「人」「物」を…される；「人」「物」を…してもらう；「人」「物」を…させる）の文型の補語として。

I got my hair *cut* yesterday.（私は昨日髪を切ってもらった）▶「get＋目的語＋過去分詞」の文型の補語として。

●中級文法●

1 分詞構文

　分詞を中心とする句が副詞的に文を修飾する場合，その分詞句を分詞構文（participial construction）という。副詞的に文修飾したり，等位節のように文と対峙したりする。いろいろの形で文の補足をする。一般に以下のものを表す。分詞構文がどのような副詞的働きをしているかの判断は，文全体の内容や文脈による。

　分詞構文は慣用表現や付帯状況を表す場合を除けば文章体である。接続詞を使った文のほうが一般的である。

（A）現在分詞の分詞構文

　例えば

　　Arriving in London, I telephoned him.

の文の分詞構文 Arriving in London は「ロンドンに着いた時」（時），「ロンドンに着いたので」（理由），「ロンドンに着いた，そして」（付帯状況）などを表す。最終的には文脈や周囲の状況で意味を判断せざるをえない。このように分詞構文は複雑な要素を含むが，大別すると次の5つを表す。

(a) 時を表す

　Walking along the street, I met her. （通りを歩いている間に，私は彼女に会った）＝While I was walking along the street, I met her. ▶分詞 walking は接続詞 while と動詞 was walking の両者の働きをする。

(b) 原因・理由を表す

　Not *knowing* what to do, he was at a loss. （何をしたらよいのか分からなかったので，彼は途方にくれた）＝As he did not know what to do, he was at a loss. ▶分詞 knowing は接続詞 because と動詞 knew の両者の働きをする。

(c) 条件を表す

　Turning to the left, you can find the post office. （左に曲がれば，郵便局を見つけられるよ）＝If you turn to the left, you can find the post office. ▶分詞 turning は接続詞 if と動詞 turn の両者の働きをする。

(d) 譲歩を表す

　Admitting what he says, I cannot believe him. （彼の言うことを認めはするが，私は彼を信用できない）＝Although I admit what he says, I cannot believe him. ▶分詞 admitting は接続詞 although と動詞 admit の両者の働きをする。

(e) 付帯状況を表す

「付帯状況」とは曖昧な用語であるが,「…しながら」と「…して,そして」の2つの意味がある。前者は主文と分詞構文の動作が同時に行われている場合で,後者は分詞構文の動作が後に行われる場合である。

She got down from the train, *holding* on to his hand. (彼女は彼の手を握りながら,汽車から降りた) ＝ She got down from the train, while she was holding on to his hand. ▶分詞 holding は接続詞 while と動詞 was holding の両者の働きをする。while は動作や状態が継続している時間を示すが,その節中には進行形が多く使われる。

The train starts from Tokyo at 8, arriving at Sendai at 10. (その列車は8時に東京を出て,10時に仙台に着く) ＝ The train starts from Tokyo at 8, and arrives at Sendai at 10. ▶分詞 arriving は接続詞 and と動詞 arrives の両者の働きをする。分詞構文は等位節のような働きをしている。

さらに完了形の分詞構文もある。

Having been deceived so often, I am now on my guard. (今まで度々だまされたので,私は警戒している) ＝ As I have been deceived so often, I am now on my guard. ▶完了形の現在分詞は主文の動詞の時制より前を表す。

(B) 過去分詞の分詞構文

過去分詞の分詞構文の役割は現在分詞の分詞構文と同一であるが,形式上過去分詞を使用するので過去分詞の分詞構文という。現在分詞の分詞構文の being あるいは having been が省略されたと考えるとわかりやすい。

(*Being*) *Tired* from too much work, he went to bed earlier than usual. (彼はたくさんの仕事で疲れていたので,いつもより早く寝た) ＝ As he was tired from too much work, he went to bed earlier than usual. ▶tired は形は過去分詞であるが,形容詞の分詞構文とも考えられる。

(*Having been*) *Bred* in France, he cannot speak French very well. (彼はフランスで生まれ育ったが,上手にフランス語を話せない) ＝ Although he was [has been] bred in France, he cannot speak French very well. ▶時制を考慮すれば,完了の受動態の分詞構文と考えられる。

(C) 接続詞のある分詞構文

分詞構文に接続詞がある場合がある。接続詞をつけるのは意味を明確にしたい時,および,分詞構文の -ing が進行形である時などである。

When reading a book, he fell asleep. (本を読んでいる時に,彼は眠り込んだ) ▶

When he was reading a book, he fell asleep. の he was の省略と見ることもできる。

Though badly *wounded*, he continued fighting.（彼はひどい傷を負ってはいたが，戦い続けた）▶Though he was badly wounded, he continued fighting. の he was の省略と見ることもできる。

(D) その他の分詞構文

分詞構文では being あるいは having been は省略可能。次の分詞構文はいずれもその形だと考えられる。

(a) 形容詞の分詞構文

(*Being*) *Unable* to speak French, he communicated by gesture.（フランス語を話すことができなかったので，彼はジェスチャーで意思の伝達をした）

(b) 補語の名詞の分詞構文

(*Being*) *An outstanding artist*, he has been respected by all.（傑出した芸術家なので，彼は皆から尊敬されてきた）

(E) 分詞構文の位置

分詞構文は文頭・文中・文末のいずれに置いてもよい。

Deciding to stop touring, the Beatles kept on recording, *producing* the greatest album in pop music history.（ツアー公演を止めることを決めると，ビートルズはレコーディングを続け，やがてポップミュージック史上最高のアルバムを生み出した）▶分詞構文が文頭と文末にある例。このように分詞が複数ある場合もある。

Jack, *shaking* hands with her, said something to her.（ジャックは彼女と握手をしながら，彼女に何か言った）▶分詞構文が文中にある例。

(F) 独立分詞構文

分詞構文の意味上の主語と主文の主語は基本的に同じであるが，両者が異なる場合は分詞構文の主語を置かなくてはならない。この形の分詞構文を独立分詞構文（absolute participial construction）という。

(a) 独立分詞構文の基本用法

It *being* stormy, I could not go to school.（嵐模様だったので，私は学校へ行けなかった）＝Because it was stormy, I could not go to school. ▶文の主語は I で，分詞構文の主語は it。両者は異なるので，分詞構文の主語を置かなくてはならない。

(b) **懸垂分詞構文** (dangling participial construction)

　Living alone, his room is not neat and trim. (独り暮らしなので，彼の部屋はきれいに整っていない)

の文は本来は

　He *living* alone, his room is not neat and trim.

でなければならない。なぜなら，主文の主語は his room で，分詞構文の主語は he であるから。しかし，前者の表現は許容される。living alone の主語は his room でなく he であることは明白であるから。実際には，この種の分詞構文はふつうに使われている。これを懸垂分詞構文という。

(c) **独立分詞構文の慣用用法**

　独立分詞構文の意味上の主語と文の主語が一致しなくても慣用的に許される場合がある。一般に，分詞の主語が「一般の人を表す we, you, they など」の場合である。これを独立分詞構文の慣用用法という。

　Strictly *speaking*, what he says is not right. (厳密に言うと，彼の言うことは正しくない)

これは，本来は

　We strictly *speaking*, what he says is not right.

でなくてはならない。しかし，自明のことゆえ，主語 we は省略される。

　その他，独立分詞構文の慣用用法には次がある。

　assuming that ... (…と仮定すれば), generally speaking (一般的にいえば), granting that ... (仮に…だとしても), judging from ... (…から判断すれば), talking of ... (…といえば), weather permitting (天候が許せば) ▶仮に the がついて the weather permitting であれば単なる独立分詞構文。

(d) **分詞構文の形式上の主語**

　分詞構文の形式上の主語がある。

　There *being* no rain, the road was hard. (雨が降っていないので，道路は固かった) ▶there に場所の観念はない。単に「雨」の存在を示すだけであるが，形式上の主語になっている。

(G) **独立分詞構文と付帯状況 with との関係**

　付帯状況を表す独立分詞構文の前に with がつくことがある。これを「付帯状況の with」といい，「…しながら」の意味になる。ここでは名詞とその後にくる品詞とはネクサス (主語と述語の関係) になる。

(a)「**with**＋名詞＋現在分詞」

He was walking with his hands *swinging*.（彼は手を振りながら歩いていた）▶ his hands were swinging とネクサスになる。

(b)「**with**＋名詞＋過去分詞」

He was walking with his eyes *closed*.（彼は目を閉じて歩いていた）▶ his eyes were closed とネクサスになる。

その他の with の付帯状況の用法は次の通りである。

(c)「**with**＋名詞＋形容詞」

He was walking with his mouth *full*.（彼は口を一杯にしながら歩いていた）▶ his mouth was full とネクサスになる。

(d)「**with**＋名詞＋副詞」

He was walking with his hands *up*.（彼は両手を上にあげて歩いていた）▶ his hands were up とネクサスになる。

(e)「**with**＋名詞＋前置詞句」

He was walking with his hands *in his pockets*.（彼は両手をポケットに入れて歩いていた）▶ his hands were in his pockets とネクサスになる。

● 発 展 文 法 ●

1 go shopping to Ginza はなぜ誤りか

「彼は昨日銀座へ買い物に行った」を英語で表現する場合，

　　*He went shopping *to* Ginza yesterday.
とすると誤り。正しくは

　　He went shopping *in* Ginza yesterday.
という。なぜか。

　現在では go shopping の shopping は現在分詞であると解釈される。これは元来は go a-shopping の形であった。接頭辞 a- は動名詞の前に置き「…中」「…している最中」の意味である。つまり，かつては動名詞扱いであったが，今日では現在分詞扱いなのである。すなわち，He went shopping. は本来，The apple went bad.（リンゴは腐った）と同様「S＋V＋C」の文型であり，shopping は形容詞の一種である。

　つまり，前者の文は「彼は銀座で買い物をしているという状態に至った」の意味

になる．したがって，後には買い物をしている場所がくるのであって，前置詞は to でなく in が用いられる．go ... to ... のつながりはない．

　　He went swimming *in* the river.（彼は川に泳ぎに行った）
も同様で，*He went swimming *to* the river. は誤り．

2 living as I do の分詞構文

　　Living as I do in the country, I seldom have visitors.（田舎に住んでいるので，私にはめったに訪問者がいない）＝As I live in the country, I seldom have visitors.

という表現がある．これはふつうは

　　Living in the country, I seldom have visitors.

のように表されるものである．上のような表現はどのようにして生まれたのか．

　冒頭の英文は，もとは

　　As *living* as I live in the country, I seldom have visitors.（私は田舎に住んでいる通り現に住んでいるので，私にはめったに訪問者がいない）

であり，ここから頭の As が省略されたものである．すなわちこれは (As) Young as he is, he can do it. や (As) Child as he is, he can do it. の文の形と同一である．as ... as の間には原則的には形容詞，あるいは副詞がくる．最後の例は child に冠詞がついていないゆえ，形容詞化されていると考える（⇨ 1 名詞・中級 6 (C)）．living は現在分詞から転じた立派な形容詞．as ... as の間に入る資格は十分だ．そして，ここに living が入ると，動詞で live と繰り返す必要はない．do は代動詞の用法と考える．こうして living as I do の分詞構文となる（⇨ 4 助動詞・中級文法 7）．あるいは，living as I do live とも考えられる．この do は古来の英語にあった do の俗語用法．つまり，元来は無意味の do であるが，今日では強調用法．

　いずれにせよ，Living in the country の分詞構文より強調的表現である．

3 分詞から転じた前置詞と接続詞

　　Considering his age, he looks young.（彼の年齢を考慮すると，彼は若く見える）

　この分詞構文は独立分詞構文の慣用用法である．しかし，見方を変えれば，considering を前置詞とみなすこともできる．

　さらに

　　Considering (that) he is fifty years old, he looks young.（彼が 50 歳であるのを

考慮すると，彼は若く見える）

の文の considering は接続詞とみなすことも可能。要は考え方次第だ。

　次は，すべて分詞構文から転じたものであるが，区分しておこう。

［前置詞扱いされるもの］

　　according to ...（…によれば），concerning ...（…に関して），during ...（…の間），including ...（…を含めて），owing to ...（…のために），regarding ...（…について）

［接続詞扱いされるもの］

　　assuming (that) ...（もし…ならば），granted (that) ...（もし…ならば），granting (that) ...（もし…ならば），providing (that) ...（もし…ならば），provided (that) ...（もし…ならば），supposing (that) ...（もし…ならば）

13 動名詞

　動名詞は動詞と名詞の性質を同時にもつ。形態は現在分詞と同じ「動詞の原形＋-ing」であるところから，現在分詞と共に -ing 形（-ing form）ということもある。
　分詞が形容詞的であるのに対して，動名詞は名詞としての要素が強い。しかし，元々の動詞の性質も失ってはいない。

● 初 級 文 法 ●

1 動名詞の基本用法

　動名詞の基本用法は，次の2つの性質による。なお，動名詞の否定形は not や never を動名詞の直前につける。

　　He insisted on *not paying* the money.（彼はお金を払わないと主張した）

のように。

(A) 名詞的性質

　動名詞はふつう「…すること」の意味をもつので抽象名詞に似ているが，a building（建物）のように冠詞を伴うことがある。さらに savings（貯金）のように複数形になることもある。これらは普通名詞に転じているとみなすことができる。

(a) 主語になる
　　Seeing is believing.（百聞は一見に如かず）（諺）
(b) 補語になる
　　His hobby is *collecting* stamps.（彼の趣味は切手を集めることだ）
(c) 目的語になる
(i) 他動詞の目的語になる
　　I like *wearing* this tie.（私はこのネクタイをするのが好きだ）

(ii) 前置詞の目的語になる

He went out of the restaurant without *paying* the money.（彼はお金を払わずにレストランを出て行った）

(d) 複数形になる

the *comings and goings* of travelers（旅行者の往来）▶定冠詞がついているので動名詞というより名詞になりきっているが，動名詞から転じたもの。

(e) 所有格になる

She reads for *reading's* sake.（彼女は読書のための読書をする）▶名詞化しているが，動名詞から転じたもの。

(f) 冠詞がつく

I heard *a knocking* on the door.（ドアを叩く音がした）▶不定冠詞がついているので名詞化しているが，動名詞から転じたもの。

(B) 動詞的性質

動詞的役割をもつ。すなわち，補語や目的語をとるなど動詞的性質を有する。

(a) 補語をとる

Every woman likes *being* beautiful.（女性はみな美しくいたいと望んでいる）

(b) 目的語をとる

It is very difficult *making her* happy.（彼女を幸せにすることは非常に難しい）

(c) 副詞に修飾される

Speaking loudly is sometimes difficult for everyone.（すべての人にとり，大声で話すことは時には難しい）

(d) 完了形になる

His miserable life is the result of *having been* idle.（彼の悲惨な生活は怠けたことの結果である）

(e) 受動になる

His *being laughed* at today will make him happy in the future.（今日笑われていることが将来彼を幸せにするだろう）

●中級文法●

1 動名詞の意味上の主語

すべての動名詞には意味上の主語がある。動名詞は動詞から転じたものであるから，必ず動作をする主体がある。これを意味上の主語という。

　Seeing is believing.（百聞は一見に如かず）

一見して主語は見当たらない。その場合には，主語を「一般の人」と考える。

動名詞の意味上の主語の表し方は次のようになる。

(A) 動名詞の主語と文の主語が一致する時

動名詞の主語と文の主語が一致する時は，動名詞の主語をつけない。

　He is proud of *being* rich.（彼は自分が金持ちであることを自慢している）＝He is proud that he is rich.

したがって，

　He is proud of *his being* rich.（彼は彼が金持ちであることを自慢している）

の his は主語以外の「彼」，例えば，主語の父親などだと考えられる。

(B) 動名詞の主語と文の主語が異なる時

(a) 動名詞が文の主語の場合

意味上の主語はふつう所有格。

　His telling a lie was the cause of his misfortune.（彼が嘘をついたことが彼の不幸の原因だった）

(b) 動名詞が動詞や前置詞目的語の場合

意味上の主語は原則として所有格を使う。ただし，口語では目的格を使用する。

　She is ashamed of *his being* a lazy man.（彼女は彼が怠け者であることを恥じている）

　She is ashamed of *him being* a lazy man.（彼女は彼が怠け者であることを恥じている）（口語）

　She is ashamed of *her son's being* a lazy man.（彼女は息子が怠け者であることを恥じている）

　She is ashamed of *her son being* a lazy man.（彼女は息子が怠け者であることを恥じている）（口語）

ただし，意味上の主語が無生物の場合は，原則として 's で所有格は作れないの

で目的格にする。

The engine driver is ashamed of *the train being* late. (機関士は汽車が遅れていることを恥じている)

2 動名詞の形式上の主語

there is 構文の変形としての there being の形で動名詞となる。

No one knows *there being* such a wonderful place. (そんな素晴らしい場所があるなんて誰も知らない) ▶there being は，他動詞 know の目的語である。there は本来副詞ながら being の意味上の主語になっている。

3 動詞の目的語としての動名詞と不定詞

他動詞には目的語として，(1)動名詞と不定詞を共にとる動詞，(2)動名詞だけをとる動詞，(3)不定詞だけをとる動詞，(4)動名詞と不定詞を共にとるが意味が異なる動詞がある。

(A) 動名詞と不定詞を共に目的語に取る動詞

He began *singing*. (彼は歌いだした)

He began *to sing*. (彼は歌いだした)

両者の意味はほぼ同じ。このような動詞に次がある。

attempt (試みる), bear (耐える), cease (やめる), commence (始める), continue (続ける), dread (怖がる), endure (我慢する), hate (憎む), intend (意図する), like (好む), love (愛する), omit (除外する), prefer (より好む), propose (提案する), start (始める) など

like, love, hate については，両者で基本的意味は変わらないが，厳密には，動名詞を伴うと「一般的な場合」，不定詞を伴うと「特定の場合」を意味するという違いがある。

I like *swimming*. (私は水泳が好きだ) ▶「一般的に水泳が好き」の意味。

I like *to swim* now. (私は今泳ぎたい) ▶「一時的に水泳が好き」の意味。

(B) 不定詞だけを目的語に取る動詞

He decided *to go* there. (彼はそこへ行くことに決めた)

他に次がある。一般的に「意図」「希望」「決心」を表す動詞が多い。

afford (余裕がある), agree (同意する), arrange (整える), care (好む),

choose（選ぶ），contrive（なんとかやる），desire（欲する），expect（期待する），fear（怖がる），hesitate（躊躇する），hope（望む），learn（できるようになる），mean（意図する），plan（計画する），pretend（ふりをする），promise（約束する），refuse（拒否する），resolve（決意する），seek（しようと努める），think（するつもりである），yearn（切に願う），wish（したいと思う）など

(C) 動名詞だけを目的語に取る動詞

He escaped *being* run over.（彼は轢かれるのを避けた）

他に次がある。

admit（認める），advise（忠告する），avoid（避ける），defer（延ばす），delay（遅らす），deny（否定する），enjoy（楽しむ），evade（避ける），excuse（言い訳をする），fancy（想像する），finish（終える），help（避ける），mention（話に触れる），mind（気にする），miss（逃す），postpone（延期する），practice（練習する），quit（やめる），resist（我慢する），stand（我慢する），stop（やめる），give up（諦める），leave off（やめる），put off（延期する）など

(D) 動名詞も不定詞も目的語に取るが意味が異なる動詞

(a) **remember**

動名詞を伴うと「（過去のことを）覚えている」，不定詞を伴うと「（未来のことを）忘れずにいる」の意味。

He did not remember *eating* lunch.（彼は昼食を食べたのを覚えていなかった）

Please remember *to eat* lunch at twelve.（12時に昼食を食べるのを忘れないでください）

(b) **forget**

動名詞を伴うと「（過去のことを）したのを忘れる」，不定詞を伴うと「（未来のことを）するのを忘れる」の意味。

He will not forget *hearing* her address.（彼は彼女の演説を聞いたことを忘れないだろう）

Please don't forget *to sign* the letter.（忘れずに手紙にサインしてください）

(c) **regret**

動名詞を伴うと「（過去のことを）後悔する」，不定詞を伴うと「（未来のことを）残念に思う」の意味。

I regret *saying* that I could not go.（私は行けないと言ったことを後悔している）

I regret *to say* that I cannot go.（残念ながら，私は行けない）

(d) **try**

動名詞を伴うと「試しにやってみる」，不定詞を伴うと「しようとする（努力はするが結果は不明）」の意味。

He tried *climbing* Mt. Fuji.（彼は富士山に試しに登ってみた）

You must try *to get* your homework finished tonight.（君は今晩宿題を終えるようにしなくてはならない）

(e) **need と want**

厳密に言うと，意味が変わるのではなく形が変わる。動名詞を伴うと「受動」の意味が加わる。

This TV set needs *repairing*.（このテレビは修理される必要がある）＝This TV set needs *to be repaired*.

This TV set wants *repairing*.（このテレビは修理される必要がある）＝This TV set wants *to be repaired*.

(f) **be accustomed to ...ing と be accustomed to do**

He is not accustomed *to walking* long distances.（彼は長距離を歩くのに慣れていない）▶be accustomed to ...ing は「…するのに慣れている」の意味。

He is accustomed *to study* after drinking.（彼は酒を飲んだ後に勉強するのが常だ）▶be accustomed to do は「…するのを習慣にしている」の意味。

4 形容詞の後の動名詞と不定詞

形容詞の後に動名詞がくるか不定詞がくるかで意味が異なる場合がある。

(A) 形容詞の後に動名詞も不定詞もくるが，意味が同じ場合

(a) **worthy of ...ing と worthy to do**

That event is *worthy of being* remembered.（その事件は記憶に値する）

That event is *worthy to be* remembered.（その事件は記憶に値する）

後者は前者に比べて正式表現である。

(b) **worth (one's) while doing と worth (one's) while to do**

It is *worth while investigating* this accident.（この事故は調査するだけの価値がある）

It is *worth while to investigate* this accident.（この事故は調査するだけの価値がある）

worth while doing と worth one's while to do の形が一般的である。

（B）形容詞の後に動名詞も不定詞もくるが，意味が異なる場合
(a) **be afraid of doing** と **be afraid to do**
　　She is afraid of *telling* the truth.（彼女は自分が真実を言うのではないかと心配だ）▶be afraid of doing は「…しないかと心配している」の意味。
　　She is afraid *to tell* the truth.（彼女は怖くて真実がいえない）▶be afraid to do は「怖くて…できない」の意味。
(b) **be sure of doing** と **be sure to do**
　　She is sure *of succeeding*.（彼女は自分の成功を確信している）▶be sure of doing は「(主語が)…するのを確信している」の意味。
　　She is sure *to succeed*.（彼女は必ず成功する）▶be sure to do は「(話し手が)…を確信している」の意味。
　同じ種類の表現に be certain of doing「(主語が)…するのを確信している」と be certain to do「(話し手が)…を確信している」がある。

5 動名詞と現在分詞の関係

　動名詞と現在分詞の相違によって，とんでもない意味になることもある。
　動名詞は名詞と同様に，名詞の前に置かれて形容詞の働きをすることがある。その際，動名詞は「用途」を表す。
　　a *sleeping* bag（寝袋）▶動名詞で，強勢は sleeping にある。
　　a *sleeping* dog（寝ている犬）▶現在分詞で，強勢は dog にある。
　a sleeping bag は a bag for sleeping（寝るための袋）の意味だが，a sleeping dog も sleeping に強勢があると，a dog for sleeping の意味，つまり「寝るにはペットの犬が常に必要で，犬を枕にしないと眠れない人のための犬」のような意味になってしまいかねないから要注意。もっとも，ふつうは文脈から判断されるから，あまり心配はないだろうが。

6 動名詞の完了形

　動名詞の完了形「having＋過去分詞」は文中の動詞より前の事柄を表す。
　　He denied *having seen* the accused.（彼は被告に会ったことを否定した）＝He denied that he had seen the accused.
　　She regrets *having given* him much money.（彼女は彼に多額の金を与えてしまったことを後悔している）＝She regrets that she gave him much money.

後者の文は完了形を使わず

　　She *regrets giving* him much money.（彼女は彼に多額の金を与えてしまったことを後悔している）

と表すこともできるし、むしろこちらのほうがふつう。なぜなら、「後悔する」のは「過去のこと」に決まっているから、あえて複雑な形は選ばない。完了形を使うと「過去」をよりはっきりと示すことになる。

　次も同様である。

　　I remember *seeing* him somewhere.（私はどこかで彼に会ったのを覚えている）

の文は厳密には文法上おかしい。「会った」のは「覚えている」時点より以前の事柄であるから

　　I remember *having seen* him somewhere.

であるべきだろう。しかし「覚えている」のは過去の事柄であるのは当然であるゆえ、あえて完了の動名詞を使う必要がない。完了形を使うのはやはり「過去」をはっきり表現したい時に限られる。

　この種の表現は意外に多い。

　　I was disappointed at *finding* him there.（私は彼をそこで見つけて失望した）

の文では、「彼をそこで見つけた」から「失望した」のであり、因果関係から時の前後関係は明白。同じ理由で完了形の動名詞にはしない。

7 動名詞を含む慣用表現

　動名詞を含む慣用表現には次がある。

　　it is no use [good] ...ing（…するのは無駄だ）, it goes without saying that ...（…はいうまでもない）, there is no ...ing（…することはできない）, cannot help ...ing（…せざるをえない）, feel like ...ing（…したい気がする）, cannot ... without ...ing（…せずには…しない；…すれば必ず…する）, on the point of ...ing（まさに…しようとして）, of one's own ...ing（自分で…する）, far from ...ing（…するどころではない）, besides ...ing（…ばかりでなく）, make a point of ...ing（必ず…する）, on ...ing（…するとすぐに）, in ...ing（…する際に）, What do you say to ...ing?（…するのはどうですか）, How [What] about ...ing?（…するのはどうですか）, look forward to ...ing（…するのを楽しみにしている）, with a view to ...ing（…するのを目ざして）▶with a view to do もあるが、形式張った表現で使用はまれ、など

● 発 展 文 法 ●

1 動名詞から現在分詞への転換

　現在の英語では，動名詞から現在分詞の転換が行われた表現が少なくない（⇨ 12 分詞・初級文法 3 (D)）。次がその例である。

　　He is busy in *taking* care of his children.（彼は自分の子供たちの世話に忙しい）
　　He spent much money in [on] *buying* books.（彼は本を買うのに大金を使った）
　　We spent much time in [on] *playing* golf.（我々はゴルフをするのに多くの時間を要した）
　　I had some difficulty in *reading* the book.（私はその本を読むのに多少苦労した）
　　I had much trouble in *reading* the book.（私はその本を読むのに大いに苦労した）
　　She lost no time in *doing* it.（彼女は早速それをした）
　　She has long experience in *teaching*.（彼女は教職の経験が豊富である）

　以上の ...ing は，それぞれ前に前置詞があるので，動名詞である。
　今日では，上の前置詞はすべて省略可能であるというより，前置詞をつけないほうが今やふつうである。前置詞がないと，名詞的性質をもつ動名詞が文の要素として浮いてしまう。したがってこの場合の ...ing は現在分詞ということにするのである。つまり，動名詞か現在分詞かは，形から見た便宜上の解釈である。
　次の例でも，前置詞は省略される。

　　There is no use (in) *talking* with you.（君と話しても何にもならない）

　やはり，動名詞から現在分詞への転換である。
　さらに，動名詞を使う慣用表現も分詞構文に転換できる。

　　In *crossing* the street, you must be careful.（道路を横断する際には，君は注意しなくてはならない）

は，分詞構文を使い，

　　Crossing the street, you must be careful.

でよい。また

　　He caught cold *sitting* on the wet grass.（彼は湿った草の上に座って風邪をひいた）

の文で，sitting は by sitting に置き換えられる。by sitting の sitting は動名詞だが例文の sitting は分詞である。このような分詞を「半動名詞」(half gerund) と呼ぶ人もいる。

14 前置詞

　　前置詞 (preposition) とは文字通り「前に (pre-) 置かれたもの (position)」の意味で, 名詞, 代名詞, あるいは名詞相当語句の前に置き, 形容詞句あるいは副詞句を作る。逆に考えて, 前置詞の後にくる名詞・代名詞などを前置詞の目的語という。前置詞の目的語は目的格で「前置詞に支配される」という。

● 初 級 文 法 ●

1 前置詞の種類

　前置詞には次の種類がある。
(A) **単純前置詞** (simple preposition)
　1語からなる前置詞。発生源から次のように分類できる。
(a) **本来の前置詞**
　　at (…に), in (…の中に), by (…のそばに) など
(b) **形容詞から派生したもの**
　　like (…のように), near (…の近くに) など ▶like と near は元来, 目的語をとる形容詞あるいは副詞と考えられていた。その証拠に near と like には比較変化がある。今日, 同様に, 目的語をとる形容詞 worth (…の価値がある) を前置詞と考える傾向が生じている。
(c) **現在分詞から派生したもの**
　　during (…の間), concerning (…に関して), regarding (…に関して) など
(d) **その他, 動詞や名詞から派生したもの**
　　despite (…にもかかわらず) ▶もともとは「軽蔑」の意味の名詞, save (…を除いて) など

14　前置詞

(B) 句前置詞

(a) 二重前置詞 (double preposition)

2つの前置詞が結合して1つの前置詞の役割をはたす。

as to (…については), except for (…を除いて), save for (…を除いて), up to (…まで) など

(b) 群前置詞 (group preposition)

前置詞が他の品詞と結合して1つの前置詞の役割をはたす。

at the risk of (…の危険をおかして), by means of (…により), instead of (…の代わりに) など

2 前置詞の基本用法

前置詞は名詞や名詞相当語句と結合して次の役割をはたす。

(A) 形容詞句を作る

Bring me the book *on* the desk. (机の上の本を私にもってきなさい)

He is a man *of* ability. (彼は有能な男だ) = He is an able man. ▶「of + 抽象名詞」つまり of ability で able の意味の形容詞になる。限定用法の形容詞。

He is *of* great use. (彼はすごく役に立つ) = He is very useful. ▶「of + 抽象名詞」つまり of use で useful の意味の形容詞になる。叙述用法の補語として使われている。

(B) 副詞句を作る

There is a book *on* the desk. (机の上に本がある)

He solved the problem *with* ease. (彼はその問題を簡単に解いた) = He solved the problem easily. ▶「with + 抽象名詞」つまり with ease で easily の副詞の役割をはたす。

(C) 「自動詞+前置詞」で他動詞の働きをする連語動詞 (group verb) となる

He listened *to* the radio. (彼はラジオを聞いた)

(D) 「他動詞+目的語+前置詞」で1つのまとまった他動詞の働きをする

She gave birth *to* a son, Yuto. (彼女は祐人という息子を産んだ)

(E) 前置詞は形容詞や分詞形容詞と結合する

She is incompatible *with* her husband. (彼女は夫とは相容れない)

She is not interested *in* mathematics. (彼女は数学に興味がない)

(F) 単独で副詞の役割をはたす

　　I have not seen her *since*.（私はそれ以来彼女に会っていない）

3 前置詞の目的語になる品詞

　前置詞の目的語，つまり，前置詞の後にくる品詞は名詞・代名詞の他に次がある。

(A) 形容詞

　　He is far *from* healthy.（彼は健康どころではない）▶形容詞 healthy の前に動名詞 being を補うと意味が通じる。

　　This book sells *like* mad.（この本は飛ぶように売れる）

　他に次がある。成句であるものが多い。

　　at first（初めは），for certain（確かに），in short（手短にいうと），in vain（無駄に），of late（最近）など

(B) 副詞

　　He returned *from* abroad.（彼は外国から戻った）

　　The truth will come out *before* long.（真実はまもなく明らかになるだろう）

　他に次がある。

　　by far（はるかに），from now on（今後），until recently（最近まで）など

(C) 動名詞

　　He went out of the room *without* saying good-by.（彼はさよならも言わずに部屋から出て行った）

(D) 不定詞

　　He is *about* to leave.（彼は立ち去ろうとしている）

　　Nothing was left *but* to cry.（泣くより他なかった）

(E) 句や節

　　He appeared *from* behind the curtain.（彼はカーテンの裏から現れた）

　　I could not see him *from* where I was sitting.（私の座っていた所からは彼は見えなかった）

4 基本前置詞の用法

基本的な前置詞を，意味・用法が似たものごとにまとめて説明する。

(A) 場所を表す前置詞

(a) at, in (…に[で])

at は比較的狭い場所を示し，元来は場所の一点を示すもの。in は広い場所を示す。ただし「中」にいることを示す場合は，狭くても in を使う。at と in の相違の原則は以上の通りであるが，必ずしも原則通りにはいかない。

　　We changed trains *at* Tokyo station. (我々は東京駅で列車を乗り換えた)
　　I work *at* Ginza *in* Tokyo. (私は東京の銀座で働いている)
　　No one was seen *in* the street. (誰も道路には見えなかった) ▶主にイギリス英語。アメリカ英語では *on* the street を使うことが多い。

(b) on, over, above, up (…の上に) と **beneath, under, below, down** (…の下に)

on は接して「上」。ただし，on は基本的には「接触」を表し，必ずしも「上」ではない。on the ceiling (天井に)，on the wall (壁に) のように。beneath は「下」。接している場合もあれば，離れている場合もある。the ground beneath one's foot「足の下の地面」のように接している場合には on と正反対。離れている場合には above と正反対。over は離れて「真上に」，また「一面をおおって」。under は over と正反対で，離れて「真下に」，また「支配」「影響」の意味にも転じる。above は「上方に」「上流に」「超越して」，below は「下方に」「下流に」で，両者は正反対。up は「下から上に」の方向，down は「上から下に」の方向を示し，両者は正反対。

　　There is a book *on* the desk. (机の上に本がある)
　　A bridge is *over* the river. (橋が川の上にかかっている)
　　A lamp hangs *above* the table. (テーブルの上にランプが吊り下がっている)
　　The bill was *beneath* a pile of newspapers. (その紙幣は新聞の山の下にあった)
　　He sat *under* a tree. (彼は木の下に座っていた)
　　They are dancing *below* the window. (彼らは窓の下で踊っている)
　　He went *up* and *down* the hill. (彼は丘を上ったり下ったりした)

(c) in (…の中に[で]), **into** (…の中へ), **out** (…の外に[で]), **out of** (…の外へ), **within** (…の内に[で])

in は「中の位置」，into は「外から中への運動」，out は「外の位置あるいは外の位置への運動」，out of は into の反対つまり「外の位置への運動」を示す。within

は「(時間・距離・範囲など)の…以内で」を示す。

They are playing *in* the room. (彼らは部屋の中で遊んでいる)

He ran *into* the room. (彼は部屋へ走り込んだ)

He looked *out* the window. (彼は窓の外を見た) ▶主にアメリカ英語。

Out of sight, *out of* mind. (視界の外に出ると,心の外に出てしまう＝去る者日々に疎(うと)し)(諺)

He was confined *within* the castle. (彼は城内に幽閉された)

(d) **along** (…に沿って), **across** (…を横切って), **beyond** (…を越えて向こう側に；さらに先に), **through** (…を通り抜けて), **past** (…の場所を通りすぎて), **by** (…の道を通って)

along は「長いものに沿う」, across は「横断」, beyond は「越えて向こうに[で]」, through は「貫通」を示す。past は「通過」, by は通例単独で用いず by way of … (…を経由して)の形で「通過」「経由」を表す。

He went *along* the river. (彼は川に沿って行った)

He went *across* the street. (彼は道路を横切って行った)

He went *beyond* the bridge. (彼は橋の向こう側に行った)

He passed *through* the tunnel. (彼はトンネルを通り抜けた)

He went *past* the house. (彼はその家の側を通りすぎた)

He went *by* way of Siberia. (彼はシベリア経由で行った)

(e) **between** (…の間に), **among** (…の間に), **amid** (…の真ん中に)

原則として between は2者間, among は3者以上の間に使うが, 3者以上の間の場合に between が用いられることも多い。amid は「真ん中」の意味であり, among より堅い感じの語。

The first train in Japan ran *between* Tokyo and Yokohama. (日本の最初の汽車は東京・横浜間を走った)

Luxemburg lies *between* France, Germany and Belgium. (ルクセンブルクはフランス, ドイツそしてベルギーと接している) ▶個別の関係を示しているので3者間でも between を用いる。

He was sitting *among* the girls. (彼は女の子に囲まれて座っていた)

I found him *amid* the throng. (私は彼を群衆の中に見つけた)

(f) **around** (…の周囲に), **round** (…を回って), **about** (…を巡って)

round と around では round が「周囲の運動」, around は「周囲の静止」であるが, よく混同され,「周囲の運動」の場合でもアメリカ英語では around が使用される。about は「漠然と巡って」の意味。

He went *round* the fire.（彼は火の周りを回った）
　　　They sat *around* the fire.（彼らは火を囲んで座った）
　　　He walked *about* the town.（彼は町を歩き巡った）
(g) **to**（…へ）, **from**（…から）, **for**（…へ向かって）, **toward(s)**（…の方へ）
　to は「方向」「到着点」を示す。from は「出発点」を示し, to の反対。for は「行き先や目的地」を示す。toward(s) は「運動の方向」を示し, to を強めたもの。
　　　He got *to* the station.（彼は駅に着いた）
　　　He started *from* his house.（彼は家から出発した）
　　　This train is *for* Osaka.（この列車は大阪行きだ）
　　　He went *toward(s)* the town.（彼は町の方へ行った）
(h) **before**（…の前に）, **behind**（…の後ろに）, **after**（…の後に）
　before は物理的前後関係を示す時は, in front of と同じで「…の前に」の意味。反対は behind「…の後ろに」。before は順序, つまり位置関係の「前」も示し, after はその反対。
　　　He is standing *before* the car.（彼は車の前に立っている）
　　　He is standing *behind* the car.（彼は車の後ろに立っている）
　　　He is running *after* two hares.（彼は二兎を追いかけている）
(i) **near**（…の近くに）, **beside**（…と並んで側に）, **by**（…の側に；…の近くに）
　near は「近くに」「接近して」の意味で, beside は「側に」の意味であるが, 同時に明確に「区別」の意識が働く。by は単に「そば」をいう。
　　　Bring your chair *near* the desk.（君のいすを机の近くにもってこい）
　　　He sat *beside* me.（彼は私の側に座った）▶beside は by より「側に」の感じを明確に表現する。
　　　He has a house *by* the seaside.（彼は海辺の家をもっている）
(j) **off**（…から離れて）, **of**（…から離れて）
　off は from と似ているが, from は「(分離する起点) から」を示すのに対し, off は「(起点から) 離れている」を示す。つまり off は「非接触」を示し, on と正反対。of も「…から離れて」の意味をもつことがあるが, 語源上 of は off から生じたものゆえ当然。
　　　She was thrown *off* the horse.（彼女は馬から振り落とされた）
　　　She lives north *of* London.（彼女はロンドンの北方に住んでいる）

(B) 時を表す前置詞
(a) **at, in, on** (…に)

　at は極めて短い時の一点, in は幅のある期間を示す。on は「日」あるいは「特定の日・時・機会」に使用。

　　He gets up *at* 6 *in* the morning. (彼は朝6時に起きる)

　　He was born *in* September. (彼は9月に生まれた)

　　He went to church *on* the morning of the fifth of June. (彼は6月5日の朝に教会へ行った)

(b) **from** (…から), **since** (…以来), **till [until]** (…まで), **to** (…まで), **by** (…までには)

　from は単に時の「起点」を示す。since は継続している, あるいは継続した時間の「起点」を示し, 完了時制と共に使用する。till [until] は動作や状態の「終止点」を示す。from の反対。to は時間や期限の終わりを表す。by は動作の完了する「期限」を示す。

　　He works *from* morning *till* night. (彼は朝から晩まで働く)

　　He has been working *since* morning. (彼は朝から働いている)

　　He will stay here *till [until]* five. (彼は5時までここにいる)

　　Stay here *from* one *to* four o'clock. (ここに1時から4時までいなさい)

　　He will come here *by* five. (彼は5時までにはここに来る)

(c) **for** (…の間), **during** (…の間じゅう), **through** (…を通して)

　for は「ある期間」, during は「ある特定の期間の一点または全部」, through は「始めから終わりまでの全期間」を示す。

　　He has been ill *for* a week. (彼は1週間病気だ)

　　She fell asleep *during* the lesson. (彼女は授業の間寝入ってしまった) ▶during では「一部の間寝ていた」のか, 「ずっと寝ていた」のか区別できない。

　　She slept *through* the lesson. (彼女は授業の間ずっと寝ていた) ▶「ずっと寝ていた」ことをはっきり表すには through を使うとよい。

(d) **in** (…経てば), **after** (…の後), **before** (…の前), **within** (…以内に), **between** (…の間に), **to** (…の前に), **past** (…を過ぎて)

　in は「時の経過」を表し「ある時間が経った時」の意味。after は「ある基準の時の過ぎた後」を示す。in は未来の「後」, after は過去の「後」に用いることが多い。before は「ある基準の時の前」を示し, after の反対。within は「期間内」, between は「2つの時の間」を示す。時刻を表す場合, to 「…前に」, past 「…過ぎで」。

He will be back *in* a few days.（彼は2,3日すれば戻るでしょう）

He came back *after* a few days.（彼は2,3日して戻った）

He will come back *within* a few days.（彼は2,3日以内に戻るでしょう）

The accident happened *between* one and two o'clock.（事故は1時と2時の間に起こった）

They arrived *before* midnight.（彼らは真夜中前に着いた）

It is five minutes *to* nine now.（今9時5分前だ）

It is five minutes *past* nine now.（今9時5分過ぎだ）

(e) **about, around, toward(s)**（…頃）

about と around は「およその時刻」を示す。toward(s) は「ある時刻への接近」を示す。toward はアメリカ英語に多く，towards は主にイギリス英語に使用される。

It is *about* five o'clock.（5時頃だ）

It is *around* five o'clock.（5時頃だ）

He arrived *toward(s)* evening.（彼は夕方頃着いた）

(C) その他の前置詞

(a) **for**（…に賛成して）と **against**（…に反して）

for は「…に心が向かって」から「賛成して」の意味。その反対が against で「…に反対して」の「反対」「警戒」「衝突」を示す。

Are you *for* or *against* the plan?（君はその計画に賛成かい，反対かい）

(b) **except** と **but**（…を除いて）

共に「…を除いて」の意味だが except は but より「除外」の気持ちが強い。

Everyone came *except* him.（彼を除いて皆が来た）

Everyone *but* him came.（彼以外は皆来た）▶but は no one, nobody, none, nothing, anything, everybody, everything, all など，あるいは who などの疑問詞の後に続けて使用。

関連した表現に except for（…の点を除いて；…を別にすれば；…がなければ），but for（…がなければ）がある。

●中級文法●

1 疑問節を目的語に取る前置詞

現代英語では前置詞はふつう節を目的語に取らないが，取る場合には一定の型がある。

 I have no idea *about* where he lives.（私は彼がどこに住んでいるかわからない）
 I have no idea *as to* what she means.（私は彼女が何を言いたいのかわからない）
 I have no idea *of* when he starts.（私は彼がいつ出発するのかわからない）

既に気づいたと思われるが，前置詞 about, as to, of の目的語は疑問詞節である。しかも，

 I have no idea where he lives.

のように，口語では前置詞を省略するのがふつう。

2 前置詞の位置

前置詞は目的語の前に置くのが原則である。しかし，次の場合は目的語の後にくることがある（⇨ 5 代名詞・中級文法 5 (A)）。

(A) 疑問詞が目的語の時

 Who are you going to speak *to?*（君は誰に話しかけようとしているのか）

元来，最も文法的な文は

 To whom are you going to speak?

である。なぜなら前置詞は目的語の前に置くべきであるから。次に文法的な文は

 Whom are you going to speak *to?*

である。なぜなら前置詞の目的語であるから目的格 whom であるべき。しかし，現実には

 Who are you going to speak *to?*

が口語では最も一般的である。whom が who に変わるのは，この位置が「主語の位置」であるからという。

(B) 関係詞が目的語の時

次の2例はいずれも目的語が前置されている。

 There are some things which people cannot do *without.*（人間にはどうしても

欠くことのできないものがいくつかある）

Go back to the house which you came *from*.（君が来た家に帰れ）

(C) 不定詞の後にくる時

They have a lot of things to talk *about*.（彼らは話すべきことが多くある）

本質的には(A)(B)の場合と同様。なぜなら，上の文は

They have a lot of things (which they are) to talk *about*.

の省略構文であるから。つまり，「自動詞＋前置詞」が形容詞用法の不定詞となると，前置詞は後置される。

(D) 群動詞が受動態になる時

He was laughed *at* by her.（彼は彼女に笑われた）

(E) 強調のため目的語が前に出る時

The need for secrecy he insisted *on*.（秘密厳守の必要性を彼は主張した）

3 前置詞は具体性から抽象性に変化する

beyond を例にとる。

He went *beyond* the bridge.（彼は橋の向こう側に行った）

では「具体的な物」bridge を「越えて」いる。

He lives *beyond* the sea.（彼は海のかなたに住んでいる）

も「具体的な物」である sea を「越えている」が，具体性はぼやけてくる。つまり，橋を越える場合は越えている図をイメージとして描けるが，海を越える場合はそうはいかない。sea は「陸」を隔てるものに転化している。

You can stay here *beyond* the closing time.（君は閉店時間を過ぎてもここにいてよい）

では「抽象的な物」である time を超えている。

His story is *beyond* my belief.（彼の話は私には信じられない）

Her beauty is *beyond* expression.（彼女の美しさは表現しがたい）

では完全に抽象概念を「超えて」いる。

このように前置詞は具体性から抽象性を表現するようになり，使用領域が広がっていった。すなわち，基本前置詞の用法を述べた際（⇨ 14 前置詞・初級文法 4 ），すべて具体的な例をあげたが，それらには抽象的・比喩的に拡張した意味もあることは知っておいてほしい。

4 前置詞の違いで意味が変わる場合と変わらない場合

前置詞の使い方で意味が変わるものがある。

(A) 日本語では同じ表現だが前置詞が異なる場合

次の文を見よう。

 He died *of* hunger.（彼は飢えで死んだ）▶「飢え」のように「病気」「体調不良」「老齢」などの直接的原因の場合には of を使う。

 He died *from* overwork.（彼は過労で死んだ）▶「過労」のように「外傷」「不注意」などの要因の場合には from を使う。

以上が原則であるが、現実には

 He died of overwork.（彼は過労で死んだ）

も可能である。

(B) 異なる前置詞で同じ意味の場合

次がその例である。

 He is confident *of* [*about*] winning a prize.（彼は賞をとる自信がある）

 Be careful *of* [*about*] what you say.（注意してものを言いなさい）

 He is always complaining *of* [*about*] having been insulted.（彼は侮辱されたことでいつも文句ばかり言っている）

今日では of より about が好まれる。

このように意味が同じで前置詞が異なるのは時代の変化と関係がある。例えば「根源・出所」と表す of をもつ a man *of* Mexico（メキシコ出身の男）の表現は今日では a man *from* Mexico がふつうになっている。

次は前置詞が変化する典型的な例である。

 The elections took place under difficult conditions and this undoubtedly deprived a number of citizens in a number of areas *from* voting.（選挙は困難な条件下で実施され、このために多くの地域の多くの市民が投票できなかったことは疑う余地はなかった）(AP電) ▶通例なら deprive A of B で「A から B を奪う」の意味であるが、この文では deprive A from B で「A から B を奪う」の意味になっている。

5 前置詞の省略傾向

前置詞は英語の歴史の中で減少(省略)傾向にある。この傾向は今後も続くものと

考えられる。

例えば、in despite of ...（…にもかかわらず）はラテン語由来の表現であるが、やがて前置詞 in がとれ despite of ... になり、今日では despite だけで前置詞とされる。群前置詞から単純前置詞への変化である。

副詞的目的格への移行も前置詞省略の一環である。

例えば、in these days（最近）は in those days（当時）と対応関係にある。しかし、in those days の in は省略されないにもかかわらず、in these days はやや古い表現になっている。今では、in these days when he is diligent（彼が真面目になった最近では）のように when 以下で限定する場合を除いては、these days のように in を省略する。

この傾向は英語において昔から生じていた。

> The ship is at times lifted bodily *from out of* the sea.（船は時折まるごと海から持ち上げられる）(Poe)

今日では from out of のような複合前置詞の使用は避けられている。わずかに

> from under ...（…の下から）, from above ...（…の上から）, from behind ...（…の後ろから）

などの形で残るだけである。ただ、アメリカ英語の口語では

> He got out *from under*.（彼は窮地を切り抜けた）

の形で残ってはいる。

● 発 展 文 法 ●

1 前置詞は時代により変化する

前置詞は時代により変化する。前置詞に限られるわけではないが、古い用法は一般にイギリスでは方言として残る。あるいはアメリカ英語に残る。

例えば「私は彼を待った」を英語にすると、標準英語では

> I waited *for* him.

になる。しかし、アメリカ英語の口語では

> I waited *on* him.（私は彼を待った）

ともいう。ニュージーランドやオーストラリアの英語も同様。また、イギリスの北部でも、この表現は残っている。イギリス英語を中心に考えれば、アメリカ英語、ニュージーランド英語、オーストラリア英語は古いイギリス英語である。特にアメ

リカ英語でも中部や南部の英語では I waited *on* him. が可能。古い標準英語では I waited *for* him. の代わりに I waited *on* him. が使用されていて，それが今に残っているのである。今日の標準英語では「私は彼に給仕した」「私は彼に応対した」の意味になってしまうが。

　ちなみにドイツ語では今日でも
　　Ich wartete *auf* ihn.（私は彼を待った）
が使用される。これは英語に直訳すると I waited *on* him. である。

　このように前置詞は柔軟な変化を見せることがある。例えば，17世紀には *in* the winter の代わりに *at* the winter が，*in* the spring の代わりに *at* the spring もふつうに使用されていた。

2 into の代役 in

　in と into の違いを考えよう。現代英語では一般に，in は「場所」を表すのに対し，into は「場所への運動・方向」を表す。古期英語の時代には in しかなかった。その代わり，「静止」を表す時は今日の間接目的格に相当する与格（dative）を，「運動・方向」を表す時は今日の直接目的格に相当する対格（accusative）を使用して区別していたのである。現代英語では両者の格の区別がないゆえ to を用いて「運動・方向」を表すことになった。元来は「in+to」（…の中へ）の形である。つまり in to から into が発生した。

　しかし in から into への移行の際，in にも「運動・方向」のニュアンスを持たせる事態が発生した。例えば fall（落ちる），put（置く），set（据える），throw（投げる）などの，元来「運動・方向」を表す動詞には to は不要とされたのである。その結果，put ... in motion（…を始動させる），set ... in motion（…を始動させる），fall in love（恋に落ちる）などではいずれも into の代わりに in を使ってすませた。そしてこれらの表現が今も残っている。もっとも現代英語でも，原則通り「運動・方向」を表す into を用いた put ... into motion や set ... into motion の形もあることはある。fall into love は見当たらない。太古の昔から男女関係は fall in love だ。現代英語の考え方からすれば矛盾するので，辞書では慣用句扱いする。

　前置詞 on が onto の意味で使われるのも同様の考え方による。
　　He got *on* the bus.（彼はバスに乗り込んだ）＝ He got onto the bus. ▶イギリス英語では on to と 2 語にする。

3 前置詞と接続詞の関係

前置詞と接続詞の関係には微妙なものがある。

かつては前置詞と接続詞は同一であった。というより，前置詞が接続詞に変化したものがある。

Please knock at the door *before* entering the room.（部屋に入る前にドアをノックしてください）

Please knock at the door *before* you enter the room.（部屋に入る前にドアをノックしてください）

前者の before は次に動名詞がくるから前置詞，後者の before は次に節がくるから接続詞。後者の before は前置詞から転じた接続詞。

このように前置詞から接続詞に転じたものには，他に after（…の後に），except (that)（…を除いて），save (that)（…を除いて）などがある。

次は，その他の前置詞が接続詞として使用される例であるが，今日では方言や極めて口語的な英語に用いられる。一般には避けるべき表現。しかし，これらを知らないと古い英語や俗語表現を理解できない。いや，本当の英語の成り立ちを理解することができない。

I'm saving up *against* I've got enough to put in the Bank, ma'am.（奥様，私は銀行に預けられるくらいになるまで金を貯めているのです）(Dickens) ▶against は接続詞で「…まで」の「時」を示す。17世紀頃までは口語文でふつうに使用された。

He is living here *from* he is married.（彼は結婚以来ここに住んでいる）▶from は接続詞で「…以来」の「時」を示す。今日の英語ならば He has been living here since he was married. の文が正しい。接続詞としての from は，現在でも北アイルランド英語で使用されている。

I am lonely *without* (*that*) he is here.（彼がここにいないので私は寂しい）▶ without は接続詞で「…ということがないと」の意味。今日ではアメリカ英語の方言に残るだけ。しかし，ドイツ語やフランス語では，英語の without that … に相当する ohne daß … や sans que … が今日でもふつうに使われている。

以上の例はいずれも標準英語では使用されないが，次の例文はどうだろう。

I am lonely *in that* he is not here.（彼がここにいないので私は寂しい）

立派な英語である。in that … は「…の点で」「…のゆえに」の意味。そもそも現代英語では，前置詞は that 節を目的語にとらないのが原則であるのに in that … は例外である。

かつて多くの前置詞が，一部は that を伴って接続詞扱いされていたが，今日では in that ..., except (that) ..., save that ... を除いては時代遅れになっている。save that ... にしても，イギリス英語ではもはや古いものになっている。

15　接続詞

　　接続詞 (conjunction) は語と語，句と句，節と節を結ぶ働きをする。語源的には「一緒に (con-) つなぐこと (junction)」。
　　例えば *I am a boy, you are a girl.（僕は男の子，君は女の子だ）の文は誤り。会話文なら I am a boy. You are a girl. で文が切れているかもしれないが，書き言葉では誤り。なぜなら，2つの節を接続詞なしで並置するのは並列あるいは並位 (parataxis) といい非標準とされているから。標準英語にするには，I am a boy *and* you are a girl.（僕は男の子で，君は女の子だ）のように等位接続詞 and を使用する。

● 初 級 文 法 ●

1　接続詞の種類

　接続詞は形式と用法により分類できる。
（A）形式による分類
(a) 単純接続詞
　1語からなる接続詞を単純接続詞という。
　　and（そして），or（あるいは），if（もし…ならば），when（…の時）など
(b) 句接続詞
　2語以上からなる接続詞を句接続詞という。
　　as soon as（…するとすぐに），now that（…である以上）など
(c) 相関接続詞
　前後でお互いに関係をもつ一組の接続詞を相関接続詞という。
　　both A and B（AもBも），not only A but (also) B（AのみならずBもまた）など

（B）用法による分類
(a) **等位接続詞**（coordinate conjunction）
語と語，句と句，節と節を対等な関係で結合する。次がある。
and, but（しかし），or, nor（…もまた…ない），for（というのは），so（それで），yet（それなのに）
(b) **従位接続詞**（subordinate conjunction）
主節と従属節を区分する接続詞。従属接続詞ということもある。従位接続詞に導かれるほうの節を従属節といい，主節を修飾する。次のものがある。
because（なぜなら），when, while（…の間），before（…の前に）など

2 等位接続詞の用法

2つ以上の語・句・節を対等の関係で結ぶ働きをする接続詞を等位接続詞という。等位接続詞は「語・句・節＋等位接続詞＋語・句・節」のように中央に置かれる。

（A）**and**
(a) **単なる連結を示す**
He *and* I are good friends.（彼と私はいい友達だ）▶代名詞はふつう2人称・3人称の後に1人称の順で並べる。
A chair, a table, *and* a bed are in the room.（いす1つ，テーブル1つ，そしてベッド1つが部屋の中にある）▶3つ以上のものを並べる場合にはA, B, and Cのように最後のものの前にandを置く。その際andの前のコンマは省いてもよい。ただし，個別のものを強調する場合にはA and B and Cのようにいう。
A painter *and* a scholar were arrested yesterday.（画家と学者が昨日逮捕された）▶painter, scholarのそれぞれに冠詞がついているので，「画家」と「学者」は別人で2人の人間がいる。したがって，動詞は複数扱い。

(b) **単一概念を示す**
ham *and* eggs（ハムエッグ），bread *and* butter（バターつきパン）
一方が主で，他方が従の関係になる。この場合andは[ən]または[n]と弱く発音する。単一概念ゆえ単数扱い。他に次がある。
a watch *and* chain（鎖つきの時計），whisky *and* water（水割りウイスキー），a cup *and* saucer（受け皿つきのカップ）など
A painter *and* scholar was arrested yesterday.（画家であり，かつ学者である人が昨日逮捕された）▶冠詞が1つなので「画家かつ学者」の1人の人間を表し

ている。したがって，動詞は単数扱い。

また，every [each] A and B の形のものも単一概念に準ずるものとして単数扱い。

Every town *and* village in the region was destroyed by the earthquake.（その地域のすべての町や村が地震で破壊された）

(c) 同語を重ねて強調する

He went there again *and* again.（彼はそこへ何度も何度も行った）

The bird flew higher *and* higher.（鳥はますます高く飛んで行った）

(d) 「目的」を表す不定詞の to の代わりの役割をはたす

You have to go *and* see him.（君は彼に会いに行かなくてはならない）▶この文は You have to go to see him. と同義。

(e) 「命令文＋and」で「…しなさい，そうすれば」の意味

Move another step, *and* you will die.（もう一歩動けば，お前は命がないぞ）

この用法に準ずるものに「名詞＋and」の形もある。

Another step, *and* you will die.（もう一歩でお前は命がないぞ）▶Another step *and* you will die. のようにコンマを打たないこともある。

(f) 同義の語を結んで，口調を整えたり，重みをつける

Time *and* tide wait for no man.（歳月人を待たず）（諺）▶time も tide も「時節」の意味で，かつては time and tide で単数扱いであったが，今は複数扱い。

He made his last will *and* testament.（彼は遺言書を作った）▶通例 one's last will *and* testament で「遺言書」の意味。

(g) **good, fine, nice** などが **and** と共に他の形容詞と結合し，他の形容詞を強調する副詞のような役割をはたす

He is good *and* hungry.（彼はとても空腹だ）

この場合の and は [ən] または [n] と弱く発音する。

(B) **but**

(a) 「しかし」の意味の「反対」「対照」を示す

He is slow *but* steady.（彼はゆっくりだが堅実だ）

(b) 「**it is true ..., but**」（確かに…だが），「**indeed ..., but**」（なるほど…だが），「**..., to be sure, but**」（確かに…だが）などの構文で「譲歩」を示す

It is true that he is a good scholar, *but* he lacks in common sense.（彼は確かに優秀な学者ではあるが，常識に欠ける）

Indeed she is old, *but* she is good and healthy.（なるほど彼女は年をとってはい

るが，非常に元気だ）

(c) 間投詞や感動表現の後，言い訳や謝罪の前置きに無意味なつなぎ言葉として

　　Heavens, *but* it rains.（いまいましい，ひどい雨だ）

　　Excuse me, *but* can I smoke here?（失礼ですが，ここで喫煙していいですか）

(C) or

(a) 「あるいは」の意味の「選択」を示す

　　Which do you like better, tea *or* coffee?（あなたは紅茶とコーヒーとどちらが好きですか）

　　He *or* I am wrong.（彼か私のどちらかが間違っている）▶主語が or で接続されている場合は動詞は一番近い主語の人称や数に一致させる。

(b) 「すなわち」の意味の「同格」「類似」を示す

　　Use an escalator, *or* a moving staircase.（エスカレーター，すなわち動く階段を使いなさい）

(c) 否定語の後で「…でも…でもない」の意味

　　He is not witty *or* wise.（彼は機知に富んでいるのでもなければ聡明でもない）

(d) 「…かそこら」の意味で「選択の意味が弱まり，不正確」を示す

　so, somewhere, something などと共に用いられる。

　　Go a mile *or* so.（1マイルかそこら行きなさい）

　　I left the book on the desk *or* somewhere.（私はその本を机の上かどこかへ置いたんだ）

(e) 「命令文＋or」で「…しなさい，さもないと」の意味

　　Study hard, *or* you will fail in the exam.（一生懸命に勉強しなさい，さもないと試験に失敗するよ）

　この用法に準ずるものに次がある。

　　You must study hard, *or* you will fail in the exam.（君は一生懸命に勉強しなくてはならない，さもないと試験に失敗するよ）▶前半部分は命令文と同内容。

　　It's my sister, *or* I'm a Dutchman.（あれは俺の妹だ，そうでなかったら俺は首をくれてやる）▶I'm a Dutchman はイギリス英語の口語で，断言を強め「首をくれてやる」の意味。この文は「命令文＋or」の構文になっていない。ある種の決まった表現である。

　さらに，次のように，「命令文＋or」でなくても or が「…さもないと」の意味をもつこともある。

　　ElBaradei said in an interview after the meeting that this was North

Korea's only chance to comply *or* the IAEA would return to the U.N.'s highest body.（エルバラダイ氏は会議後の会見で，これが北朝鮮が応じる唯一の機会であり，さもないと IAEA［International Atomic Energy Agency＝国際原子力機関］は国連の最高機関に報告すると述べた）（Reuters 電）

(D) **for**

「というのは」の意味で「理由」を後から補足する。必ず付加的に使用する。つまり，for の節は文頭にこない。for は文章語で，会話文ではあまり使わない。

He didn't come to school, *for* he was ill.（彼は学校へ来なかった。というのは病気だったからだ）

(E) **yet**

「それなのに」の意味。but より意味が強い。

She tried hard, *yet* she could not succeed.（彼女は一生懸命にやったが，それでも成功しなかった）

Though I have known her only a few years, *yet* she is my best friend.（私は彼女とは 2, 3 年の知り合いでしかないが，それでも最良の友だ）▶though や although と相関的に使われることもある。

3 従位接続詞の用法

主節と従属節を結ぶ働きをする接続詞を従位接続詞という。主節とは文の中心となる主要な節であり，従属節は主節に対して従属的な節である。従属節は文の形をしているが，それで1つの名詞，形容詞，あるいは副詞の働きをし，これらをそれぞれ名詞節，形容詞節，副詞節という。形容詞節には関係代名詞節と関係副詞節があるが，ここではその説明は省略する。

(A) 名詞節を導く接続詞

(a) **that**（…ということ）

It is certain *that he will come here*.（彼がここに来るのは確かだ）▶it は仮主語，that 節は真主語。

The trouble is *that my mother is ill in bed*.（問題は私の母が床に伏していることだ）▶that 以下は補語節。

I know *that his mother is alive in America*.（私は彼の母がアメリカで生きているのを知っている）▶that 以下は目的語節。

The news *that he is alive* is true.（彼は生きているという知らせは本当だ）▶

that は同格の節を導き，直前の名詞の内容を説明する。
次の文の that 節が名詞節であるか副詞節であるかは考え方次第である。

I am glad *that he will come here*. (彼が来てくれるのがうれしい)

この文の that 節は外見上は「形容詞に続く that 節」である。glad を修飾するので副詞節を導く that 節といえる。しかし，上の文の元の文は

I am glad of it *that he will come here*.

である。つまり，of it があると思えば that 節は名詞節ととれるのである。it は前置詞 of の仮の目的語で，that 節が真の目的語節になる。

(b) **if**（…かどうか）**, whether (... or not)**（…かどうか）

if 節はもっぱら目的語節になり，主語節，補語節としては用いられない。

I don't know *if he will come*. (私は彼が来るかどうか分からない)

ただし，形式主語 it を用いた文では主語の場合にも用いられる。

It doesn't matter *if he will succeed or fail*. (彼が成功するか失敗するかは問題ではない)

whether は主語節，補語節，目的語節を導く。

Whether he will come is a question. (彼が来るかどうかが問題だ)

whether は whether ... or not の形でも使用される。

Whether he will come or not is a question. (彼が来るか来ないかが問題だ)

Tell me *whether or not he will come on Monday*. (彼が月曜日に来るかどうかを私に教えてくれ) ▶特に whether 節が長い時に or not を前に置く。

また，whether A or B の形もある。

He doesn't know yet *whether she is at home or at the office*. (彼は彼女が家にいるのか事務所にいるのかまだ知らない) ▶if A or B の形は口語でのみ可。

if ... or not は

It does not matter *if he comes or not*. (彼が来るかどうかは問題ではない)

のように後置される場合には口語では可能である。

(c) 疑問詞の節

疑問詞には疑問代名詞と疑問副詞がある。疑問詞は接続詞ではないが，節を導くので用法を示す。疑問詞が導く節は名詞節あるいは副詞節になる。

I don't know *how old he is*. (私は彼が何歳か知らない)［名詞節］▶目的語節になっている。

How late you may be, you have to phone me. (どんなに遅くても電話をしなさいよ)［副詞節］▶譲歩節になっている。

(B) 副詞節を導く接続詞
(a) 時
She went out *when I came in*.（私が入って行くと彼女は出て行った）

「時」を表す接続詞には他に次がある。

after（…の後に），as（…する時），as long as（…する限りでは），as soon as（…するとすぐに），before（…の前に），directly（…するとすぐに），once（一度…すると），since（…以来），the moment（…するとすぐに），till（…まで），until（…まで），whenever（…する時にはいつでも），while（…の間）など

(b) 原因・理由
Because he is late, we must go without him.（彼は遅刻だから，我々は彼なしで行かなくてはならない）

「原因・理由」を表す接続詞の代表的なものとして because（なぜなら），since（なぜなら），as（なぜなら）がある。表現上の強さの順に because, since, as。

「原因・理由」を表す接続詞には他に次がある。

considering (that)（…を考慮して），now (that)（今や…だから），seeing (that)（…であるからには），that（…だから）など

(c) 目的
We have to work *so that we may eat*.（我々は食べるために働かなくてはならない）▶ 助動詞 may [might] は形式的で，ふつうは can [could], will [would] が使用される。また so を省略した that ... may は古風な表現。

「目的」を表す接続詞には他に次がある。

for fear (that)（…しないように），in case（…するといけないので），in order that（…のために），lest（…しないように）など

in order that の節には may [can, will] が，for fear (that) と lest の節には should が用いられる。

(d) 結果・程度
I was *so* tired *that I could not walk any more*.（私は非常に疲れていたので，もはや歩けなかった；私はもはや歩けないほど非常に疲れていた）

He is *such* a good man *that I can rely on him*.（彼はすごくいい人なので私は彼を信頼できる；私が信頼できるほど彼はすごくいい人だ）

「結果・程度」を表す接続詞には他に so (that)（そこで）などがある。

(e) 条件
If I miss the train, don't wait to start.（私が汽車に乗り遅れた場合には，待たないで出発してください）

「条件」を表す接続詞には他に次がある。

　　as [so] long as（…の限り），assuming (that) …（もし…ならば），in case（もし…ならば），in so far as（…の場合には），on condition (that)（…の条件で），provided (that)（…の条件ならば），providing (that)（…の条件ならば），suppose（仮に…ならば），supposing (that)（仮に…ならば），unless（もし…でなければ）など

(f) 譲歩

　　Although he is young, he can do it.（彼は若いけれども，それができる）

「譲歩」を表す接続詞には他に次がある。

　　as（…ではあるが），(even) if（たとえ…であるにせよ），for all (that)（…だけれども），though（…ではあるが），whether（…であろうが）など

(g) 様態

　　When in Rome do *as the Romans do*.（郷に入っては郷に従え）（諺）

「様態」を表す接続詞には他に次がある。

　　as if [though]（あたかも…のように），like（…のように）など

(h) 比較

　　She is taller *than I* (am).（彼女は私より背が高い）

「比較」を表す接続詞には他に次がある。

　　as … as A（Aと同じくらい…だ），not as [so] … as A（Aほど…ではない）など

4 文の種類

文中で接続詞がどのように使用されているかにより，文の種類が決められる。

(A) 単文

　単文（simple sentence）とは

　　Birds sing.（小鳥はさえずる）

のように単一の節からなる文をいう。

　　Fire *and* water don't agree.（火と水は相容れない）

も単文として扱われる。接続詞 and は語と語をつないでおり，fire and water で1つの主語になっている。

(B) 重文

　重文（compound sentence）とは

　　She went out *and* he came in.（彼女は出て行き，そして彼は入ってきた）

のように2つ以上の節が and, but, or, あるいは for のような等位接続詞で結合されている文をいう。2つの節の間に主従の関係はない。

(C) 複文

複文 (complex sentence) とは

She went out *though* she didn't want to. (彼女は望まなかったが,出かけた)

のように,2つ以上の節が従位接続詞で結合されている文をいう。主節 She went out と従属節 though she didn't want to には主従の関係がある。

(D) 混合文

混合文 (mixed sentence) とは

She went out *and* found *that* he had already gone. (彼女は出かけて行った,そして彼が既に出発していたことが分かった)

のように重文と複文が結合している文をいう。

● 中 級 文 法 ●

1 相関接続詞の用法

接続詞が単独で用いられず,いわば「係り結び」のように機能する接続詞を相関接続詞という。

次がその例である。

Both you *and* I are lucky. (君も私も幸運だ)

Not only you *but* (*also*) I am wrong. (君だけでなく私も間違っている)

Either you *or* he is to blame. (君か彼かどちらかが悪い)

Neither you *nor* I am to blame. (君も私もどちらも悪くない)

both A and B の場合は複数動詞で受ける。すなわち,「A and B」の形は「AもBも」ということなので複数で受ける。「A or [nor] B」や「not only A but (also) B」の場合,数や人称は動詞に近いBに合わせる。

また,原則的に相関接続詞の後にくるものは同一の品詞あるいは同じ機能をもつ文の要素であることは上の例文から理解されよう。上でいえば,you と I ないし he が同じ代名詞である。

ただし,例外も多い。

Bob Marley's music *not only* had a great influence on Jamaican reggae musicians *but also* on popular musicians around the world.（ボブ・マーレーの音楽はジャマイカのレゲエのミュージシャンのみならず、世界中のポピュラーミュージックのミュージシャンにも多大な影響を与えた）(David Ellis)

　not only の後には動詞、but also の後には前置詞句がきている。しかしこれは、

　　Bob Marley's music *not only* had a great influence on Jamaican reggae musicians *but also* had a great influence on popular musicians around the world.

という英文の重複部分 had a great influence のうち後のほうが省略されたものと考えればよい。

　最初から同一の文の要素をつなげた文ももちろん可能。こちらのほうがふつうの表現である。

　　Bob Marley's music had a great influence *not only* on Jamaican reggae musicians *but also* on popular musicians around the world.

2 副詞節中における省略

　副詞節において省略が生じる場合がある。

(A)「主語+be 動詞」の省略

　副詞節において「副詞節の主語=主節の主語」の場合には、重複を避けるために副詞節の「主語+be 動詞」の省略が可能。when（…の時）, while（…の間）, if（もし…なら）, unless（もし…でなければ）, though（…だが）, as if（あたかも…のように）などの接続詞を用いた副詞節において。

　　When (I was) young, I was strong.（若い時は私は強かった）
　　They will be arrested, *if* (they are) found in this district.（もしこの地区で見つかれば、彼らは逮捕される）

(B) it is, there is の省略

　従属節においては、主節の内容を示す it と be 動詞は省略可能である。

　　I would like to go to Africa, *if* (it is) possible.（もし可能ならば、アフリカに行ってみたい）
　　I will go with you, *if* (it is) necessary.（もし必要ならば、私は君と一緒に行く）
　　He ran as fast *as* (it was) possible.（彼はできるだけ速く走った）
　　Correct errors, *if* (there are) any.（もしあれば、誤りを直せ）▶it is でなく there are であるが、古期英語の時代は there は that と同じであった。その後

that と it は同様に扱われるようになり，it is と there is は同様の扱いとなった。その証拠が therefore＝for it（それゆえ），thereof＝of it（それについて）などに残っている。

(C) その他の慣用的な省略

主節の「主語＋動詞」と従属節の「主語＋動詞」が同じ場合，従属節中の「主語＋動詞」が省略されることが多い。

 He suddenly disappeared *as if* (he had disappeared) by magic.（彼はまるで魔法のように突然消えた）
 She works as hard *as* (she has) ever (worked).（彼女は相変わらず勤勉だ）
 She eats little *if* (she eats) at all.（彼女は食べるにしてもごくわずかだ）

3 接続詞代わりのコロンとセミコロン

節と節を結合する際，接続詞を使用するのが原則である。しかし，接続詞の代わりにコロンやセミコロンを使用することがある。コロンとセミコロンを比較すると，コロンはセミコロンに比べて節と節の独立性が強く，ピリオドに近い。

(A) コロンの用法

(a) 前の節に述べたことをさらに具体的に説明し直す時

前の節の内容を別の表現で言い換える場合で，コロンの後は小文字で始める。「すなわち」の意味をもつ。

 Everything was in perfect shape: the house was painted, the lawn was mowed, the hedge was trimmed.（すべての物は申し分なかった。家は塗装され，芝は刈られ，垣根は手入れされていた）

(b) コロンの後で長い意見や考えを表明する時

前の節の内容を具体的に伝える場合で，コロンの後は大文字で始める。

 He greeted her with these words: "I had come to bring you good news. You know that our king is my neighbour."（彼は彼女に次の言葉で挨拶した。「私は君にいい知らせをもってきた。君が知っての通り，我々の王は私の隣人だ」）▶直接話法の形態に準じると考える。したがって常に大文字で始める。

(B) セミコロンの用法

コロンとコンマの中間の存在。ふつう，セミコロンの後は小文字で始める。

(a) 等位接続詞の代わりに使用する

 He came; he saw; he conquered.（彼は来た，彼は見た，彼は征服した）

(b) 例をあげる時
for instance（例えば），for example（例として）などと共に使って，例を示す。
Much literature is merely the rewriting of other literature; for instance, all of Shakespeare's plays.（多くの文学は単に他の文学の書き直しに過ぎない。例えばシェークスピアのすべての芝居がそうであるように）

(c) 接続詞的副詞と共に使う
接続詞的副詞（conjunctive adverb）とは，接続詞には属さない副詞であるが，機能的には接続詞である。次のものをいう。
accordingly（したがって），besides（その上），consequently（結果的に），otherwise（さもないと），then（それから），whereupon（そこで）など
He played an hour; then he went home.（彼は1時間遊んだ，それから家へ帰った）

● 発 展 文 法 ●

1 名詞・副詞から転じた接続詞

(A)「時」を表す名詞から転じた接続詞と時の前後関係

In a *moment* she arrived at the station.（あっという間に彼女は駅に着いた）
In an *instant* she arrived at the station.（あっという間に彼女は駅に着いた）
両文で moment と instant は名詞である。
しかし，次の文では接続詞に転じている。

The moment (that) he saw me, he ran away.（彼は私を見るや否や，走り去った）

The instant (that) he saw me, he ran away.（彼は私を見るや否や，走り去った）

the moment, the instant は「時」を示す名詞から転じた接続詞である。従属節の時制は主節の時制より以前の事実であるから過去完了を使用すべきであるが，過去時制になっている。この種の接続詞は「時の前後関係」を明示していると考えられるから。
次も同様である。

Each time he came, she ran away.（彼が来る度に，彼女は逃げ出した）▶「彼が来たから，彼女は逃げた」のであり，「彼が来た」のは「彼女が逃げた」のより時間的には以前のことである。

このように名詞から転じた接続詞は「時の前後関係が明確である」と考えられているので過去完了を使わなくてよいことになっている。その理由として考えられることは、動作がほぼ同時に起き、時間的ズレを表す必要がないからであろう。

他に (the) next time (…する次の時に), every time (…する毎に), the first time (…する最初の時に), the last time (…する最後の時に) などの接続詞も同様。

(B)「時」を表す副詞から転じた接続詞と時の前後関係

Immediately he pressed the button, the bomb exploded.（彼がボタンを押すとすぐに爆弾は爆発した）

Directly she left the university, she married.（彼女は大学を出るとすぐに結婚した）

接続詞 immediately, directly は「時」を表す副詞から転じたが、使用されると時制の一致を受けない。共に、主としてイギリス英語で使用される。

2 and と or の特別用法

(A) and の特別用法

(a) and が but と同様の意味をもつことがある

and が「対照的な内容」を示すことがあり、「しかし」の意味になる。

He is very rich *and* lives like a beggar.（彼はすごい金持ちである、しかし、乞食のような生活をしている）

(b) and が or と同様の意味をもつことがある

and が「換言して説明を補足」することがある。「つまり」「すなわち」の意味になる。

This is not a good solution, *and* for the next reason.（これはよい解決方法ではない、つまり、次の理由で）

(B) or の特別用法

or が and と同様の意味をもつことがある。つまり or が「個別の要素を強調的に表現」することがある。「および」の意味。ふつう or を使うと動詞は単数扱いであるが、この場合は複数扱い。

Adultery, mutiny, *or* murder were visited with death.（姦通、反乱、殺人は死刑に処せられた）

16　仮 定 法

　動詞は現在・過去，完了などの時制により「時」が区別される。しかし，また「叙述」の方法によっても区別される。これを法 (mood) という。法は，話者がある事柄を事実として述べる直説法 (indicative mood)，仮定の話として心の状態を述べる仮定法 (subjunctive mood)，また命令として述べる命令法 (imperative mood) に分類できる。ここまで述べてきたのはほとんど直説法であるから，以下，仮定法と命令法について触れる。ここでは仮定法を扱う。

● 初 級 文 法 ●

1 仮定法の定義

　仮定法と直説法の相違を明確にする。仮に猫が「我が輩は猫である」と言えば，直説法である。つまり，事実をありのまま述べている。しかし，人間が「我が輩が猫であれば」と言えば，その人間が頭の中で考えたことになる。これを仮定法という。

2 仮定法の基本

　仮定法には次の種類がある。以下多くの場合 if を使うが，if に代わるものとして in case (もし…ならば), suppose (that) (もし…としたら), supposing (that) (もし…としたら) などがある。
(A) **仮定法過去** (subjunctive past)
　if 節の動詞の形はふつうの過去。be 動詞は were である。ただし，口語では was も使う。

(a) **現在の事実と反対の仮定を表す**

基本的な形式は

「If＋主語＋動詞の過去形, 主語＋would [could, might, should] ＋動詞の原形」

である。

If I *were* a bird, I *would* fly to you.（もし私が鳥ならば，君のところへ飛んでいくのに）▶意味の上では As I am not a bird, I will not fly to you.（私は鳥でないので，君のところへ飛んでいかない）になる。

If I *knew* his address, I *could* write to him.（もし私が彼の住所を知っていれば，彼に手紙を書けるのに）▶意味の上では As I don't know his address, I cannot write to him.（私は彼の住所を知らないので，彼に手紙を書けない）になる。

(b) **現在の事実と反対の願望を表す**

基本的な形式は

「I wish（＋that）＋主語＋動詞の過去形」

である。

I wish I *were* a bird.（もし私が鳥ならなあ）▶意味の上では I am sorry I am not a bird.（私は鳥でないのが残念だ）になる。

(B) **仮定法過去完了**（subjunctive past perfect）

if 節の動詞の形は過去完了形を使用する。

(a) **過去の事実と反対の仮定を表す**

基本的な形式は次の通りである。

「If＋主語＋had＋動詞の過去分詞, 主語＋would [could, might, should] ＋have＋動詞の過去分詞」

If I *had been* a bird, I *would have flown* to you.（もし私が鳥だったら，君のところへ飛んでいっただろうに）▶意味の上では As I was not a bird, I would not fly to you.（私は鳥ではなかったので，君のところへ飛んでいかなかった）になる。

If I *had known* his address, I *could have written* to him.（もし私が彼の住所を知っていたら，彼に手紙が書けたのに）▶意味の上では As I didn't know his address, I could not write to him.（私は彼の住所を知らなかったので，彼に手紙を書けなかった）になる。

(b) **過去の事実と反対の願望を表す**

基本的な形式は

「I wish（＋that）＋主語＋had＋動詞の過去分詞」

である。
> I wish I *had been* a bird then.（もしあの時私が鳥だったらなあ）▶意味の上では I am sorry I was not a bird then.（私はあの時鳥でなかったのが残念だ）になる。

（C）仮定法現在 (subjunctive present)

動詞の形は原形を使う。つまり，「3人称・単数・現在」でも -s はつけない。be 動詞は常に be を使う。

(a) 現在および未来の不確実な事柄を表す

単なる仮定で，今日では直説法を使うのがふつう。やや古風な感がある。

> If he *come*, I will give him this book.（もし彼が来たら，この本をあげよう）▶今日ふつうなら直説法を使い，If he comes, I will give him this book. である。
>
> If it *be* fine tomorrow, I will go on a hike.（もし明日晴れれば，私はハイキングに行く）▶今日ふつうなら直説法を使い，If it is fine tomorrow, I will go on a hike. である。

(b)「要求」「提案」の仮定法現在

アメリカ英語では，主節に「要求」「命令」「主張」「意向」「提案」「願望」などを表す動詞がくると次の名詞節中に仮定法現在を使う。

> We suggested that he *go* to the hospital.（彼が病院に行くように我々は提案した）

この種の動詞に属するものに次がある。

> agree（同意する），ask（お願いする），decide（決める），insist（主張する），move（動議を提出する），order（命令する），propose（提案する），recommend（推奨する），require（要求する），tell（命じる），urge（勧める）など

イギリス英語で仮定法現在を使うのは方言や俗語とされてきた。イギリス英語の正用法では，that 節中は「should＋動詞の原形」の形であるが，今日では再び仮定法現在が使われ始めている。もちろんアメリカ英語の影響である。

(c)「感情」「判断」の仮定法現在

アメリカ英語では，「感情」「判断」「必要」「遺憾」「驚き」などを表す名詞・形容詞が it is ... that 節構文の補語になると that 節中に仮定法現在を使う。

> It is a pity that he *live* alone.（彼が独り暮らしをしているなんてかわいそうだ）

この種の名詞に属するものに次がある。

> consensus（総意），decision（決定），desire（欲望），insistence（主張），motion（動機），order（命令），proposal（提案），recommendation（推奨），request（要求），suggestion（提案）など

It is strange that he *go* there alone.（彼が一人でそこへ行くなんて不思議だ）

この種の形容詞に属するものに次がある。

　　desirable（望ましい）, essential（大事な）, imperative（命令的な）, important（重要な）, necessary（必要な）, proper（適当な）, right（正しい） など

イギリス英語では、やはり「should＋動詞の原形」が正しい英語とされているが、今日再び仮定法現在が使われ始めている。当然アメリカ英語の影響による。

(d) **独立文で「願望」「祈願」「勧誘」などを表す**

　　Grammarians *be* hanged!（文法家なんてくそくらえだ！）▶直訳は「文法家が縛り首にされんことを！」の祈願文。

　　God *save* the queen!（神が女王様を救わんことを願う！）▶*God Save the Queen* はイギリス国歌の題名である。仮定法現在は，いかに古い用法でもイギリスで生き続けるであろう。国歌なのだから。

(D) 仮定法未来 (subjunctive future)

仮定法未来には次の2つがある。そもそも仮定法未来なる表現を認めない考え方もある。特別な仮定法という人もいるし，形態上から仮定法過去に入れる人もいる。しかし，内容上「未来」のことに言及しているので仮定法未来という場合もある。

(a) **if ... should の形**

実現の可能性がほとんどない未来の事柄を表す。いわゆる「万が一の should」といわれる。

　　If it *should* be fine tomorrow, I would go there.（明日万が一晴れれば，私はそこへ行く）

(b) **were to の形**

「万が一」の should より可能性が少ない場合 were to を使う。were to は言葉の遊びともいえる。

　　If the sun *were to rise* in the west, I would not change my mind.（仮に太陽が西から昇ることがあろうとも，私は決心を変えないだろう）

(E) 仮定法における if の省略

仮定法における条件節で if が省略されることがある。その場合は倒置が生じ，助動詞または be 動詞が主語の前にくる。

　　Be it ever so humble, there's no place like home.（たとえどんなにみすぼらしくとも，我が家に優るところはない）＝*If it be* ever so humble, there's no place like home.（仮定法現在）

　　Were I you, I would do that.（もし私が君なら，私はそれをするだろう）＝*If I*

were you, I would do that.（仮定法過去）

Had I had enough money, I could have bought the car.（もし私が十分金を持っていたなら，その車を買っていただろう）＝*If I had had* enough money, I could have bought the car.（仮定法過去完了）

Should it rain, I would not go there.（万が一雨が降れば，私はそこに行かない）＝*If it should* rain, I would not go there.（仮定法未来）

　仮定法における if の省略はすべての仮定法のケースに生じる。仮定法は時代遅れになりつつあるが，この形の仮定法は特に古い形式である。なぜなら，接続詞のない2つの節が連続する並列（parataxis）になり，現代英語では避けるべき文体であるから。

（F） if を使わない仮定法
　if を使わずに仮定法を表すことができる。

(a) 不定詞を使う方法
To hear her speak French, you would take her for a French woman.（彼女がフランス語を話すのを聞けば，君は彼女をフランス人と思うだろう）＝If you *heard* her speak French, you would take her for a French woman.

(b) 副詞語句を使う方法
With your assistance, I would certainly succeed.（君の援助があれば，私はきっと成功するだろう）＝If I *had* your assistance, I would certainly succeed.

Without water, we could not live on the earth.（水がなければ，我々は地球上で生きていくことはできないであろう）＝If there *were* no water, we could not live on the earth.

But for his aid, she might not have succeeded.（彼の援助がなかったら，彼女は成功しなかったかもしれない）＝If it *had* not *been* for his aid, she might not have succeeded.

I took your advice; *otherwise* I should have lost my fortune.（私は君の忠告に従った。もしそうでなかったら，私は財産を失っていただろう）＝If I *had* not *taken* your advice, I should have lost my fortune.

(c) 主語に仮定の意味をもたせる方法
A wise man would not do such a thing.（賢明な男ならそんなことはしないだろう）＝If he *were* a wise man, he would not do such a thing.

(d) 分詞構文を使う方法
The same thing, *happening then*, would have been a great disaster.（同じこ

とが，その時起きていたら，ひどい災害になったであろう）＝The same thing, if it *had happened* then, would have been a great disaster.
(e) 関係詞節を使う方法
Any boy *who should do* such a thing would be laughed at.（万が一そんなことをすれば，どんな子でも笑い者になるであろう）＝Any boy would be laughed at, if the boy *should* do such a thing.

(G) 仮定法に関する重要表現
(a) **if it were not for ...**（もし…がなければ）
If it were not for water, we could not live.（もし水がなければ，我々は生きてはいけない）▶倒置にすると，*Were it not for* water, we could not live. になる。これは並列文ゆえ古い表現であるが，アメリカ英語ではふつう。
(b) **if it had not been for ...**（もし…がなかったならば）
If it had not been for his aid, she might not have succeeded.（もし彼の援助がなかったなら，彼女は成功しなかったかもしれない）▶倒置にすると，*Had it not been for* his aid, she might not have succeeded. になる。これは並列文ゆえ古い表現であるが，アメリカ英語ではふつう。
(c) 「**it is time＋主語＋動詞の過去形**」（もう…すべき時間だ）
It is time you *went* to bed.（もう君は寝るべき時間だ）▶「いま君は当然寝ている時間だが寝ていない」という現在の事実に反対の気持ちを表している。It is about time you *went* to bed.（そろそろ君は寝るべき時間だ）の about time の他，high time（まさに…する時）の表現もある。
(d) **as it were**（いわば）
She is, *as it were*, a living dictionary.（彼女はいわば生き字引だ）
(e) **would rather ...**（もし…ならばなあ）
I *would rather* you *went*.（君が行ってくれればなあ）▶I wish you *went*.（君が行ってくれればなあ）の意味。
I *would rather* you *had gone*.（君が行ってくれていたらなあ）▶I wish you *had gone*.（君が行ってくれていたらなあ）の意味になる。
(f) **had better**（…するほうがよい）
You *had bette*r go home and get to sleep.（君は家に帰って寝たほうがいい）
　その他，had better も含めて次のものは if 節を使わない仮定法であるが，慣用語法化していると考える。
　　would ratter ... (than ...)（…するくらいなら…したい），would [should] like to

do（…したい）

● 中 級 文 法 ●

1 主節のない仮定法

条件節「if＋仮定法」だけで「願望」を表すことがある。
(A) 仮定法過去

If only he *knew* my feeling.（もし彼が私の感情を知ってくれさえすればなあ）▶ 主節が省略されている。完全な文にすれば，If only he *knew* my feeling, I would be happy.（もし彼が私の感情を知ってくれさえすれば，私は幸せだろう）のようになる。つまり，I am sorry he doesn't know my feeling.（私は彼が私の感情を理解してくれなくて残念に思う）の意味。

(B) 仮定法過去完了

If only he *had known* my feeling then.（もし彼があの時私の感情を知ってくれてさえいたらなあ）▶ 主節が省略されている。完全な文にすれば，If only he *had known* my feeling then, I *would have been* happy.（もし彼があの時私の感情を知ってくれてさえいたら，私は幸せだっただろう）のようになる。つまり，I am sorry he didn't know my feeling then.（私は彼が私の感情を理解してくれなかったのを残念に思う）の意味。

2 as if [as though]

as if [as though] は「あたかも…のように」の意味。節中には原則的に仮定法を使う。

He looks as if he *were* dying.（彼はまるで死にかけているように見える）
He looks as if he *had been* dying.（彼はまるで死にかけていたように見える）

しかし，上の文で were の代わりに is, had been の代わりに was を使うことがある。つまり節中が直説法のことがある。

He looks as if he *is* dying.（彼はまるで死にかけているように見える）
He looks as if he *was* dying.（彼はまるで死にかけていたように見える）

仮定法が用いられるのは話し手が as if 以下を非現実的だと思っている時で，直

説法が用いられるのは現実だと考えている時である。

なお，as if ... の副詞節で「主語＋be動詞」が省略されることがある。

He looks as if (he was) dying. (彼はまるで死にかけているように見える)

He looks as if (he was) to say that. (彼はまるでそう言おうとしているように見える)

He looks as if (he was) ill. (彼はまるで病気のように見える)

He looked as if (he was) in prayer. (彼はまるで祈っているかのように見えた)

すなわち as if ... 構文の「...」には分詞，to 不定詞，形容詞，前置詞句がくることがある。

3 仮定法と時制の一致

仮定法は時制の一致を受けない。直説法と仮定法はまったく異なる世界。直説法の主節の時制が変わっても仮定法の従属節は時制の一致の影響を受けることはない。

I wish I *were* a bird. (私は鳥ならなあと願う)

I wished I *were* a bird. (私は鳥ならなあと願った) ▶主節の動詞が過去形になっても，仮定法の節の動詞は無変化。

4 基本形を逸脱した仮定法

仮定法の主節と従属節の時制がずれる場合がある。

(1) If he *had taken* her advice then, he *might* not *have died*. (もしあの時彼女の忠告を受け入れていたならば，彼は死ななかっただろうに)

(2) If he *had taken* her advice then, he *might* be alive. (もしあの時彼女の忠告を受け入れていたならば，彼は今でも生きているかもしれないのに)

(1)が仮定法過去完了の基本形。(2)は従属節が「仮定法過去完了」，主節が「仮定法過去」の文である。しかし，(2)の文は(1)の基本型と矛盾しない。(1)と(2)の文をそれぞれ直説法で表現した文と比べてみるとよくわかる。

(1)′ As he did not take her advice then, he died. (あの時彼女の忠告を受け入れなかったので，彼は死んだ)

(2)′ As he did not take her advice then, he is not alive. (あの時彼女の忠告を受け入れなかったので，彼は今生きていない)

逆の形，従属節が「仮定法過去」，主節が「仮定法過去完了」の文もある。この

場合は従属節の動詞が「過去から現在まで状態が継続している」と考える。

If he *were* in this town, I *should have met* him before.（もし彼がこの町にいれば，今までに彼に会ったであろう）

If he *were* old enough, he *could have guarded* the house against the thief.（もし彼が大人であれば，泥棒から家を守れただろうに）

5 仮定法現在の慣用表現

（A） **if need(s) be**（必要であれば）

if need(s) be は文章体で，when the need arises の意味である。

I will lend you money *if need be*.（もし必要であれば，お金を用立てします）

（B） **God forbid that ....**（…ということが絶対ないように）

本来は「神が…を許さない」の意味である。

If chemical or biological weapons are used against US, *God forbid*, we will in my opinion have to respond.（もし科学兵器や生物兵器がアメリカに対して使用されれば，そんなことは絶対あってはならないが，我々は私見ではあるが反撃しなくてはならない）（AP電）▶この文は God *forbid* that if chemical or biological weapons are used against US, we will in my opinion have to respond. と書き直せる。この文でふつう that 節には should か仮定法現在を使うが，ここでは直説法になっている。

● 発 展 文 法 ●

1 仮定法は減少の一途

仮定法現在は「現在または未来の不確実な事柄を表す」ことを見てきた。つまり，従来は「現在または未来の単なる仮定」に使われてきた。使用範囲は無限であったと推測できる。今日では，仮定法現在の代わりに直説法が使用されるのがふつう。すなわち，仮定法の使用頻度は極端に減少している。

かつて，英語の仮定法の減少傾向について H. Bradley は *The Making of English* (1904) の中で「仮定法の命は 30 年はもたない」と言った。あれから百年，仮定法はやはり生きている。しかし，減少傾向であることは明白である。仮定法現在

はアメリカだけに残っているという人さえいる。もちろんイギリス英語にも方言や古語には残っている。

他のゲルマン語と比較すれば，より鮮明になる。

例えば「私は若い」は英語ではI am young. であるが，他のゲルマン語では
 Ich *bin* jung.（ドイツ語）
 Ick *bün* jung.（低地ドイツ語）
 Ik *ben* jong.（オランダ語）

動詞 bin, bün, ben はすべて英語の be に相当する。言語史的観点からいえば，英語以外のゲルマン語は今日でも仮定法現在形に相当するものが使用されている。

英語でもイングランド西部の方言では
 I *be* young.
が使われる。またその北部の地方では
 I *bin* young.
も使用される。アイルランド英語に極めて近い。

さらに，仮定法過去のI were は低地ドイツ語の ick weer に由来すると考えられる。英語は，それだけ多くのゲルマン語の特性をもっているのである。

次の仮定法現在の用法も非常に古い英語の特性をもつことを物語っている。
 We suggested that he *go* there alone.（彼がそこへ一人で行くように我々は提案した）
 It is strange that he *go* there alone.（彼はそこへ一人で行くのは不思議だ）

これらはアメリカ英語である。イギリス英語では
 We suggested that he *should* go there alone.
 It is strange that he *should* go there alone.

という。この should は「要求・提案」「感情・判断」の should といわれている。しかし，イギリス英語でも方言あるいは文語体では仮定法現在形を使う。イギリス英語では仮定法現在をやめて，むしろ should を新たに挿入したというのが適切。もっとも，アメリカ英語の強い影響でイギリス英語でも一部仮定法復活の方向に進んではいる。

②　直説法とさまざまな仮定法

「もし明日雨が降れば」の言葉が日本で発言されるとすれば，英語ではどう表現されるだろうか。「明日雨が降る可能性」は日本でなら十分ある。したがって，単に直説法の「条件」になる。

しかし，一年365日雨がほとんど降らない砂漠地帯も地球上にはある。いや砂漠の中でも特に雨が降らない土地もあろう。2年も3年も。そんな土地では「もし明日雨が降れば」は仮定法になるだろう。

英語で考えよう。

「もし明日雨が降れば，私は外出しない」は次の表現でいえる。

(1) If it *rains* tomorrow, I will not go out.

(2) If it *rain* tomorrow, I will not go out.

(3) If it *should* rain tomorrow, I will not go out.

(4) If it *were to* rain tomorrow, I will not go out.

(1)は直説法で条件を表すふつうの表現，(2)は動詞の原形を使った仮定法現在で，可能性は直説法に比べればはるかに低い。(3)(4)は仮定法未来。(3)は「万が一のshould」を使っている。まさに「万が一」の可能性かもしれない。(4)は言葉の遊びくらいに考えてもよい。もともと「were to+動詞の原形」は「be to+動詞の原形」つまり「be+to不定詞」であった。「be+to不定詞」は様々な意味を表すものであるから「were to+動詞の原形」も同様に様々な意味を表していたが，今日では「純粋な仮定」を表すことになった。

つまり，if節の中身が起こる可能性，すなわち「明日雨が降る」可能性は(1)，(2)，(3)，(4)の順に高く，(4)が最も可能性が低い。なお，帰結の節のwillは仮定法を用いてwouldにしてもよい。ただし「外出の意志の強さ」はwillより弱くなる。

17 命令法

命令法（imperative mood）とは命令・要求・依頼・希望・禁止などを表す表現である。

動詞は常に原形である。ふつうは主語の you は省略するが，特に相手を強調する場合には明示する。

● 初 級 文 法 ●

1 命令法の基本

ふつうは2人称に対する命令である。

（A）通常の命令

動詞は原形を使う。したがって，be 動詞の場合は be を利用する。なぜか。理由は簡単。元来「命令」は仮定法で表現していたから。

Shut the door.（ドアを閉めろ）▶ Please *shut* the door.（どうかドアを閉めてください）や *Shut* the door, please. のように please をつけると命令の調子がやわらかくなる。

Have a cup of coffee, will you?（コーヒーを召し上がりますよね）▶ will you? や won't you? をつけて付加疑問文にしても命令の調子がやわらかくなる。

Be honest.（正直であれ）

命令を強調するには，動詞の前に do を置く。

Do get up.（どうしても起きろ）

（B）否定の命令

動詞の前に don't や do not を置いて禁止を表す。do not はまれにしか使わない。be 動詞の場合にも，今日の英語では don't を使う。

Don't eat too much, please.（どうぞあまり食べ過ぎないでください）

Don't be late.（遅れるな）

強い否定の命令には never を使う。never は not ever に由来する。「（これから）ずっと…ない」の意味。したがって「現在だけでなく将来も…するな」を表す。

Never tell a lie.（絶対に嘘をつくな）

(C) 主語 you をつける場合

特に相手を強調する場合は主語 you をつける。

You go there.（お前がそこへ行け）

2人称に決まっているのに you をつけるのは「いらだち」の気持ちを表す場合。あるいは Mary, you go there. のように複数の相手の中で，特定の人に命令する時に使う。

2 let による命令

let による命令には次がある。

(A) 一般用法

2人称に対する命令であるが，内容は1人称と3人称に向いている。

Let me go there.（私にそこへ行かせろ）

Let us go there.（私たちにそこへ行かせろ）

Let him know the time of your departure.（あなたの出発時間を彼に知らせてください）

(B) 勧誘

let us が let's と短縮されて「…しようじゃないか」の意味の勧誘にもなる。

Let's go to that restaurant.（あのレストランへ行きましょう）▶let's は相手を含む表現であるが，Let us go to that restaurant. は「我々をあのレストランに行かせて」の意味で相手は含まない。

否定形は「let's not＋動詞の原形」の形で表す。

Let's not go to that restaurant.（あのレストランへ行くのはやめましょう）

●中級文法●

1 let を使う特別な命令

let を使う命令文でも「命令」の要素が減少する場合がある。

Let there be no mistake.（間違いがないようにせよ）▶この表現は直接に相手に命令するのではなく，行為の対象を主にして，間接に相手に命令する。let の目的語に there があり，奇妙に見えるが there は it の意味もあるところから，名詞的に使用されていると考えればよい。

Let the wind blow.（風よ，吹かば吹け）▶「…するならせよ」「かまうもんか」の意味。

Let 3x equal y.（3x は y に等しいと仮定しよう）▶「…とせよ」の意味の仮定を表す。

2 命令法を使った慣用表現

命令法を使った慣用表現をあげる。

(A) **let alone**（…はいうまでもなく）

He cannot speak French, *let alone* write it.（彼はフランス語が話せない，まして書くのはいうまでもない）

(B) 譲歩を表す命令法

Come what may, I will not change my mind.（何が起ころうとも，私は決心を変えない）▶Whatever may come, I will not change my mind. と同意になる。

Say what you like, I will not change my mind.（君が何を言おうとも，私は決心を変えない）▶Whatever you may say, I will not change my mind. と同意になる。

Try as you may [might], you cannot solve the problem.（どんなにやっても君はその問題を解くことはできない）▶「動詞の原形＋as＋主語＋may [might, will, would]」の形で「どんなに…してみても」の意味になる。

Believe it or not, she is over sixty years old.（信じようが信じまいが，彼女は 60 歳を過ぎている）

（C）仮定を表す命令法

say あるいは let's say を使う命令文は仮定を表す。

Say it is true.（それを事実だとしておこう）

Let's say that it is true, what then?（仮にそれが事実だとすれば、どうだというのだ）

次の命令法も仮定を表す。

Suppose that she refuses, what shall we do?（彼女が拒否したら我々はどうしようか）▶suppose の後に「実現の可能性」がある時は直説法、ない時には仮定法が使われる。

Assume that it rains tomorrow, what shall we do?（明日雨が降ったらどうしよう）▶assume の後は通例直説法を使う。

● 発 展 文 法 ●

1 命令法が表す特別用法

（A）挿入節として使用する

Believe me, I am telling you the truth.（本当だよ、私は真実を言っている）

（B）間投詞として使用する

Come, you shouldn't speak like that!（おい、そんな言い方をしてはいけない）▶「督促」「懇願」などを表す。

Look, there she is!（ほら、あそこに彼女がいる）▶相手の注意を促す用法。

2 否定の特別な命令

古い英語や形式的な英語では don't を使わずに、動詞の後に not を置く。

Tell me not that life is only a dream.（人生は夢にしかすぎないと私にいうなかれ）

否定語を動詞の後あるいは目的語の後に置くのはゲルマン語の特徴の一つである。

③ 主語に you, we をつける特別な命令

古い用法では，主語に you をつける場合 you は動詞の後に置いた。
Go you there.（お前がそこへ行け）

この用法は mind you（いいか），look you（いいかい），mark you（いいかね）のような表現に残っている。いずれも相手に念を押す時の言葉。You go there. のように主語が動詞の前に位置するようになったのは18世紀頃からである。ドイツ語では今日でも *Gehen Sie* dorthin.（英語に直訳すると *Go you* there.）という言い方をする。

Go we near him.（彼の近くへ行こう）▶今日では *Let's* go near him. を使うが，let's ... が使われるようになったのは14世紀以降である。

④ 動詞のない命令

動詞がなくても命令を表すことが可能である。動詞を使わずに「副詞＋名詞」や「副詞＋前置詞句」などで命令を表す。
例をあげる。

Off limits（立ち入り禁止）▶*Keep* off limits. を略したもので，主にアメリカ英語。
Away with you!（そこをどけ）
Off with your hat!（帽子を取りなさい）▶*Take* off with your hat! を略したもの。
Out with it!（言え）
Down with the tyrant!（暴君を倒せ）

⑤ 過去分詞による命令

過去分詞を使う命令が過去にはあったが，今日では次のものしか残っていない。
Be gone!（行ってしまえ）
Be done with your work!（君の仕事を早く片づけろ）

18 受動態

　例えば「犬がその男の子を噛んだ」は A dog bit the boy. である。同じ現象でも「その男の子は犬に噛まれた」のように主語を「その男の子」にすれば The boy was bitten by a dog. になる。このような表現の形を態（voice）という。態とは動詞の姿・形という意味である。前者を能動態（active voice），後者を受動態（passive voice）という。

● 初 級 文 法 ●

1 能動態から受動態を作る方法

　能動態から受動態を作る基本的な方法は次の過程を経て行う。次の例は平叙文の場合。

　　He *loves* her.（彼は彼女を愛している）
　　→ She is *loved* by him.（彼女は彼に愛されている）

　能動態から受動態を作る場合，(1)目的語を主語にする。上の場合は her を she にする。(2)be 動詞を時制，人称，数に応じた形で加える。上の例の場合は現在時制であるから 3 人称・単数の主語 she に合わせて is を使う。(3)動詞を過去分詞に変える。つまり loves を loved にする。(4)主語を「by＋動作主」の形にする。その際，前置詞 by の目的語になるので目的格に変える。

2 さまざまな受動態の形

（A）助動詞のついた受動態
　能動態で用いられる助動詞は受動態でもそのまま使用する。

　　You *must* help him.（君は彼を手伝わなくてはならない）
　　→ He *must* be helped by you.（彼は君に手伝ってもらわなくてはならない）

ただし，will と shall は人称により変化する場合がある。
　I *will* do it.（私がそれをする）
　→ It *shall* be done by me.（それは私にされる）▶ 1人称の will は「意志」を表すが，受動態になると主語が 3 人称になるために shall に変わることがある。この shall は「話し手」の意志を表す。

(B) 疑問文の受動態

疑問詞がある時は疑問詞を残す。Yes/No 疑問文でも共に，主語に合った数や格になるように注意する。
　Does Jack *love* Mary?（ジャックはメリーを愛していますか）
　→ *Is* Mary *loved* by Jack?（メリーはジャックに愛されていますか）▶Yes/No 疑問文の場合。
　When did you find it?（いつ君はそれを見つけたのか）
　→ *When* was it found by you?（いつそれは君に見つけられたのか）▶疑問副詞の場合。
　Who discovered the principle of relativity?（誰が相対性原理を発見したのか）
　→ *By whom* was the principle of relativity discovered?（誰により相対性原理は発見されたのか）▶疑問代名詞が主語の場合。By whom ...? は文章体である。
あるいは
　→ *Who* was the principle of relativity discovered *by*?（誰により相対性原理は発見されたのか）▶疑問代名詞が主語の場合。who ... by? は口語体である。
　Who(m) did he love?（彼は誰を愛していたか）
　→ *Who* was loved by him?（誰が彼に愛されていたか）▶疑問代名詞が目的語の場合。
　What do you call this fish?（この魚は何といいますか）
　→ *What* is this fish called (by you)?（この魚は何と呼ばれていますか）▶疑問代名詞が目的格補語の場合。目的格補語は受動態と無関係ゆえそのまま残る。by you はふつうは省略される。

(C) 命令文の受動態

命令文には let を使う。「let＋目的語＋be＋動詞の過去分詞」の形にする。命令文の受動態は文章体でのみ使われる。
　Do it now.（今それをしろ）
　→ *Let* it *be done* now.（今それがされるようにしろ）
　Don't do it.（それをするな）

→ *Let* it *not be done*.（それがされぬようにしろ）
あるいは
→ *Don't let* it *be done*.（それがされぬようにしろ）

(D)「主語＋動詞＋間接目的語＋直接目的語」の文型の受動態

目的語が2つあるので，それぞれを主語にした受動文が可能。ただし give 型といわれる動詞に限られる。次がそれである。

allow, bring, lend, offer, pass, pay, promise, read, refuse, sell, show, teach, write など

I *gave him a book*.（私は彼に1冊の本をあげた）
→ *He was given a book* by me.（彼は1冊の本を私から与えられた）
→ *A book was given* (*to*) *him* by me.（1冊の本が彼に私から与えられた）

上の文のように目的語が2つある場合，1つの目的語が主語になり，残り1つはそのままの位置に置かれる。残りの目的語を保留目的語（retained object）というが，これが間接目的語の時は前置詞 to が入ることがある。

次は buy 型といわれる動詞に関するものである。

I *bought him a book*.（私は彼に1冊の本を買った）
→ *He was bought a book* by me.（彼に1冊の本が私に買われた）▶間接目的語を主語にする文は不自然な文とされているので避けるほうがよい。
→ *A book was bought* (*for*) *him* by me.（1冊の本が彼に私から買われた）▶間接目的語だけでは不自然な文とされている。for が入ると自然な文になる。この種の動詞に次のものがある。

build, choose, cook, find, get, leave, make など

(E)「主語＋動詞＋目的語＋補語」の文型の受動態

いわゆる第5文型の受動態では，目的語だけが主語に変わりうる。

We *elected him* chairman.（我々は彼を議長に選んだ）
→ *He was elected* chairman by us.（彼は我々により議長に選ばれた）

(F) 知覚動詞と使役動詞の受動態

知覚動詞と使役動詞は「＋目的語＋原形不定詞」の文型をとるが，受動態になると原形不定詞が「to 不定詞」になる。

I heard him *sing* a song.（私は彼が歌を歌うのを聞いた）
→ He was heard *to sing* a song by me.（彼は歌を歌うのを私に聞かれた）
He often makes me *cry*.（彼はよく私を泣かせる）

→ I am often made *to cry* by him.（私はよく彼に泣かされる）

(G) 進行形の受動態

進行形の受動態は「be+being+過去分詞」の形である。ただし，未来進行形，現在完了進行形，過去完了進行形，未来完了進行形の受動態は理論上は可能ではあるが，実際にはほとんど使用されることはない。

His father *is scolding* him.（彼の父親は彼を叱っている）
→ He *is being scolded* by his father.（彼は父親に叱られている）

(H) 完了形の受動態

完了形の受動態は「have been+過去分詞」の形である。

His mother *has scolded* him.（彼の母親は彼を叱った）
→ He *has been scolded* by his mother.（彼は母親に叱られた）

(I) 目的語が that 節の受動態

目的語が that 節の受動態は，次の2通りある。

(a) it を主語にする

They *say* that he went to America.（彼はアメリカへ行ったという）
→ It *is said* that he went to America.（彼はアメリカへ行ったといわれている）
▶that 節を主語にすると文が重く感じられるので，それを仮主語に換えたもの。

(b) that 節の主語を受動態の主語にする

They *say* that he went to America.（彼はアメリカへ行ったという）
→ He *is said* to have gone to America.（彼はアメリカへ行ったといわれている）
▶that 節の主語 he を文の主語にしたもの。

3 「have [get]+目的語+過去分詞」「have+目的語+原形不定詞」

これらの形で受動の意味を表すことがある

両者の構文とも「使役」の意味になることもある。「使役」の時は have [get] に強勢があり，「受動」の時は過去分詞や原形不定詞に強勢がある。

Háve her *come* early.（彼女に早く来てもらえ）
I *had* my purse *stólen*.（私は財布を盗まれた）
I *had* my son *díe*.（私は息子に死なれた）▶「受動」の意味になるのは原形不定詞が自動詞で，かつ主語の意志が及ばない場合に限り，その他の場合はほとん

ど「使役」の意味。

● 中 級 文 法 ●

1 受動態を作らない他動詞

他動詞がすべて受動態になるわけではない。have や let は受動態にはならない。さらに，主語の意志が感じられない動詞も受動態にならない。

　　I have three brothers.（私には兄弟が3人いる）
　　→*Three brothers are had by me.
同様に，
　　He *resembles* his mother.（彼は母親に似ている）
　　She *lacks* experience.（彼女は経験不足だ）
　　This camera *cost* one thousand dollar.（このカメラは1000ドルした）
　　This basket *contains* ten eggs.（このかごには卵が10個入っている）
　　He *caught* a cold yesterday.（彼は昨日風邪をひいた）
のような能動的でない意味の他動詞は受動態を作れない。

2 能動態より受動態が好まれる場合

能動態と受動態は重点の置き所が違うから，完全に同じ意味を伝えるものではない。受動態には受動態になる必然性がある。

(A) 動作を受けるほうに関心がある時

　　My boss has *been transferred* to another branch in Osaka.（私の上司は大阪の別の支店に転勤を命じられた）▶「会社」が「私の上司」を転勤させたのであるが，ここではどうしても「私の上司」を話題の中心にしたい。

(B) 論文や公文書などで客観的記述を必要とする時

　　The subject will *be dealt* with in the next chapter.（その主題は次の章で扱うことにする）

(C) 文の流れから主語を変えたくない時

　　He is very bright and *is expected* to be a great scholar.（彼は非常に頭がよいので，偉大な学者になるものと期待されている）▶He is very bright and we ex-

pect him to be a great scholar. では 2 つの節の主語が異なり，文の流れが悪くなる。

3 by ... がつかない受動態

動作主が漠然としている時，we, they などの総称主語の時，および，動作主を表したくない時は「by＋動作主」をつけないのがふつう。

He was killed in the traffic accident. (彼は交通事故で死んだ) ▶動作主が不明か，あるいは的確に表しにくい場合。

English is spoken in Canada. (カナダでは英語が話される) ▶動作主が we, they などの一般人称の場合。

4 by 以外の前置詞を使用する受動態

受動態で by 以外の前置詞で動作主を表すことがある。

(A) 受動態では by を使う場合がふつうだが，他の前置詞を使うことがある

The top of the mountain is covered *with* snow. (山頂は雪でおおわれている)
My heart was filled *with* sorrow. (私の胸は悲しみでいっぱいだった)

他に be caught in ... (に出会う)，be seized with ... (…につかまる) などがあるが，特に次には注意が必要である。

He is known *to* everybody. (彼は誰にでも知られている) ▶be known to ... は「…に知られている」の意味。

He is known by the few concerned. (彼は少数の関係者には知られていた) ▶be known by を使うと動作主が「知ろうとして知る」の意味。

He is known by the company he keeps. (彼はつき合っている仲間で判断される) ▶be known by ... はさらに「…により判断される」さらに「…により見分けられる」の意味になることもある。

(B) 「驚く」「失望する」などの感情・心理を表す過去分詞は形容詞扱い

I was surprised *at* the news. (私はその知らせに驚いた) ▶by を使うこともあるが，それは受動性が強い時。つまり，surprised を形容詞と考えず動詞と考える。

She was astonished *at* the news. (彼女はその知らせに驚いた) ▶by を使うこともあるが，それは受動性が強い時。つまり，astonished を形容詞と考えず動

詞と考える。

He was disappointed *with* the result.（彼は結果に失望した）▶with の他に at, about, by, in を使うこともある。

He is not satisfied *with* the result.（彼は結果に満足していない）▶with の他に at, about, by がある。

He is satisfied *of* his innocence.（彼は自分の無実を確信している）▶about を使うこともある。

その他

be interested in（…に興味をもつ）, be beloved of（…に愛されている）▶be beloved by もある。of はかつて by の意味で使用されていた。また about を使うこともある, be terrified of（…におびえている）▶of の他に at, by もある, be delighted with（…に喜んでいる）▶with の他に at, by もある。

概していえることであるが、一般的に行為者あるいは行為を仕掛ける物は前置詞 by で示す。by を使う時、過去分詞は動詞の性質を強くもち、by 以外の前置詞を使う時には過去分詞は形容詞的性質を帯びる。この際の by あるいは、他の前置詞による「動作主」は真の「動作主」といえるかどうか問題であり、慣用句と考えるべきかもしれない。

5 句動詞の受動態

受動態になるのは他動詞に限られる。しかし、時には「自動詞＋前置詞」「自動詞＋副詞＋前置詞」などの句動詞が他動詞の役割をはたすことがあり、受動態になりうる。

He often *laughs at* me.（彼はよく私を笑い者にする）

→ I *am* often *laughed at* by him.（私はよく彼から笑い者にされる）

People *looked up to* the mayor.（人々は市長を尊敬した）

→ The mayor *was looked up to* by people.（市長は人々に尊敬された）

さらに「他動詞＋目的語＋前置詞」の句動詞が1語の他動詞のように扱われて受動態になることもある。

She *took good care of* her baby.（彼女は自分の赤ちゃんの世話をよくした）

→ Her baby *was taken good care of* by her.（彼女の赤ちゃんは彼女からよく世話をされた）

しかし、形の上では take は他動詞で目的語は good care であるから、次の受動文も可能。

→ *Good care was taken of* her baby by her.（彼女の赤ちゃんによい世話が彼女からされた）

ただし，このような受動文が可能なのは take good care of のように目的語の名詞に形容詞がつく場合で，その際形容詞は，一般に much, little, some, any, no, every などが多い。take care of のように形容詞がつかない場合，

→ *Care was taken of* her baby by her.

のような文は一般的でない。

6 状態の受動態と動作の受動態

例えば

The tree *was uprooted* by the storm.

の文は「その木は嵐で根こそぎにされた」の意味の「動作」か「その木は嵐で根こそぎにされていた」の意味の「状態」なのか明確でない。もちろん，文の前後関係から判断できる場合も多いであろう。しかし，単独で文が述べられると判断は不可能。

このような時，be 動詞の代わりに他の動詞を使用して「状態」か「動作」かを明確にする。

(A) 状態の受動態

The tree *remained uprooted* by the storm.（その木は嵐で根こそぎにされていた）

動詞 remain（…の状態でいる）は「状態」を表す。同様の動詞に lie（…の状態で横たわっている），stand（…の状態にある），rest（…のままでいる），stay（…のままでいる）などがある。この種の動詞を使えば状態の受動態ということが明確になる。

(B) 動作の受動態

The tree *got uprooted* by the storm.（その木は嵐で根こそぎにされた）

動詞 get（…の状態になる）は「動作」を表す。同様の動詞に become（…になる），grow（次第に…になる）などがある。この種の動詞を使えば動作の受動態ということが明確になる。

(C) 動詞以外による状態と動作の区別

be 動詞の代わりに「状態」や「動作」を表す動詞を使用すれば「状態」の受動態か「動作」の受動態か判断できる。しかし，それ以外でも他の表現により判断で

きる場合がある。
　　The child was dressed *in white*. (その子は白い服を着ていた) (状態)
　　The child was dressed *by his mother*. (その子は母親に服を着せてもらった) (動作)
　以上の2例は前置詞句の意味により「状態」か「動作」か区別できる。

7 能動受動態

　能動態でありながら意味上は受動である場合を能動受動態 (activo-passive) という。
　　This book *sells well*. (この本はよく売れる)
　　The brandy *drinks well* for its price. (そのブランデーは値段の割にはなかなかいける)
　　This knife *cuts well*. (このナイフはよく切れる)
　　Such houses *rent easily*. (こういう家は借り手がすぐつく)
　以上4例が能動受動態の代表例である。well, easily などの副詞を伴うことが多い。

● 発 展 文 法 ●

1 再帰動詞から受動態への変化

　次の2つの文を考える。
　　I *interest myself* in English. (私は英語に興味をもっている)
　　I *am interested* in English. (私は英語に興味をもっている)
　前者の interest oneself は動詞 interest の再帰用法、後者の be interested は受動態である。一般に interest oneself は受動態にすると be interested となり、両者はほぼ同義になる。もちろん、能動態は「動作」に力点があり、受動態は「状態」に重点がある。なぜなら過去分詞は形容詞化していると考えられるからである。再帰用法は形式的な感があり、現在は受動態のほうが多く使用されるようになっている。
　同様の例をあげる。
　　dress oneself in (…を着る)＝be dressed in (…を着ている)

seat oneself（席につく）＝be seated（席に着いている）
acquaint oneself with（…に精通する）＝be acquainted with（…に精通している）
accustom oneself to（…することに慣れる）＝be accustomed to（…に慣れている）
assure oneself of（…を確信する）＝be assured of（…を確信している）
confine oneself to（…に閉じこめられる）＝be confined to（…に閉じ込められている）
devote oneself to（…に専念する）＝be devoted to（…に専念している）
persuade oneself of（…を確信する）＝be persuaded of（…を確信している）
attach oneself to（…に加入する）＝be attached to（…に加入している）
revenge oneself on（…に復讐する）＝be revenged on（…に復讐する）
satisfy oneself of（…を確信する）＝be satisfied of（…を確信している）　など

また，再帰用法と受動態の両者の形があるが，意味が異なる例もある。

please oneself（自分の好きなようにする），be pleased（喜ぶ）

さらに，かつては再帰用法が存在したと考えられるが，現在は受動態のみ残るものもある。

ashame の他動詞形は 19 世紀前半まで残っていたが，現在は be ashamed of（…を恥じる）を使う

belove の他動詞形は 19 世紀前半まで残っていたが，現在は be beloved of（…に愛されている）あるいは be loved by（…に愛されている）を使う

dispose oneself to do は 19 世紀前半まで残っていたが，現在は be disposed to do（…する気になる）を使う

situate oneself は 18 世紀後半まで残っていたが，現在は be situated（…に位置している）を使う

tire oneself は 19 世紀後半まで残っていたが，現在は be tired（疲れている）を使う

2 「by＋動作主」は「of＋動作主」であった

be beloved of ... は be beloved by ... に変化した。つまり，
　　He *is beloved of* all.（彼は皆から愛されている）
　　He is *beloved by* all.（彼は皆から愛されている）
の相違は何かといえば，前者は古い表現で後者は新しい表現だということである。

英語において動作主に by を用いるようになったのは 15 世紀頃からで，それまでは of や from が使われていた。その後 from は使用されなくなった。ドイツ語では今日でも，英語の of や from に相当する von が使われている。

　　You shall *be hated of* all men.（汝は皆から憎まれるであろう）(*Bible*)

3　He was written a letter by me. はなぜ不自然な文か

　　I *wrote him* a long *letter*.（私は彼に長い手紙を書いた）
の文を受動態にすると，理論上は 2 つの文が可能である。
　　A long *letter was written (to) him* by me.（長い手紙が彼に私から書かれた）
　　He was written a long *letter* by me.（彼は長い手紙を私から書かれた）
しかし，後者のように原文の間接目的語を主語にする文は不自然な英文であるとされている。当然理論上は文法に合った英語である。しかしイギリスの文法学者 Henry Sweet はこの表現を We still hesitate over and try to evade.（我々は相変わらずちゅうちょし避けようとする）と言っている。この種類の動詞とみなされるものに次がある。

　　bring, choose, cook, find, get, leave, make, play, reach, save, sing など

　さて，なぜ不自然なのか。
　実は，これらの動詞はすべて「＋間接目的語＋直接目的語」の文型をとる授与動詞であるが，古期英語の時代には間接目的語は受動態の主語になりえなかったのである。かつての与格（今日の間接目的語）は目的語扱いしなかったのである。この事実は buy 型の動詞のみに適用されるのではなく，場合によっては give 型にもあてはまる（⇨ 18 受動態・初級文法 2 (D)）。つまり，間接目的格（ふつうは「人」に相当する）を主語にする He was written a letter by me. の英語は古期英語の時代には存在しなかった文である。しかし 13 世紀頃から英語では与格と対格（今日の直接目的語）の形態上の区別が消滅した。そのために受動態が 2 つ可能になった。当然のことであるが，ドイツ語にも他のゲルマン語にも間接目的語を主語とする文は存在しない。今日の英語では可能であるが，あくまで不自然。

19 話　法

　話法（narration）とは人の言葉の伝え方をいう。他人の言葉を直接そのまま伝える方法を直接話法（direct narration），言葉の趣旨を間接的に伝える方法を間接話法（indirect narration）という。
　直接話法にはそれゆえ引用符（quotation mark）が必要である。間接話法は話し手の言葉を伝える人の言葉にして従属節で伝える方法である。

● 初 級 文 法 ●

1 話法転換の基本

　直接話法から間接話法への転換の基本は次の通り。間接話法から直接話法への転換は手順を逆にする。

　　She *said to* me, "*I am* free *now*." （「私は今暇です」と彼女は言った）（直接話法）
　　She *told* me *that she was* free *then*. （彼女はその時暇だと私に言った）（間接話法）

　まず(1)「say to＋人」を「tell＋人」に換える。(2)コンマをとり，" "の引用符をとり that 節に換える。ただし，口語では that を省略するのがふつう。(3)引用符の中の時制を主節の時制に合わせて変化させる。つまり，時制を一致させる。(4)引用符の中の指示代名詞・人称代名詞を話者の立場から適当に換える。時や場所を表す副詞も主節に合わせて変化させる。

2 平叙文の転換

（A）伝達動詞が現在・未来・現在完了の時

　被伝達文の時制は間接話法でも変わらない。

> She *says to* me, "*I am* free now." (「私は今暇です」と彼女は私に言う)
> She *tells* me *that she is* free now. (自分は今暇だと彼女は私に言う)

> She will *say to* him, "*You have done your* best." (「君はベストを尽くした」と彼女は彼に言うだろう)
> She will *tell* him *that he has done his* best. (彼はベストを尽くしたと彼女は彼に言うだろう)

> She has *said to* him, "They are waiting." (「彼らが待っている」と彼女は彼に言った)
> She has *told* him *that* they are waiting. (彼らが待っていると彼女は彼に言った)

(B) 伝達動詞が過去の時

被伝達文の動詞は時制の一致を受ける。したがって被伝達文の動詞は「現在」→「過去」に，「過去」「現在完了」→「過去完了」に換える。

> She said, "*I am* free." (「私は暇だ」と彼女は言った)
> She said *that she was* free. (暇だと彼女は言った)

> She *said to* me, "*I have lost my* watch." (「私は時計をなくした」と彼女は私に言った)
> She *told* me *that she had lost her* watch. (彼女は時計をなくしたと私に言った)

指示代名詞や副詞は適当に換えなくてはならない。

> She *said to* him, "*I lost my* watch *yesterday*." (「私は昨日時計をなくした」と彼女は彼に言った)
> She *told* him *that she had lost her* watch *the day before*. (前日に時計をなくしたと彼女は彼に言った)

このように換えるべき指示代名詞や副詞は次の通り。

> this → that, these → those, here → there, now → then, ago → before, today → that day, tonight → that night, next week → the next week あるいは the following week, tomorrow → (the) next day あるいは the following day, yesterday → the day before あるいは the previous day, last night → the night before あるいは the previous night

(C) 伝達動詞が過去の時の例外

被伝達文の動詞が時制の一致の例外の場合。つまり，被伝達文が「不変の真理」「現在の習慣や状態」「歴史的事実」「仮定法」の場合の時制は伝達動詞の影響を受けない。

> He said, "One and one *is* two." (彼は「1足す1は2だ」と言った)

の直接話法は
　He said *that* one and one *is* two.（彼は1足す1は2だと言った）
の間接話法になる。

3 疑問文の転換

　疑問文の転換は，まず伝達動詞を ask, inquire, wonder などに換える。ask が最もふつう。
(A) 疑問詞がある時
　疑問詞を残し，疑問詞で始まる従属節にする。伝達文の語順は平叙文の場合と同様。
　　He *said to* me, "*Where are you* going?"（「君はどこへ行くの」と彼は私に尋ねた）
　　He *asked* me *where I was* going.（彼は私がどこへ行くのか尋ねた）
(B) 疑問詞がない時
　疑問詞のない疑問文は if または whether で始まる従属節にする。
　　He *said to* me, "*Have you* ever *been* to New York?"（「君はニューヨークに行ったことはあるかい」と彼は私に尋ねた）
　　He *asked* me *if I had* ever *been* to New York.（彼は私にニューヨークに行ったことがあるかどうか尋ねた）

4 命令文の転換

　命令文の転換は2種類ある。
(A) 肯定の命令文
　肯定の命令文の場合，命令の程度により3つに分けられる。伝達動詞が「依頼」の時は ask, beg, request を，「命令」の時は tell, order, command を，「忠告」の時は advise を使う。被伝達文は「to 不定詞」を使用する。
　　He *said to* me, "*Go* at once."（「すぐに行け」と彼は私に言った）
　　He *told* me *to go* at once.（彼は私にすぐに行くように命じた）
　被伝達文に「to 不定詞」の他に that 節がくることもある。

$\begin{cases} \text{The doctor }said\ to\text{ me, "}Give\ up\text{ smoking."（「禁煙しなさい」と医者は私に言った）} \\ \text{The doctor }advised\text{ me }to\ give\ up\text{ smoking.（医者は私に禁煙するように忠告した）} \\ \text{The doctor }advised\text{ me }that\ I\ (should)\ give\ up\text{ smoking.（医者は私に禁煙するように忠告した）} \end{cases}$

（B）否定の命令文

否定の命令文の場合は，被伝達文は「not＋to 不定詞」を使用する。

$\begin{cases} \text{He }said\ to\text{ me, "}Don't\ give\ up\text{ studying English."（「英語の勉強を諦めてはいけない」と彼は私に言った）} \\ \text{He }told\text{ me }not\ to\ give\ up\text{ studying English.（彼は私に英語の勉強を諦めないように言った）} \end{cases}$

（C）「勧誘」「提案」の Let's .... の転換

Let's .... の転換は suggest［propose］that ... (should) ... の形を用いる。

$\begin{cases} \text{She }said\ to\text{ me, "}Let's\ go\text{ shopping."（「買い物に行きましょう」と彼女は私に言った）} \\ \text{She }suggested\text{ to me }that\ we\ (should)\ go\text{ shopping.（彼女は私に買い物に行こうと提案した）} \end{cases}$

5 感嘆文の転換

感嘆文では直接話法の感動が伝わるような転換をする。機械的な転換方法はなく，転換は次のような方法による。

(1)伝達動詞に cry, exclaim, shout, pray などの動詞を使う。(2)感嘆の意味を表すのに with delight（喜んで），with regret（後悔して），with a sigh（ため息まじりに）などの副詞句を加えたり，very や very much などの修飾語句を加える。(3) what や how の感嘆詞をそのまま使用したりする。

$\begin{cases} \text{He }said,\text{ "What a mistake }you\ made\text{!"（「君はなんという過ちを犯したんだ」と彼は言った）} \\ \text{He }exclaimed\ (in\ anger)\text{ what a mistake }I\ had\ made.\text{（なんという過ちを私は犯したんだと彼は叫んだ）} \\ \text{He }exclaimed\ that\ I\ had\ made\text{ a }big\text{ mistake.（彼は私が大きな過ちを犯したと叫んだ）} \end{cases}$

> She *said*, "How beautiful the flower *is*!" (「その花はなんてきれいなの」と彼女は言った)
> She *exclaimed* how beautiful the flower *was*. (その花はなんてきれいなことかと彼女は声を出した)
> She *said that* the flower was *very* beautiful. (その花はすごくきれいだと彼女は言った)

> He *said*, "*Alas, I have failed* the examination again!" (「ああ，また試験に失敗しちゃった」と彼は言った)
> He *regretted with a sigh that he had failed* the examination again. (彼はまた試験に失敗したとため息まじりに残念がった)

6 祈願文の転換

祈願文では間接話法の伝達動詞に pray や wish を使い，次に that 節，さらに節中に「祈願」を表す助動詞 may を使用する。

> He *said*, "God bless her!" (「彼女に神のご加護がありますように」と彼は言った)
> He *prayed that* God *might* bless her. (彼は彼女に神のご加護がありますようにと祈った)

7 重文の転換

重文の転換は次のようにする。

(A) 等位接続詞 and, but でつながれた時

修飾関係の誤解を避けるために接続詞 and や but の次に that を繰り返す。最初の that は省略してもよい。

> He said, "*It is* not raining *and I can go*." (「雨は降ってない，だから私は出かけられる」と彼は言った)
> He said *(that) it was* not raining *and that he could go*. (雨が降っていないから出かけられると彼は言った)

(B) 等位接続詞 for でつながれた時

for の場合には that を繰り返さない。

$\begin{cases} \text{He } said \text{ to me, "}You \text{ must get up, for the birds } are \text{ singing."（「君は起きなくてはならない，小鳥が鳴いているから」と彼は私に言った）} \\ \text{He } told \text{ me that } I \text{ must [} had \text{ to] get up, for the birds } were \text{ singing.（彼は私に起きなくてはならない，小鳥が鳴いているからと言った）} \end{cases}$

（C）「命令文＋and [or]」の時

等位接続詞 and や or はそのまま残る。

$\begin{cases} \text{He } said \text{ to me, "}Hurry \text{ up, and } you \text{ will be in time for the train."（「急ぎなさい，そうすれば列車に間に合うだろう」と彼は私に言った）} \\ \text{He } told \text{ me to hurry up and I } would \text{ [} should \text{] be in time for the train.（彼は私に急げば列車に間に合うだろうと言った）} ▶ 単純未来の will はイギリス英語では shall に代わる。アメリカ英語では will でいいので would でもよい。 \end{cases}$

$\begin{cases} \text{She } said \text{ to me, "}Hurry \text{ up, or } you \text{ will be late."（「急ぎなさい，さもないと遅れますよ」と彼女は私に言った）} \\ \text{She } told \text{ me to hurry up or I } would \text{ [} should \text{] be late.（彼女は私に急がないと遅れるだろうと言った）} \end{cases}$

8 複文の転換

複文の転換では従属節においてふつう時制の一致をさせる。

$\begin{cases} \text{He } said \text{ to me, "}You \text{ have to stay } here \text{ until the rain } stops \text{."（「雨がやむまで君はここにいなくてはならない」と彼は私に言った）} \\ \text{He } told \text{ me that } I \text{ had to stay } there \text{ until the rain } stopped \text{.（彼は私に雨がやむまでそこにいなくてはならないと言った）} \end{cases}$

9 2つ以上の文の組み合わせの転換

今まで述べてきた規則を総合し，それぞれ適当な伝達動詞や接続詞を使用する。

$\begin{cases} \text{He } said \text{ to me, "}Study \text{ hard. } Are \text{ } you \text{ tired?"（「一生懸命勉強しなさい。疲れたのかい」と彼は私に言った）} \\ \text{He } told \text{ me } to \text{ } study \text{ hard } and \text{ asked me } if \text{ } I \text{ } was \text{ tired.（彼は私に一生懸命勉強するように言い，私が疲れたかどうか尋ねた）} \end{cases}$

"What a foolish man *I am!*" he *said to* me, "*I've forgotten* to post *your* letter."（「私はなんと馬鹿な男だ」と彼は私に言った，「私は君の手紙を出すのを忘れていた」）

He *told* me what a foolish man *he was to have forgotten* to post *my* letter.（彼は私の手紙を出すのを忘れていたなんて自分はなんと馬鹿な男だろうと私に言った）

●中級文法●

1 直接話法から間接話法に機械的に転換できない場合

　直接話法から間接話法に転換する際，多くの場合，指示代名詞や副詞はほぼ機械的に転換できる。しかし，被伝達文の発言の「時」あるいは「場所」が限定されている場合は機械的に処理できないことがある。

（A）時の場合

　　When she came last night, she said, "*I saw* a ghost *today*."（彼女は昨夜来た時「私は今日幽霊を見た」と言った）

の文は間接話法にすると

　　When she came last night, she said *that she had seen* a ghost *yesterday*.（彼女は昨夜来た時，昨日幽霊を見たと言った）

になる。機械的に話法を転換すれば today は that day になるが，「昨晩」来て「今日見た」と言っているのだから，彼女が幽霊を見たのは「昨日」になる。

（B）場所の場合

　　She came here yesterday and said, "*I do not* like *this room*."（彼女は昨日ここへ来て「私はこの部屋は好きではない」と言った）

の文は間接話法にすると

　　She came here yesterday and said *that she did not* like *this room*.（彼女は昨日ここへ来て，この部屋は好きではないと言った）

になる。機械的に転換すれば this room は that room になる。しかし，「ここ」に来て「この部屋」と言っているのだから「この部屋」はやはり「この部屋」に変わりない。

2 被伝達文に助動詞が含まれる場合の転換

被伝達文に must や ought to が含まれる場合，間接話法では must や ought to はそのまま使用する。must は had to にしてもよい。

He *said to* me, "*You must* study hard."（「君は真面目に勉強しなくてはならない」と彼は私に言った）

He *told* me *that I must* [*had to*] study hard.（彼は私に真面目に勉強しなくてはならないと言った）

時制の一致が不要の理由は，must や ought は元来が「過去形」であり，現代英語でそれを「現在形」にも代用しているだけだからである。つまり，もともと過去形なのだから過去形にする必要がないのである（⇨ 2 動詞・発展文法 1 (B)）。

また，助動詞 will, shall は単純未来ならば主語の人称により変化させ，意志未来ならばそのまま過去形にする。次は単純未来の例。

He said, "*I shall* soon recover."（「私はすぐによくなるだろう」と彼は言った）

He said *that he would* soon recover.（自分はすぐによくなるだろうと彼は言った）

3 被伝達文に疑問詞がある時の転換の語順の例外

被伝達文の語順は平叙文の場合と同様であるが，次は例外。

He *said to* me, "Who *is* the man standing by the tree?"（「木のそばに立っている男性は誰ですか」と彼は私に尋ねた）

He *asked* me who *was* the man standing by the tree.（彼は私に木のそばに立っている男性は誰かと尋ねた）

本来なら

He *asked* me who the man standing by the tree *was*.

の語順であるべき。しかし，間接話法においても口調の関係で語順は疑問文の語順のままである。このような例外は，主語が長く動詞が短い時，つまり be 動詞の時に多く生じる。

4 描出話法（中間話法）

直接話法と間接話法の中間的な話法を描出話法（represented speech）という。中間話法という場合もある。描出話法という名の由来について触れておこう。文の形

は直接話法のように独立の形態をとっているが，人称や時制は伝達する人，つまり，文の書き手の立場から書かれている。一見書き手の言葉のように見えるが，実際には作中人物の言葉や考え方を書き手が描出している。したがって描出話法という。疑問文の場合が多い。

例えば，

　She knew that her baby's toddling legs were giving much trouble to the pedestrians. *But should she* try to stop him?（彼女は自分の赤ん坊のよちよち歩きが歩行者に多大な迷惑をかけているのを知っていた。しかし，彼女は赤ん坊を止めるべきなのか）

の文の後半は書き手の言葉のように見える。しかし，実は主語 she の気持ちを書き手が代わって表現したもの。すなわち，直接話法で書けば

　She thought, "*But should I* try to stop him?"

となり，間接話法では

　But she wondered *if she should* try to stop him.

となる。つまり，例文の後半は両話法の中間の形であることが理解できるだろう。

さらなる例を示しておく。

　She asked him if he knew Mrs. Brown by sight, and *had he seen* her lately?
　（彼女は彼にブラウン女史の顔を知っているかどうか尋ねた。また最近彼女を見たのか）

これも直接話法で表現すれば

　She said to him, "Do you know Mrs. Brown by sight? *Have you seen* her lately?"

となり，間接話法で表現すれば

　She asked him if he knew Mrs. Brown by sight and *if he had seen* her lately.

となる中間的な話法である。

● 発 展 文 法 ●

1 「say to＋人」が「tell＋人」に変化しない場合

直接話法から間接話法に転換する時，「say to＋人」が「tell＋人」に変化しないことがある。

例えば，

She will *say to* him, "*You have done your* best."(「君はベストを尽くした」と彼女は彼に言うだろう)

の直接話法の文を間接話法にする時,

　She will *say to* him *that he has done his* best.(彼はベストを尽くしたと彼女は彼に言うだろう)

の文も現実には使われる。

　つまり「say to＋人」が「tell＋人」にならない場合もある。言語現象には例外がつきものであるから致し方ないが,あくまで「よりふつう」であるのは「tell＋人」である。

2 仮定法が時制の一致を受ける場合

　直接話法から間接話法に転換する時,被伝達文が仮定法の場合がある。その際,仮定法の時制を一致させることがある。

　You said, "She *insists* that he pay the money."(「彼女は彼が金を払うように主張している」と君は言った)

の直接話法の文を間接話法にすると

　You said she *insisted* that he pay the money.(彼女は彼が金を払うように主張していると君は言った)

となる。つまり,that 以下の仮定法はそのままであるから,時制の一致は原則通りである。

　しかし,次の文はどうだろう。

　He said, "If the rumor *be* true, we *shall* be in trouble."(彼は「もし噂が本当なら我々は面倒なことに直面するだろう」と言った)

は間接話法になると

　He said that we *should* be in trouble if the rumor *were* true.(もし噂が本当なら我々は面倒なことに直面するだろうと彼は言った)

となる。直接話法は「仮定法現在」,間接話法は「仮定法過去」を使っている。つまり,仮定法現在の表す「現在および未来についての不確実なこと」と仮定法過去の表す「現在の事実と反対のこと」と大差はない。いずれも「仮定」の話であるのだから,仮定法現在の使用が少ないことを考慮すれば,仮定法過去で代用しようとする傾向は致し方のないことといえよう。

20　特殊構文

　ここでは英語の特殊構文といわれるさまざまな構文を扱う。すなわち，否定・倒置・省略・共通・挿入・強調・同格構文である。すでに各章で個別に述べてきたことではあるが，ここにまとめておく。

● 初 級 文 法 ●

1 否定構文 (negation)

　日本語の否定は比較的単純で，文末に「…ない」という言葉をつければ大方はすむ。英語の否定はかなり複雑である。no は否定の形容詞，not は否定の副詞，nothing や nobody は否定の代名詞であり，これらを使い分けて否定を表す。もっとも大切なことは，英語での否定は可能な限り文の前の部分で行うということである。

(A) 否定の種類

　否定には語句否定と文否定がある。

(a) 語句否定

　否定語は否定する語句の直前に置く。

　　He is *not* my son, but my nephew.（彼は私の息子ではなく，甥だ）▶not は my son を否定。

　　I ordered him *not* to go out.（私は彼に外出しないように命じた）▶not は不定詞句 to go out を否定。

(b) 文否定

　否定語は述語動詞または助動詞につく。

　　The room is *not* neat and tidy.（その部屋はきちんと片づいていない）▶not は is neat and tidy を否定。

　　They did *not* enjoy the baseball game.（彼らは野球を楽しまなかった）▶not は

did enjoy（＝enjoyed) the baseball game を否定。文全体が否定文。

(c) **語句否定と文否定の両者が考えられる場合**

　　I did *not* marry her because I loved her.
の文では語句否定と文否定の両者が考えられる。

　　i) 私は彼女を愛しているから結婚したわけではない。（語句否定）▶ not は because I loved her を否定している。つまり「愛しているという理由でなく結婚した」の意味。

　　ii) 私は愛すればこそ彼女と結婚しなかった。（文否定）▶述語動詞 marry を否定している。

　　このように前後関係で変わることもある。

(B) **全体否定と部分否定**

否定には全体否定と部分否定がある。両者の違いは次の通りである。

　　None are happy.（誰も金持ちではない）▶「皆が金持ちではない」の意味で全体を否定している全体否定。

　　Not all are happy.（誰もが金持ちというのではない）▶「皆が金持ちというのではない」の意味、つまり、「一部の人が金持ち」の意味の部分否定。

(a) **全体否定**（negative totality）

全体否定は「no＋名詞」、neither, never, nowhere などを使って表現する。

　　I have *no* money.（私はお金が全然ない）＝I don't have any money.
　　Neither of them did it.（両者のどちらもそれをしなかった）
　　I have *never* been to France.（私は一度もフランスに行ったことがない）
　　I could find the book *nowhere*.（その本はどこにも見つからなかった）＝I could *not* find the book *anywhere*. ▶後者の表現がふつう。

(b) **部分否定**（partial negation）

部分否定は all, both, each, every などが否定語と共に使用されると生じる。

　　All that glitters is *not* gold.（輝くもの必ずしも金ならず）（諺）
　　Both of them did *not* go there.（彼らの両者がそこへ行ったわけではない）
　　Every person can*not* be happy.（すべての人が幸せになれるというわけではない）

他に、代名詞として everybody, everything, everyone など、さらに形容詞は entire, whole などが否定語と共に使われると部分否定になる。さらに、副詞として次がある。absolutely, always, altogether, completely, necessarily, quite, exactly, entirely, everywhere, generally, wholly など。

　　The rich are *not always* happy.（金持ちが必ずしも幸せというわけではない）

I do*n't quite* agree.（私は全面的には同意しません）

This is *not exactly* what I have expected.（これは必ずしも私が期待したことではない）

（C）準否定

見かけは否定語がついておらず肯定であるが，few, little, hardly, rarely, scarcely, seldom など否定語に準ずる語があり否定の意味を持つもの。

He has *few* books.（彼は少ししか本を持っていない）

She *seldom* goes out.（彼女はめったに外出しない）

（D）二重否定

否定の意味を含む語句が二重に使用されると，否定の否定となって強い肯定の意味になる。「not [no, never]＋without [but, except]」などの構文。

There is *no* smoke *without* fire.（火のないところに煙はたたない＝煙があれば必ず火がある）（諺）

It *never* rains *but* it pours.（土砂降りに降らないで，雨は降らない＝降れば必ず土砂降り）（諺）

二重否定の慣用用法には次がある。

nothing but（…だけ＝only），not a little あるいは not a few（少なからず）など

さらに二重に否定語を使用しているのではないが，意味の上で二重否定に相当するものもある。

do not fail to do（必ず…する）や without fail（必ず）など。

Don't fail to let me know.（必ず私に知らせてくれ）＝Let me know without fail.

（E）注意すべき否定

次は注意すべき否定である。

cannot ... too ...（いくら…してもしすぎることはない）

You *cannot* study English *too* much.（君は英語をいくら勉強してもしすぎることはない）

too ... ＋「to 不定詞」（すごく…で…できない）

The story is *too* good *to be* true.（その話はうますぎて本当には思えない）

他に next to nothing（ほとんど何も…ない），second to none（何物にも劣らない）などがある。

さらに，意味の上で否定になる場合もある。
far from ...＝anything but ...＝not ... at all（…どころではない）
　He is *far from* happy.（彼は幸せどころではない）
the last ...（最後の…だ；決して…ではない）
　He is *the last* man to tell a lie.（彼は決して嘘をつく男ではない）
他に次がある。
　above ...ing（…をしない），beyond ...（…を超えていてできない），instead of ...ing（…しないで）など

2 倒置構文 (inversion)

英語は語順言語といわれる。最も重要なのは「主語＋動詞」の語順が決まっていること。しかし，時に「動詞＋主語」の語順になることがある。これを倒置という。

(A) 構文上の倒置
構文上で倒置が生じる場合がある。
(a) **neither, nor, so** などの語の後
　He cannot speak French, and *neither can she*.（彼はフランス語が話せないし，彼女もそうだ）
　He will not go home. *Nor will she*.（彼は家に帰らないだろう。彼女もそうだ）
　He studies English, and *so does she*.（彼は英語を勉強するし，彼女もそうだ）
(b) 譲歩を示す副詞節
　I felt lonely, *go where I might, do what I might*.（どこへ行こうと，何をしようと，私は寂しかった）
　Say what you will, I will do my best.（君が何と言おうと，私は最善を尽くす）
(c) 仮定を示す副詞節
　We could not live *were it not for* water.（水がなかったら，我々は生きていけないだろう）

(B) 強調あるいは文の体裁上の倒置
強調あるいは文の体裁の点から倒置が生じる場合がある。例えば，主語が長すぎる場合，あるいは口調の関係で，倒置が生じることがある。
(a) 補語が文頭にくる時
　Happy are those who are contented.（幸せなのは満足している者だ）▶主語が

長すぎてバランスを欠く。

A bargain it is, at that price.（その値段ではお買い得だ）▶「お買い得」の言葉を印象づけるために倒置にしている。このように主語と動詞の順序が変わらない場合もある。

Later *to join* the group was Paul's friend, George Harrison.（後にグループに加わることになったのは，ポールの友人のジョージ・ハリソンだった）▶「後にグループに加わることになった」を強調するため，あるいは文の流れ上，それとも主語とその同格を明確にするための倒置。いろいろな理由が考えられる。

(b) 目的語が文頭にくる時

目的語を強調する時，あるいは長い場合や目的語が節の時に生じる。この場合，ふつう主語と動詞の順序は変わらない。

The next two hours he spent thinking about it.（次の2時間を彼はそのことを考えて過ごした）

Whether he will go or not, I don't know.（彼が行くかどうか，私は知らない）

(c) 副詞語句が文頭にくる時

場所や運動の方向を示す副詞語句が強調のために文頭へ出ると，倒置が起こりやすい。

Down came the shower in torrents.（夕立ちがざあーと降ってきた）▶主語が代名詞の場合には「V+S」でなく「S+V」になる。Down it came.（それが落ちてきた）のように。

On her left side sits her husband, who are dressed in black.（彼女の左側に夫が座っていて，彼は黒に身を包んでいる）▶この倒置は主語が長すぎるためとも解釈できる。

(d) 否定の副詞語句が文頭にくる時

否定語句を強調するために文頭に出すと必ず倒置が生じる。一般的には文章体である。

Little in my life did I dream such a thing.（そんなこととは人生で夢にも思わなかった）

No sooner *had* I entered the room than he ran away.（私が部屋に入るや否や，彼は逃げ出した）▶I had no sooner entered the room than he ran away. がふつうの語順。

Not a single word *did* she say.（彼女は一言も発しなかった）▶否定語 not に引きずられる形で say の目的語の a word も文頭に移動した。single は a を強める強調語。

3 省略構文 (ellipsis)

文の冗長を避けるため，語句の重複を避けるため，慣用上から，文の一部を省略することがある。(1)所有格の次にくる名詞の省略，(2)接続詞 that の省略，(3)関係代名詞の省略，(4)分詞構文における being あるいは having been の省略などについては触れない。

(A) 重複を避けるための省略
(a) 「形容詞＋名詞」における名詞の省略
この形容詞には数詞，数量形容詞あるいは代名詞の所有格が含まれる。

"What kind of boys do you like?" "Well, *gentle and bright* (boys)." (「どんなふうな男の子が好きですか」「そうね，おとなしくて利発なのだわ」)

Two people were shot dead and *two dozen* (people) were injured. (2人の人が撃たれて死に，そして24人が怪我をした) (Reuters 電)

(b) 補語の省略
Intimacy is no excuse for bad manners. We seem to think it is (an excuse for bad manners). (親しさは不作法の言い訳にはならない。我々はなると思っているらしいが)

(c) 動詞の省略
質問に対する答えの文や，対照的な節の後半では動詞は省略できる。動詞に伴う他の要素も省略できる。

"Can you speak German?" "Yes, I can (speak it)." (「君はドイツ語を話せるかい」「はい，できます」)

To err is human, to forgive (is) divine. (誤りは人の常，許すは神のわざ) (諺)

なお，比較構文では as や than の後で「be 動詞＋補語」「動詞＋目的語」や代動詞などが省略される。

He is older than I (am). (彼は私より歳をとっている)

I love you more than he does [loves you]. (僕は彼より君を愛している)

(d) 不定詞の一部省略
「to 不定詞」の to だけを残すことがあり，代不定詞という (⇨ 11 不定詞・中級文法 3)。

I could not go to the party, although I wanted *to* (go to the party). (私はパーティーに行きたかったが行けなかった)

(B) 慣用的な省略
(a) 副詞節中での「S+V」の省略
　従属節の主語が主節の主語に一致する場合，あるいは主節の内容をさす場合は，従属節中の「主語＋be動詞」は特に省略される傾向がある。
　　When (he was) young, he was weak.（若い時は彼は身体が弱かった）
　　You have to go there, if (it is) necessary.（必要があれば，君はそこへ行かなくてはならない）

(b) 文頭の it is の省略
　　(It is a) Pity (that) you missed the party.（君がパーティーに出そこなったのは残念だ）▶不定冠詞 a も省略。
　　(It is) Strange (that) we should meet here.（こんなところで出会うなんて不思議ですね）
　　(It is) So much for today.（今日はここまでにします）
　　(It is) True (that) he did his best, but he was careless.（確かに彼は最善を尽くしたが，不注意だった）▶この文は True, he did his best. But he was careless. のように 2 文に分割することも可能である。

(c) 文の意味から推測できる場合の省略
　推測できる主文全体，あるいは条件節全体を省略することがある。
　　If only he were here (, how happy I should be)!（もし彼がここにいてくれさえすれば（私はなんと幸せなことか））
　　I could have gone there (if I had wanted to).（（もし望んでいたら）そこへ行けたのになあ）

(d) 格言・掲示・標識・日常会話などで簡潔な表現効果を目的とする省略
　　(I wish you) A happy new year.（新年おめでとう）
　　(Keep) Off (the) Limits.（立ち入り禁止）
　　No smoking (is allowed here).（禁煙）
　　(If there are) So many men, (there are) so many minds.（十人十色）（諺）

4 共通構文 (common relation)

　ある語句が他の 2 つ以上の語句と共通の関係を有する構文を共通構文という。共通構文は省略構文と関係が深い。すなわち，共通語句は他の語句と共通関係にあるゆえ 1 回のみ使用され，他は省略される。

(A) X (A+B) 型の共通構文

X (A+B) 型の共通構文とは，共通語句が前 (X) にあり，A, B 共に X にかかる。A, B は一般に同じ品詞，同じ性質の語句である。

Government of the people, by the people, for the people shall not perish from the earth.（人民の，人民による，人民のための政府は地上から消え去ることはない）(Abraham Lincoln)

There is *no person* who has not, or has never had, anyone to love him.（自分を愛してくれる人が誰もいないとか，かつて一度もいなかったという人はいない）

(B) (A+B) X 型の共通構文

(A+B) X 型の共通構文とは，共通語句が後 (X) にあり，A, B 共に X にかかる。A, B は一般に同じ品詞，同じ性質の語句である。

We cannot live by and for *ourselves*.（我々は単独で自分のためだけに生きることはできない）

Passions weaken, but habits strengthen, *with age*.（年齢と共に，情熱は弱まり，習癖は強まる）

5 挿入構文 (parenthesis)

文の途中に説明や注釈のために語句や節を挟むことを挿入という。前後にコンマを打つことが多いが，ダッシュやかっこを使うこともある。

(A) 語句の挿入

語や句が挿入される場合である。語の挿入の場合は副詞，あるいは接続副詞の場合が多い。句の挿入の場合は副詞句が多く，慣用句も多い。

He is, *indeed*, a good boy.（彼は実にいい子だ）

He is, *after all*, a good boy.（彼は結局はいい子だ）

(B) 節の挿入

(a) 主節の挿入

He is, *I believe*, a good boy.（彼は，私が思うに，いい子だ）

He is, *it seems*, a good boy.（彼は，見たところ，いい子だ）

(b) 副詞節の挿入

He is, *as anybody knows*, a good boy.（彼は，誰でも知っているように，いい子だ）

She is, *as it were*, a walking dictionary.（彼女はいわば生き字引だ）

(c) 疑似挿入

次の do you think（…だと思うか）なども主節の挿入に見えるが，本当の挿入ではない。なぜなら，これは文の一部をなしているので省くことができない。コンマでも区切らない。

Where *do you think* she went?（彼女はどこへ行ったと思いますか）

The professor who *we thought* was punctual was late.（我々が時間に厳しいと考えている教授が遅刻した）

6 強調構文 (emphasis)

強調構文として (1) it is ... that ... 構文がある。その他の強調表現としては，(2) 再帰代名詞 oneself，(3) 強調語 very，(4)「比較級＋and＋比較級」，(5)「do＋動詞」などがあるが，ここでは (1) について少し触れ，(2)〜(5) は省略する。その他の方法に言及する。

(A) it is ... that ... の強調構文

まず，基本である it is ... that ... の強調構文をあげる。

It was I *that* met Betty in the park yesterday.（昨日公園でベティーに会ったのは私だ）▶もとの文は I met Betty in the park yesterday. である。すべての名詞と副詞は強調構文の it is ... that ... の is の後に置くことができる。

it is ... that ... の強調構文で that の代わりに which や who が用いられる場合がある。

It was a window *which* he broke yesterday.（昨日彼が壊したのは窓だ）▶強調されるものが「物」の場合，that に代わり which が使用されることがある。

It was he *who* broke the window yesterday.（昨日窓を壊したのは彼だ）▶強調されるものが「人」の場合，that に代わり who が使用されることがある。ただし，主格の時。

(B) 否定の意味を強調する場合

否定文の強調には否定語と共に whatever, at all, in the least などを使う。

There is no doubt *whatever*.（何の疑いもない）

He is not *at all* suitable for the role.（彼はその役割には全く不適当だ）

(C) 疑問文の強調

疑問文の強調には in the world（一体全体），on earth（一体全体），whatever（一体全体何が[を]），at all（そもそも）などを使う。

Whatever are you going to say?（一体全体君は何を言おうというのか）
Is there any truth *at all*?（そもそも真実はあるのか）

(D) 同一語の反復による強調

He tried it *again and again*.（彼は再三再四それをやった）
He *talked and talked and talked*.（彼は話して，話して，話しぬいた）

7 同格構文 (apposition)

名詞または名詞相当語句が併置されて，一方が他方を補足説明するものを同格という。同格には次がある。

(A) 同格を示す語句がない場合

(a) 名詞と(代)名詞が同格

He is *Mr. Smith, the bookseller*.（彼は本屋のスミスです）▶Mr. Smith と bookseller が同格。
We are *all* happy.（我々すべては幸せだ）▶We と all が同格。

(b) 名詞句同士が同格

He has *the only aim in life, to succeed*.（彼には人生唯一の目的があった，つまり，成功すること）▶the only aim in life と to succeed が同格。

(c) 節と名詞(句)が同格

He killed his prisoners, a barbarous act.（彼は捕虜を殺害した，野蛮な行為だった）▶He killed his prisoners と a barbarous act が同格。

(B) 同格を示す語句を伴う場合

(a) 「名詞＋of＋名詞」の場合

the city *of* Rome（ローマという町）

(b) **namely**（すなわち），**to wit**（すなわち＝古語）などを使う場合

There were two girls, *namely*, Mary and Ann.（2人の女の子がいた，つまり，メリーとアンが）

(c) 同格の節を導く接続詞

同格の節を導く接続詞には that, whether がある。名詞と同格の接続詞の間に about, as to, of などの前置詞が省略されていると考えると理解しやすい。

I have an idea *that* he is still living.（私は彼はまだ生きていると考えている）
I have some doubt *whether* he will be elected mayor.（彼が市長に当選するかは疑わしいと私は思う）

● 中 級 文 法 ●

1 very と quite の部分否定

部分否定はなにも all や every などと否定語の組み合わせに限らない。例えば
　(1) I can speak English *very* well.（私は英語を非常にうまく話せます）
　(2) I can*not* speak English *at all*.（私は英語を全然話せません）
　(3) I can*not* speak English *very* well.（私は英語をあまりうまくは話せません）
の文で(1)は肯定文。(2)は全体否定文。(3)は not が very に係る部分否定。
同様に、
　I do*n't* like her *very much*.（私は彼女を大して好きではない）
の文も部分否定になる。全体否定なら
　I do*n't* like her *at all*.（私は彼女を全然好きではない）
になる。
他に次がある。
　This is *not* a *very* good piece of furniture.（これはあまりいい家具ではない）
　"Are you hungry?" "No, *not very*."（「お腹はすいていますか」「いや，そんなに」）
同様のものに quite がある。
　(1) I am *quite* well.（私は身体の具合がまったくよい）
　(2) I am *not quite* well.（私は身体の具合があまりよくない）
(2)で quite の否定は部分否定になる。

2 文否定語 not の注意すべき用法

文否定語の使い方に次がある。
（A）文否定の not が強調のため主語の前にくることがある
　Not a soul was to be seen on the street.（人っ子一人道路には見えなかった）▶ 文否定。
さらに強調すると not a single ... になる。
　Not a single man answered.（誰一人として答える者はいなかった）▶ 文否定。
次は語否定の not だが同じように主語の前にきている。
　Not very cold it is today.（今日はそんなに寒くない）▶ 語否定。

(B) 文否定の **not** が 1 語で否定文を代表することがある

"Will he come?" "I hope *not*."（「彼は来るだろうか」「来なければいいんだけど」）
▶後半は he will not come を not 1 語で代表している。言葉の重複を避けるための措置。

③ 誤った二重否定

二重否定になっていても肯定にならず，依然として否定の場合がある。いわゆる誤った二重否定。無教養の英語とされているが，現実には口語文で多用される。

There is no electricity, no services, *no nothing*.（電気もなければ，ライフラインもない，何にもない）▶最後の句は no nothing ではなく nothing だけでよい。no をつけることで強調されている。

I couldn't find him *nowhere*.（私は彼をどこにも見つけることはできなかった）

本来なら I couldn't find him *anywhere*. であるべきだが not で否定していることを忘れ，さらに nowhere で否定する現象。この誤った否定は日本語の口語でも頻繁に生じる。本来なら「彼は彼女が来る前に来た」というべきところで「彼は彼女が来ない前に来た」といったりする。

④ リズム上の倒置

動詞が代動詞の場合にリズムの関係で主語の前に来ることがある。

I spend less money than *do* most of my neighbors.（私は近所の人たちのほとんどよりも金を使わない）▶本来の語順なら I spend less money than most of my neighbors *do*. である。

⑤ 倒置構文における be 動詞の省略

文語文では倒置構文などのリズムの関係で be 動詞が省略されることがある。

Happy (is) the man who wins her.（彼女を獲得する男は幸せだ）(Thackeray)
Fortunate (is) the man who meets the right friends on earth.（この地上でよい友人に出会う人は幸運だ）

6 it is not until ... that ... も強調構文

　辞書によっては it is not until ... that ... 構文を慣用用法として掲載するものがある。だがこれは単に it is ... that ... の強調構文。
　「会議が半ば終わるころまで彼は来なかった」をふつうに英語でいうと
　　He did not come *until the meeting was half over*.
である。
　副詞節 until ... 以下を it is ... that ... の強調構文を使って強調する。
　　*It was *until the meeting was half over* that he did not come.
がまずできる。この文で not の位置はいかにもまずい。英語の「否定」は可能な限り，文の前の部分でしたいから。したがって not を前に移動すると，
　　It was *not until the meeting was half over* that he came.
が完成する。

● 発 展 文 法 ●

1 多重否定

　　I should not be surprised if it snowed tonight. （今夜はどうやら雪が降りそうだ）
の文は正しい。しかし，誤った二重否定
　　I should not be surprised if it did *not* snow tonight. （今晩はどうやら雪が降りそうだ）
の表現もある。
　同様に誤って三重に否定することもある。
　　I do*n't* say *no*thing to *no*body. （私は誰にも何も言わなかった）
　文法的には
　　I don't say *anything* to *anybody*.
のはず。

2 否定語の位置

　英語の「否定」は可能な限り文の前の部分でする。しかし，一方で
　　I care *not*. （私は気にしない）

It matters *not*.（それは問題ではない）

のように否定語が末尾にくる例もある。どうしてこのような矛盾ともいえる現象があるのか。

実は上の例は，don't [doesn't] で否定しなかった時代の古い英語である。一般にゲルマン語では否定は文末でする。少なくとも上の例はゲルマン語の古い特徴の1つではある。しかしロマンス語のフランス語が英語に流入するにつれて影響を受け，否定を文の前半でする傾向が増えてきた。もちろん中期英語以後である。

次は「間違いはありませんか」を各ヨーロッパ言語で表現したもの。イタリックが否定語である。

 Is*n't* there a mistake?（英語）
 Gibt es *keinen* Fehler?（ドイツ語）
 N'y-a-t-il *pas* d'erreur?（フランス語）
 ¿*No* hay un error?（スペイン語）
 Non c'è un errore?（イタリア語）

フランス語，スペイン語，イタリア語のようなロマンス語では，否定はすべて文頭で行っている。英語は動詞の後，ドイツ語はさらに後で否定している。

英語で

 No one was able to solve the question.（誰もその問題を解くことはできなかった）

の表現が正しく

 *Anyone was not able to solve the question.

といわない所以(ゆえん)はここにある。

あとがき

　誰にとっても，余暇を作り出すのは非常に難しい。特に昨今のような複雑かつ混迷とした社会においてはなおさらであろう。
　日本経済の地盤沈下と共に，我々はさまざまなプレッシャーを感じている。当然のことながら学業も仕事も厳しくなっている。学生や社会人の皆さんも自己啓発に時間をさかなくてはならない。よい成績をとるためでもあり，社会で一流の仕事をするためでもある。競争はますます激化している。社会の選別化も厳しくなっている。そのために，英語は必須の条件である。本書はそんな学生や社会人の皆さんのための書である。
　英語の学習効果は時間に比例する。かける時間が多ければ多いほど，学習効果は上がる。しかし，無駄な学習は避けたほうがいい。無益な学習は神経を疲れさせる。本書は少ない時間で皆さんに必要不可欠な英語の知識を授けることができたと信じている。特に，社会人の皆さんは英語学習の時間が不足している。読者の時間不足を効果的学習法で穴埋めできたと考えている。
　本書には英文法のほとんどすべてを網羅してある。これ以上の余計な知識は不要である。それでも不安を感じる読者は何回でも本書を反復すればよい。
　最後に，本書の出版に際し多大なお世話をいただいた大修館書店編集部の五十嵐靖彦氏に心からの感謝を申し上げる。また，執筆に際し細心の注意を払ったつもりではあるが，浅学非才の人間ゆえ誤りがあるかもしれぬ。読者の皆さんの叱責を乞いたいと願っている。

　平成 19 年 1 月

著者　鈴　木　寛　次
　　　三　木　千　絵

索　引

あ
新しい動詞句表現　65
誤った二重否定　306
意志未来　73
英語の歴史　29
温度の表し方　170

か
学問の名前　25
過去完了時制　75
　〜の注意すべき用法　85
過去完了進行形　79
過去完了の代用（としての過去時制）　83
過去時制　72
　〜の注意すべき用法　83
過去進行形　78
「過去の習慣」を表す used to と would の相違　101
過去分詞から名詞への転換　20
過去分詞による命令　273
過去分詞の形容詞用法　213
可算名詞　16, 32
可算名詞と不可算名詞の互換性　34
仮定法　258
　〜過去　258
　〜過去完了　259
　〜が時制の一致を受ける場合　294
　〜現在　260
　〜現在の慣用表現　266
　〜と時制の一致　265
　〜の基本　258
　〜の定義　258
　〜は減少の一途　266
　〜未来　261
　基本形を逸脱した〜　265
　主節のない〜　264

関係代名詞　120
　〜の主格の省略　128
　〜の二重限定　129
　〜の発生過程　135
　〜 that が優先的に使われる場合　127
　〜 that に非制限用法がない理由　135
　〜 what の特別用法　128
　〜 when, where　126
関係副詞　179
冠詞　137
　〜の位置　144
　〜の省略　141, 144
完全自動詞　37
完全他動詞　38
間投詞から動詞への転換　45
完了形の分詞構文　215
完了不定詞　204
疑似関係代名詞　129
基数を含む表現　167
規則動詞の活用　42
規則複数　16, 30
基本形を逸脱した仮定法　265
基本時制　71
基本前置詞の用法　233
「疑問詞＋to 不定詞」の用法　202
疑問節を目的語に取る前置詞　238
疑問代名詞　113
　〜の注意すべき用法　125
疑問副詞　178
強調構文　303
共通構文　301
近接未来　77
　〜を表す（現在時制）　82
句動詞の受動態　280
形式目的語 it の省略　125
形容詞　151
　〜が多数ある場合の順序　154

〜から動詞への転換　45
〜から名詞への転換　19
〜の後の前置詞　67
〜の後の動名詞と不定詞　226
〜の限定用法における位置　154
〜の主語化・目的語化　160
〜の種類　151
〜の分詞構文　215
〜の他の品詞への転化　159
〜の用法　152
原級による比較　189
原級，比較級，最上級の相互書き換え関係　195
原形不定詞の用法　203
現在完了時制　73
　〜の注意すべき用法　84
現在完了の代用（としての現在時制）　82
現在時制　71
　〜の注意すべき用法　82
　近接未来を表す〜　82
　現在完了の代用（としての〜）　82
現在進行形　77
現在分詞の形容詞用法　211
懸垂分詞構文　217
限定用法と叙述用法で意味が異なる形容詞　157
限定用法における形容詞の後置　158
古風な数表現　171
5文型　37
固有名詞　16
　〜の抽象名詞化　22
　〜の普通名詞化　21

さ

再帰代名詞　109
　〜減少の方向　124
　〜の省略　47
再帰動詞から受動態への変化　282
最上級による比較　193
使役動詞　49
　〜 help の特徴　61
指示代名詞　110
辞書にない文型　66
時制　71
時制の一致　79

〜の例外　80
　仮定法と〜　265
自動詞か他動詞か不明の動詞　49
自動詞・他動詞の両方に解釈できる動詞　48
自動詞と他動詞　36
自動詞と他動詞で意味が異なる動詞　45
自動詞の他動詞化　46, 68
従位接続詞の用法　249
集合名詞　15
　〜の注意すべき用法　23
主格　17
主語と動詞の一致　43
主語に you, we をつける特別な命令　273
主語になる品詞　34
主語に用いる動詞の原形　64
主節のない仮定法　264
受動態　274
　〜の形　274
　〜を作らない他動詞　278
　句動詞の〜　280
　状態の〜と動作の〜　281
　能動〜　282
　by ... がつかない〜　279
　by 以外の前置詞を使用する〜　279
授与動詞　38
　〜の特徴　58
準否定　297
状態動詞　71
状態の受動態と動作の受動態　281
省略構文　300
序数を含む表現　167
助動詞の活用語尾　57
所有格　18
　〜の後の名詞省略　26
　〜の特別用法　25
　〜の副詞用法　27
所有代名詞　108
進行形　77
　〜にしない動詞　78
　〜の使用範囲　87
　〜の由来　87
数詞　162
数字で表すか文字で表すか　168

数字の読み方　162
　　～がアメリカ英語とイギリス英語で違う　169
数詞を含む表現と動詞の数　167
数量形容詞　155
接続詞　245
　　～の種類　245
　　　従位～の用法　249
　　　相関～の用法　253
　　　等位～の用法　246
　　　名詞・副詞から転じた～　256
接続詞代わりのコロンとセミコロン　255
絶対最上級　197
絶対比較級　196
全体否定　296
前置詞　230
　　～から名詞への転換　20
　　～と接続詞の関係　243
　　～の位置　238
　　～の基本用法　231
　　～の種類　230
　　～の省略傾向　240
　　～の違いで意味が変わる場合と変わらない場合　240
　　～の目的語　19
　　～の目的語に用いる動詞の原形　65
　　～の目的語になる品詞　232
　　～は具体性から抽象性に変化する　239
　　～は時代により変化する　241
　　～ of を取る自動詞　67
　　～ to を取る自動詞　67
相関接続詞の用法　253
挿入構文　302

た

大過去　76
代動詞 do の特別用法　102
代不定詞　205
代名詞　105
代名詞の前置はどこまで可能か　123
多重否定　307
他動詞の自動詞化　47
単純形副詞と「単純形＋-ly」型の副詞の相違　185
単純未来　72
単数扱い　25
単数形と複数形で意味の異なる名詞　24
単数・複数の表現方法　33
単複同形　17
　　～名詞の用法　24
知覚動詞　52
　　～扱いされる know と find　62
注意すべき複数形　24
抽象名詞　16
　　～の注意すべき用法　23
　　～の普通名詞化　21
「抽象名詞＋itself」　23
直説法とさまざまな仮定法　267
定冠詞省略の過程　147
定冠詞省略の傾向　146
定冠詞省略の新傾向　148
定冠詞の基本用法　138
定冠詞のゲルマン的特別用法　149
定冠詞の特別用法　140
等位接続詞の用法　246
同格構文　304
動作動詞　71
動詞　36
　　～から名詞への転換　20
　　～の活用語尾　56
　　～の省略　63
　　～のない命令　273
　　～の名詞化　64
　　～の目的語としての動名詞と不定詞　224
倒置構文　298
　　～における be 動詞の省略　306
動名詞　221
　　～から現在分詞への転換　229
　　～から名詞への転換　20
　　～だけを目的語に取る動詞　225
　　～と現在分詞の関係　227
　　～と不定詞を共に目的語に取る動詞　224
　　～の完了形　227
　　～の基本用法　221
　　～の意味上の主語　223
　　～の形式上の主語　224
　　～も不定詞も目的語に取るが意味が異なる動詞　225

〜を含む慣用表現　228
独立不定詞　201
独立分詞構文　216
　　〜と付帯状況 with との関係　217
　　〜の慣用用法　217

な

「何万の」などの表現　169
二重所有格　26
二重否定　297
　　誤った〜　306
人称代名詞　105
　　〜の増加傾向　131
　　〜の例外　131
　　〜 we の特別用法　124
能動受動態　47, 282
能動態から受動態を作る方法　274
能動態より受動態が好まれる場合　278

は

倍数の表し方　168
比較　188
　　原級による〜　189
　　最上級による〜　193
　　比較級による〜　190
比較級および最上級の作り方　188
比較級の形容詞や副詞がないのに比較級　197
比較級の特別用法　196
否定構文　295
　　準否定　297
　　全体否定　296
　　二重否定　297
　　否定の種類　295
　　部分否定　296
否定語の位置　307
否定の種類　295
否定の特別な命令　272
否定の命令　269
否定文や疑問文に do を使用しない場合　102
「人」を先行詞とする関係代名詞 which　127
非人称 it の消滅　133
非人称の it　107

非分離動詞　68
不可算名詞　16, 32
不完全自動詞　37
不完全他動詞　38
不規則動詞の活用　42
不規則複数　17, 31
複合語の複数形　24
複合動詞　68
副詞　172
　　〜が主語になることがある　187
　　〜から名詞への転換　20
　　〜の用法　175
　　〜の位置　176
　　〜の形　172
　　〜の最上級に the がつく理由　198
　　〜の種類　174
　　〜（句・節）の順序　178
　　〜の注意すべき用法　182
副詞節中における省略　254
副詞的属格あるいは副詞的語尾　186
副詞的目的格　19, 185
複数形で使用する名詞　25
付帯状況の with　217
普通名詞　15
　　〜の形容詞化　28
　　〜の注意すべき用法　22
　　〜の抽象名詞化　20
物質名詞　15
　　〜の普通名詞化　21
不定冠詞省略の傾向　145
不定冠詞の基本用法　137
不定冠詞の特別用法　139
不定詞　199
　　〜だけを目的語に取る動詞　224
　　〜の形式上の主語　206
　　〜の形容詞用法の主語と述語関係　204
　　〜の主語　205
不定代名詞　114
部分否定　296
分詞　210
　　〜の基本用法　210
　　〜の動詞的性質　210
分詞から転じた前置詞と接続詞　219
分詞構文　214
　　〜の位置　216

〜の形式上の主語　217
　　懸垂〜　217
　　独立〜　216
文の種類　252
分離動詞　68
分離不定詞　206
補語に用いる動詞の原形　65

ま

未来完了時制　76
未来完了進行形　79
未来完了の代用（としての現在完了）　84
未来時制　72
未来時制の代用（としての現在時制）　82
未来進行形　78
無生物主語構文　29
名詞　15
　　〜から動詞への転換　27, 44
　　〜の格　17
　　〜の所有格の注意すべき用法　25
　　〜の数　16
　　〜の注意すべき用法　22, 24
　　〜を修飾する〜　28
名詞の種類　15
　　可算名詞　16
　　固有名詞　16
　　集合名詞　15
　　抽象名詞　16
　　不可算名詞　16
　　普通名詞　15
　　物質名詞　15
名詞の種類の変化　20
　　固有名詞の抽象名詞化　22
　　固有名詞の普通名詞化　21
　　抽象名詞の普通名詞化　21
　　普通名詞の抽象名詞化　20
　　物質名詞の普通名詞化　21
名詞・副詞から転じた接続詞　256
名詞への転換　19
　　過去分詞から〜　20
　　形容詞から〜　19
　　前置詞から〜　20
　　動詞から〜　20
　　動名詞から〜　20
　　副詞から〜　20

命令
　　過去分詞による〜　273
　　主語に you, we をつける特別な〜　273
　　動詞のない〜　273
　　否定の〜　269
　　否定の特別な〜　272
　　let による〜　270
　　let を使う特別な〜　271
命令法　269
　　〜が表す特別用法　272
　　〜の基本　269
　　〜を使った慣用表現　271
目的格　18
文字や数字の複数形　25

ら・わ

リズム上の倒置　306
話法　285
話法転換の基本　285

「a friend of mine 型」の表現　108
「a kind of 型」の表現　35
「all＋抽象名詞」　23
and と or の特別用法　257
「be＋to 不定詞」の特別用法　208
「be の過去＋過去分詞」で過去完了　84
「be の現在形＋過去分詞」で現在完了　83
be の用法　89
by ... がつかない受動態　279
「by＋動作主」は「of＋動作主」であった　283
by 以外の前置詞を使用する受動態　279
can の用法　91
can［could］を含む慣用表現　99
come や go の省略　63
could の用法　91
dare の用法　98
do の発生　103
do の用法　90
get の文型　38
go と come の特別用法　54
go shopping to Ginza はなぜ誤りか　218
「have［get］＋目的語＋過去分詞」　277

「have＋目的語＋原形不定詞」 277
have の用法 90
「have got」の用法 85
He has no house to live. は正しいか 207
He was written a letter by me. はなぜ不自然な文か 284
into の代役 in 242
it is not until ... that ... も強調構文 307
it の位置 132
it の注意すべき用法 106
let による命令 270
let を使う特別な命令 271
living as I do の分詞構文 219
make の文型 39
many a ... の表現 160
may の用法 92
may [might] を含む慣用表現 99

might の用法 92
must の用法 93
need の用法 98
「of＋抽象名詞」＝形容詞 23
ought to の用法 97
run out と outrun の相違 68
see の文型 40
shall の用法 95
should の用法 95
should を含む慣用表現 101
take の文型 40
think の文型 41
used to の用法 97
will の用法 94
would の用法 94
would を含む慣用表現 100

[著者略歴]

鈴木寛次（すずき　かんじ）
1941年千葉県市川市生まれ。
早稲田大学商学部，東京都立大学人文学部独文科および英文科卒業。
現在，東京理科大学経営学部教授。専門はヨーロッパ言語，特に西ゲルマン語（英語・オランダ語・低地ドイツ語・ドイツ語）間における比較言語学。多年にわたり英語の祖先である北ドイツの方言と英語の関係を研究。
主な著書に『英語の本質——ヨーロッパ語としての考え方』（郁文堂），『発想転換の英文法』（丸善），『こんな英語ありですか』（平凡社），『英文法の仕組みを解く』（NHK出版），『異文化間コミュニケーションの技術』（講談社），『英語の常識は非常識』（KKベストセラーズ），『英語力を鍛える』（NHK出版）など。

三木千絵（みき　ちえ）
静岡県下田市生まれ。
学習院大学文学部史学科および英文科卒業。学習院大学大学院人文学研究科イギリス文学専攻博士課程前期・後期課程修了。
現在，学習院大学非常勤講師，國學院大學非常勤講師。

こんぽんりかい　なお　えいぶんぽう
根本理解！　やり直し英文法
© Kanji Suzuki & Chie Miki, 2007　　　　　NDC835　315p　22cm

初版第1刷──2007年3月20日

　　　　　　すずきかんじ　みきちえ
著　者────鈴木寛次・三木千絵
発行者────鈴木一行
発行所────株式会社　大修館書店
　　　　　　〒101-8466　東京都千代田区神田錦町3-24
　　　　　　電話　03-3295-6231（販売部）/03-3294-2355（編集部）
　　　　　　振替　00190-7-40504
　　　　　　［出版情報］http://www.taishukan.co.jp

装丁者────山崎　登
印刷所────壮光舎印刷
製本所────関山製本社

ISBN978-4-469-24520-2　C3082　　　　　　　　Printed in Japan

Ⓡ本書の全部または一部を無断で複写複製（コピー）することは，著作権法上での例外を除き禁じられています。